보물지도 10

이 책을 소중한

_____님에게 선물합니다.

_____ 드림

• 기적을 보길 원하는 이들의 꿈의 목록 •

보물지도10

기획 · 김태광

이철우 이채명 안차숙 지승재 허로민
안재범 이순희 안경옥 김성기

시너지북

꿈을 이루고 싶다면
보물지도부터 가져라!

누구에게나 갖고 싶은 보물이 존재한다. 하지만 그 보물을 얻기 위해 지도를 만드는 사람은 흔치 않다. 사람들은 보물지도를 그저 영화에나 나오는 해적들의 물건이라고 생각하는 경우가 많다. 갖고 싶거나 이루고 싶은 보물은 있지만 어떻게 그 보물을 찾아야 할지 모르는 것이다.

당신이 영화 속에 등장하는 해적이라고 생각해 보자. 바다 어딘가에 있는 보물을 얻기 위해 당신은 당장 무엇부터 할 것인가? 닻을 올리고 무작정 출항 준비를 할 것인가? 아니면 보물지도를 가지고 모험을 준비할 것인가?

아마도 보물지도를 먼저 얻는 쪽을 선택할 것이다. 보물지도가 있다면 현재 당신의 위치와 보물이라는 목적지까지의 거리를 알 수 있다. 또한 보물이 있는 곳으로 가기 위해 지금의 위치에서 어느 방향으로 무엇을 준비해야 할지 알 수 있다. 보물을 찾기 위해서는 지도를 만드는 것이 가장 먼저 해야 할 일임에 분명하다.

이 책에는 9명의 보물을 찾기 위한 지도가 그려져 있다. 각자 간절히 이루고 싶고 갖고 싶은 보물을 지도로 만들어 놓았다. 마치 보물을 찾기 위해 한 배에 오른 한 무리의 해적단처럼 말이다. 그들은 보물지도를 어디선가 얻은 것이 아니다. 직접 종이 위에 보물을 그려 넣고 위치와 가는 방법을 글로 적은 것이다. 그 누구도 보물지도를 만들어 주지 않는다는 것을 알기 때문이다.

원하는 것이 있고 이루고 싶은 꿈이 있다면 종이 위에 적어 보자. 그리고 그것이 보물지도가 될 것이라고 믿고 반드시 이루어질 것이라는 확신을 가져라. 이 책을 읽음으로써 당신은 보물섬으로 향하는 배에 승선한 것이나 마찬가지다. 보물지도가 있는 한 어떤 거센 파도와 폭풍우가 찾아와도 결국 이겨 낼 것이라고 믿는다. 자, 이제 닻을 올려라!

2017년 10월

이철우

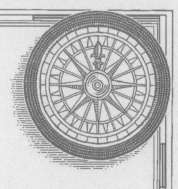

PART 1

경제적 자유를 누리는
최고의 메신저로 살아가기

· 이철우 ·

이철우   '새벽독서경영연구소' 소장, 기적의 일기 쓰기 코치, 글쓰기 코치

일기 쓰기를 통해 자아성찰을 하고 꿈을 찾은 경험을 토대로 전 국민 일기 쓰기 운동을 진행 중이다.
선한 영향력을 주는 메신저라는 꿈을 가지고 있다. 현재 건설회사에 건축기사로 재직하며 일기를 주제
로 개인저서를 집필 중이다. 저서로는《꼭 이루고 싶은 나의 꿈 나의 인생》등이 있다.

E-mail chulwooji89@naver.com   Blog blog.naver.comm/chulwooji89
Instagram diary_of_miracle

사고 싶은 물건
가격표 안 보고 마음껏 사기

어렸을 적 동네 슈퍼에 가면 누구나 한 번쯤은 이런 상상을 해 봤을 것이다. '만약 슈퍼가 우리 집이라면 얼마나 좋을까?'라고 말이다. 그 이유인즉슨, 달콤한 사탕과 과자들을 마음껏 먹을 수 있다는 생각에서다. 작은 손에 용돈이 쥐어지는 날이면 힝싱 슈퍼에 가서 용돈을 다 쓰고 돌아왔다. 슈퍼에 가는 날이 가장 행복했던 아이는 지금 스물아홉 살이 되었다.

어느 날, 어머니께서 슈퍼에 관한 에피소드를 들려 주셨다. 내가 아주 어릴 적 집 앞 슈퍼 계산대 앞에서 장난감 사탕 한 개를 들고 엄청 울고 있었다고 한다. 물건을 사려면 값을 지불해야 하는데 100원을 손에 쥐고 700원짜리 장난감 사탕을 사려고 했던 것이다. 거절당한 나는 그 자리에 앉아 대성통곡을 했다고 한다. 어머니께서는 급히 슈퍼 주인의 전화를 받고 달려와 값을 지불하고 우는 나를 달래서 집으로 돌아갔다고 한다. 가끔 이 이야기를 들려주실 때마다 우리는 피식 웃곤 한다.

나는 지금도 마트에 가는 것을 좋아한다. 여전히 과자를 좋아하기 때문이다. 장을 볼 때 사람 구경을 하는 것도 무척 재미있다. 사람이 많아 북적북적할 때는 가끔 지치기도 하지만 때로는 그런 사람들에게 위로받는다.

대부분 마트에서 사고 싶은 물건을 집었다가 가격표를 보고 화들짝 놀라 다시 제자리에 놓아 본 경험이 있을 것이다. 장을 볼 때 옆 사람이 물건을 다시 내려놓기라도 하면 '나만 그런 것이 아니구나'라는 생각에 이상한 안도감을 느끼게 된다. 오히려 물건이 너무 비싼 것 아니냐며 죄 없는 물건을 원망하기도 한다.

나는 대학 시절 강원도 원주에서 자취를 했었다. 당시 자취방은 내 생의 첫 번째 나만의 방이었다. 본가에는 방이 두 개인데 안방은 부모님 그리고 작은 방은 형이 썼기 때문에 나는 주로 거실에서 생활했다. 자취방은 책상과 의자를 배치하면 한 사람이 누울 공간밖에 되지 않는 좁은 방이었지만 처음으로 생긴 나만의 공간이라 좋기만 했다.

어머니께서는 자취를 하는 아들을 위해 매달 생활비로 20만 원을 보내 주셨다. 그 돈을 가지고 휴대전화 요금과 자취방 전기세를 내고 수업에 필요한 교재를 사고 나면 남는 돈은 10만 원 남짓 되었다. 10만 원으로 한 달을 먹고 살아야 했던 것이다. 용돈을 넉넉히 받을 수 있을 만큼 집안 사정이 좋은 편은 아니었다. 아버지의 사업 실패로 집은 빚을 지게 되었고 어머니는 생활비를 벌기 위해 대형마트에서 젓갈 파는 일을 하고 계셨다. 그렇게 생활을 유지하시는 어머니가 나에게 보내주셨던 20만 원은 정말 큰 돈이었을 것이다. 그 사실을 너무 잘 알고 있었던 나는 어떻게든 20만 원으로 한 달을 버티며 살았다. 돈은 절대적인 것이 아니라 상대적인 것임을 그때 알았다.

어느 날 대학 친구가 나에게 꿈을 물어보았다. 그 순간 정말 간절한 한 가지의 꿈이 떠올랐다. 바로 '대형마트에서 사고 싶은 물건, 가격표 안 보고 마음껏 카트에 담기'였다. 집안 형편이 꽤 좋았던 친구가 낭황해하던 모습이 아직도 생생하게 기억이 난다. 하지만 나는 개의치 않고 말을 이어 갔다. "가격표를 보지 않고도 마트에서 물건을 살 수 있다는 것은 경제적 자유를 이루어 냈다는 증거잖아!"라고 말이다.

나는 자취 생활을 하며 돈을 아끼기 위해 자취방에서 1km 정도 떨어진 마트에서 장을 봐서 요리를 했다. 요리라고 할 것도 없었지만 라면과 냉동식품도 나에겐 요리의 범주에 포함된다. 먹고 싶은 것들을 배달시켜 먹었다면 편했겠지만 10만 원으로 한 달간 살아가야 하는 사람으로서는 상상할 수 없는 사치였다. 나는 장을 보기 전에 항상 마트 앞 ATM 기기에서 잔금을 확인했다. 그리고 오늘 얼마를 써야 할지 계산을 하고 마트에 들어갔다. 10만 원을 가지고 한 달에 네 번 마트에 와서 장을 보게 되니 한 번에 2만 원을 넘기면 안 되었다. 물건을 고를 때는 항상 이벤트 상품이 있는지를 먼저 확인했다. 이벤트 상품은 정가로 파는 상품들보다 훨씬 저렴했기 때문이다. 필요한 물건 중에 이벤트 상품이 없다면 100g당 단가가 가장 낮은 물건을 샀다. 나에게 브랜드는 중요하지 않았다. 가격표를 꼼꼼히 살펴보고 가장 저렴한 물건들만 카트에 담곤 했다.

꼭 필요했던 음식은 라면, 우유, 시리얼 그리고 값싼 냉동식품 1개였다. 총 2만 원이면 일주일 먹을 양식을 해결하곤 했다. 나는 계산대에서 판매하는 비닐봉지를 사는 것도 너무 아까웠다. 그래서 마트에 갈 때는 봉지 하나씩을 둘둘 말아서 주머니에 넣고 가는 것을 잊지 않았다. 계산해 주시는 아주머니가 봉지가 필요하냐고 묻기 전에 재빠르게 주머니에서 봉지를 꺼내어 물건들을 담았다. 그리고 적립카드도 빼놓지 않았다. 알뜰살뜰 모아야 부자가 될 것이라고 믿었기 때문이다. 자취가 끝나는 마지막 날에는 적립카드에 있던 포인트를 몽땅 써서 장을 봤던 기억이 생생하다. 3년 동안 한 푼 두 푼 모았던 적립금은 비록 얼마 되지는 않았지만 그

동안 알뜰살뜰 살았다는 생각에 내 자신이 너무 뿌듯했다.

그렇게 마트에서 사온 것들과 부모님 집에서 바리바리 싸온 김치와 반찬으로 끼니를 해결했다. 돈이 모자라 마트에도 가지 못할 때면 집에서 싸온 김치로 항상 김치찌개를 끓여서 먹었다. 나에겐 정말 꿀맛 같았다. 그렇게 알뜰살뜰 생활하다 보니 우연히 물어본 친구의 꿈에 대한 질문에 나도 모르게 그렇게 말했던 것 같다.

그러나 가장 큰 문제점은 대학 등록금이었다. 450만 원 가까이 하는 등록금은 빚을 지지 않으면 낼 수 없는 상황이었다. 빚을 지기 싫어서 악착같이 공부를 했다. 1등을 하면 성적우수 장학생으로 등록금 전액이 나오는 제도가 있었기 때문이었다. 억척스럽게 4년 동안 등록금이라는 놈 때문에 1등을 절대 놓치지 않았다. 결국 돈 한 푼 안 내고 공짜로 졸업을 한 셈이다. 4년 동안 받은 장학금을 계산해 보니 3,000만 원가량 되는 돈이었다. 우리 부모님은 어딜 가나 장학금을 받는 아들을 자랑하고 다니셨다.

대학을 졸업한 지 4년이 지났지만 아직도 마트에 가서 장을 볼 때면 제일 저렴한 것을 고르는 버릇이 있다. 어느 날 아버지와 함께 마트에서 장을 보고 있었는데 4줄 요구르트가 먹고 싶어서 요구르트 진열대 앞에서 한참을 서성거렸다. 이내 제일 저렴한 것을 집어 카트에 담았다. 그런데 안 먹어도 될 것 같은 마음이 들어서 다시 뒤돌아 제자리에 올려놓았다. 그 모습을 본 아버지께서는 카트를 끄는 내 뒤에서 계속 그냥 사라고 잔소리를 하셨다. 하지만 나는 쿨한 척 살이 찐다는 핑계를 댔다. 하지만 아버지께서는 마음이 불편하셨는지 그 요구르트를 가져와 카트에 담으셨다. 요구르트 가격은 2,000원도 안 되었다. 아버지의 행동에 나는 아무렇지 않은 척 했지만 마음이 무거워졌다.

그날 알뜰살뜰한 내 모습이 아버지 입장에서는 가여워 보였던 것이 아닐까 하는 생각이 들었다. 그리고 이내 다짐을 했다. 마트에서 가격표를 보지 않고 먹고 싶은 것들을 모두 카트에 담을 날을 위해 꼭 성공해야겠다고 말이다.

나는 지금 건설회사에서 일을 하며 글도 쓴다. 현재 개인저서를 준비 중이고 두 권의 공동저서에 참여했다. 그리고 1인 창업 수업을 듣고 있으며 강연가가 되기 위한 준비를 하고 있다. 직장에 다니면서 하기에는 시간이 너무 부족해서 매일 새벽 5시에 일어나 새벽 시간을 적극적으로 활용하고 있다. 다른 시간대보다 3배 이상의 집중력이 생기는 새벽시간을 잘 활용하면 인생을 변화시킬 수 있다고 믿는다.

나는 김태광 작가의 《출근 전 2시간》에 나와 있는 한 구절을 읽고 매일 아침 5시에 눈을 뜰 수 있는 힘을 얻었다. "내세울 것 하나 없는 내가 잠까지 남들보다 더 자서는 결코 성공할 수 없다는 것을 잘 알기 때문이다."라는 글이 나를 위해 쓰인 것 같다는 착각마저 들었다. 새벽시간을 활용해서 멋지게 성공한 저자의 모습을 본받아 나도 따라하자고 마음먹은 것이다. 성공을 하기 위해서는 성공한 사람들을 따라해야 한다고 생각한다. 지금은 내세울 것 하나 없지만 분명히 5년 뒤 내 모습은 내세울 것이 많아지게 될 것이다.

나는 경제적 자유가 생기기 전까지는 이대로 근검절약하며 살아갈 계획이다. 마트에 가서도 가격표를 더 열심히 따져가며 장을 볼 것이다. 그리고 잠자리에 들기 전 가격표를 보지 않고 물건을 마음껏 카트에 담고 있는 내 모습을 상상한다. 그날을 위해 오늘도 잠을 줄여가며 새벽시간을 나에게 투자한다. 나는 반드시 경제적 자유를 누리며 살아갈 것이다.

32세에 단독주택 짓기

주변 사람들에게 꿈에 대해 물어보면 공통된 한 가지의 대답을 하는 경우가 많았다. 바로 '자신만의 단독주택을 짓는 것'이었다. 누구나 단독주택에 대한 꿈을 가슴속에 품고 있는 것처럼 나역시 그랬다. 나는 남들보다 일찍 단독주택에 대한 꿈이 생겼다. 어릴 때부터 방이 없었기 때문에 나만의 공간을 항상 꿈에 그리며 자랐다. 나만의 공간에 대한 바람은 단독주택이라는 꿈으로 커졌다.

그 꿈을 이루기 위해 2008년 어느 대학교의 건축학과에 진학했다. 건축학과를 졸업하면 혼자서 단독주택을 뚝딱 지을 수 있을 것이라고 생각했기 때문이다. 그래서 의기양양하게 입학을 하고 건축을 공부했다. 그리고 졸업한 지 4년이 지난 지금, 그 꿈을 이 책에 그리고 있다.

대학교 입학에 관한 사연이 하나 있다. 나는 당시 상대적으로 좋은 대학교의 다른 학과에도 합격했었다. 부모님은 내가 그 대학에 진학하길 바라셨다. 결국 건축학과에 진학하고 싶은 나와 마찰이 생겼다. 나는 부모님을 설득시키기 위해 제안을 하나 했다. 입학금만 해결해 주면 4년 동안 나머지 등록금은 알아서 하겠다고 말이다. 그 제안으로 부모님을 설득하고 건축학과에 진학할 수 있었다.

나는 부모님과 약속한 대로 등록금은 장학금으로 해결하며 건축학과를 1등으로 졸업했다. 그리고 그 학교의 재단그룹 건설회사에 취업을 했다. 건설현장에서 직접 발로 뛰는 건축기사로 일을 하며 건물을 짓는 것을 실제로 보고 배울 수 있었다. 건축기사가 하는 일은 건설현장에서 공정, 인력, 품질, 공법 등을 관리하는 것이다. 쉽게 말해서 건물을 도면대로 짓는 것이다.

여름엔 땀을 많이 흘리고 겨울엔 추워서 견디기 힘들 정도로 발가락이 아픈 직업이다. 그리고 비가 오면 비를 맞으며 하루에 평균 10km 정도를 걷고 30층의 계단을 오르내린다. 현장 구석구석을 확인하고 다녀야 하기 때문이다. 요즘은 휴대전화 어플을 이용해서 내가 하루 동안 얼마나 걸었는지 활동한 양을 확인할 수 있다. 처음 활동량을 봤을 때는 너무 많아 상당히 놀랐다. 하지만 내심 '정말 열심히 일했구나'라는 생각에 뿌듯했다.

나는 몸이 힘들 때마다 항상 꿈을 이룬 모습을 상상한다. 일이 힘들면 힘들수록 꿈을 이룬 내 모습을 상상하는 행복한 취미가 있다. 내가 단독주택을 짓고 싶은 이유 중 하나는 집 앞마당에서 사랑하는 사람과 야외 결혼식을 올리고 싶기 때문이다. 그래서 32세에 단독주택을 지어야겠다고 버킷리스트에 적었다. 늦어도 33세에는 결혼을 하고 싶기 때문이다.

집을 짓기 위해서는 현실적인 조건들이 먼저 생각나기 마련이다. 대표적으로 땅을 사고 집을 짓는 데 들어가는 경제적인 부분과 건축법상의 인허가 문제다. 땅을 사려면 LH공사에서 단독주택택지를 분양받거나 직접 땅을 매입해서 용도 변경 신청을 하는 방법 등이 있다. 그리고 건축법상 도로에 4m 이상 인접한 대지만이 건물을 세울 수 있는 법이 있으며 대지마다 건폐율과 용적률이 다르기 때문에 세심하게 따져 봐야 한다. 그러나 건축법은 시간을 투자해서 공부하면 되지만 땅을 사고 집을 짓기 위해서는 수억 원의 돈이 필요하다. 현실적으로 평범한 월급쟁이가 32세까지 수억 원을 모으기가 가능할까?

평범한 월급쟁이는 불가능하겠지만 평범하지 않은 월급쟁이가 된다면 가능하다. 나는 평범하지 않은 월급쟁이가 되기 위해서 매일 새벽 5시에 기상해서 자기계발을 하고 있다. 그리고 매일 일기를 쓰는데, 맨 앞장에는 가장 멋있는 단독주택 사진을 붙여 놓고 매일 그곳에서 살고 있는 나를 상상한다. 꿈의 시각화 법칙을 매일 사용하고 있는 것이다. "성공한 사람은 실패한 사람이 좋아하지 않는 일을 하는 습관이 있는 사람이다."라고 토마스 에디슨은 말했다. 이렇게 나만의 상상하는 습관을 꾸준히 키워 나가다 보면 언젠가 꿈이 현실이 되어 있을 것이라고 믿는다.

단독주택을 짓고 싶어 하는 대부분의 사람들은 건물을 짓기 전에 가장 먼저 어떤 구조로 집을 지을지 고민한다. 어떤 이는 가장 튼튼한 철근콘크리트 구조로 짓고 싶어 하고 다른 사람은 경량목구조, 블록, 친환경공법 등 자기가 알고 있는 구조들 중에서 고민한다. 단독주택을 짓기 위해 가장 먼저 해야 할 것은 따로 있는데 말이다.

단독주택을 짓기 전에 가장 먼저 해야 할 일은 자기 자신에게 "어떻게 살고 싶은가?"라고 물어보는 것이다. 단독주택에서 살고 싶어 하는 사람들에게는 정말 중요한 질문이다. 어떻게 살고 싶은지에 대해 깊이 성찰해 보지 않으면 단독주택을 짓고 살아도 만족할 수 없다.

거창하게 생각하지 않아도 된다. 마당에서 아이들이 마음껏 뛰어 놀게 하고 싶은데 부엌일로 바쁜 어머니를 위해서는 부엌에서 마당이 훤히 보이도록 설계하면 된다. 그리고 주말마다 테라스에서 지인들을 불러 파티를 열고 싶은 사람에게는 최대한 테라스를 넓게 만들어 주면 된다. 구체적이고 자기가 원하는 삶을 살 수 있는 집에 대해 성찰해 보면 된다. 나는 단독주택 건물 옆에 별채를 만들어 나만의 서재와 헬스장으로 쓰고 싶다. 단독 건물로 만들어진 나만의 공간에서 운동하고 책을 쓰는 1인 기업가로서 평생 즐거운 일을 하며 살고 싶다.

사람은 공간이 주는 환경에서 살기 때문에 어떤 공간에서 사느냐에 따라 삶이 달라진다. 어떤 생각을 하고 어떤 활동을 하는지는 생활하는 공간에 따라 결정되기 때문이다. 그래서 나는 단독주택의 거실에 책들로 가득 채워 도서관을 방불케 하는 거실을 만들 것이다. 사람은 자기가 생각한 대로 살게 되어 있다. 그 생각들은 책에서 얻는 것이 가장 올바르다고 본다. 책은 정말로 자기답고 행복한 인생을 살 수 있는 힘을 주며 인생의 나침반 같은 역할을 한다. 나는 책을 마음껏 읽을 수 있는 공간을 조성해서 내 아이들은 자기가 하고 싶은 일을 하며 행복하게 자랐으면 하는 꿈이 있다.

조선시대부터 사람이 가장 살기 좋은 터로 배산임수를 꼽고 있다. 배산임수는 뒤로 산을 등지고 있고 앞으로는 강 또는 시냇물이 내려다보이는 지형을 말한다. 어릴 적 주말마다 놀러갔던 양

평에 있는 외할머니 시골집이 기가 막히게도 배산임수의 지형이었다. 여름에는 집 앞으로 물장구를 칠 수 있는 시냇물이 흘렀고, 한겨울에는 차가운 바람을 뒷산이 모두 막아 주었다. 나는 배산임수의 지형조건을 갖춘 대지에 집을 지을 것이다. 가장 이상적으로 생각하는 위치는 한강이 보이고 뒤편에 남산이 우뚝 솟은 서울 땅이다.

나는 현재 집을 짓기 위한 건축법과 부동산을 공부하고 있고 건설현장에서 일하면서 미리 연습하고 있다. 꿈은 매일 상상하면 이루어지는 법이다. 일기장 맨 앞에 있는 단독주택 사진을 볼 때마다 나의 잠재의식은 발동하고 있다. 나는 32세에 한강이 보이는 남산에 단독주택을 짓고 나만의 별채를 만들어 평생 행복한 일을 하며 살 것이다. 나의 꿈이 담겨 있는 보물지도는 내가 스스로 만들어 가는 것이다. 나는 오늘도 일기장에 붙인 나만의 단독주택 사진을 보며 이미 이루어진 것처럼 상상한다.

세계에서 제일 멋진 남자 되기

요즘 젊은이들 사이에서 줄임말을 쓰는 것이 유행이다. '아이스 아메리카노'를 뜻하는 '아아'와 '뜨거운 아메리카노'를 뜻하는 '뜨아' 등이 있다. 줄임말 중에 나를 가장 설레게 하는 단어가 있다. '세상에서 제일 멋진 남자'를 뜻하는 '세젤멋'이라는 단어다. 개인의 취향에 따라 각자가 생각하는 세젤멋은 다를 것이다. 누군가는 외모에 중점을 둘 것이고 다른 누군가는 성격이 중요하다고 생각할 것이기 때문이다. 당신은 누군가에게 세젤멋이라는 말을 들어본 적이 있는가?

나는 29세에 처음으로 세젤멋이라는 단어를 들어 봤다. 물론 내가 정말 세상에서 제일 멋진 남자라서 들은 말은 아니었다. 내가 먼저 그녀에게 '세상에서 가장 예쁘다'는 의미인 '세젤예'라고 말해 주었기 때문에 형식상의 답변으로 받은 것이다. 하지만 나는 진심으로 그녀가 세상에서 제일 예뻤기 때문에 말한 것이었다. 그리고 나는 세젤멋이라는 말에 굉장히 설레었다. 왜냐하면 그녀는 나의 초·중학교 동창이자 첫사랑이기 때문이다. 첫사랑에게 세젤멋이라고 듣는 순간 진짜 세젤멋이 되고 싶은 욕망이 들끓었다. 세젤예인 그녀에게 걸맞은 세젤멋이 되고 싶었다.

결혼정보회사 듀오의 설문조사 결과에 따르면 미혼남녀 10명 중 9명은 "잊을 수 없는 첫사랑이 있다."라고 답했다. 그 정도로 첫사랑은 누구에게나 지우지 못할 소중한 의미를 지닌다. 나는 9명 중 1명의 남자에 속한다. 그리고 첫사랑은 나의 평생 가는 이상형이 되었다. 아마도 많은 남자들이 나처럼 첫사랑을 잊지 못하는 이유는 처음 사랑했던 여자와 똑같은 여자는 이 세상에 없기 때문일 것이다. 지금의 내 이상형은 초등학생 시선 그녀이 모습기 같다. 어릴 적 그녀는 아담하고 피부가 하얗고 입술색이 선홍빛이었다. 첫사랑은 그 시절 순수한 사랑을 했던 우리의 모습을 떠올리게 한다. 어른이 되어 다시 만난 첫사랑에게 세젤멋이라고 들었을 때 어느 누가 진짜 세젤멋이 되고 싶지 않겠는가?
내가 생각하는 세젤멋의 조건은 5가지가 있다.

첫 번째 조건은 평생 한 여자만을 사랑할 수 있는 사랑꾼이 될 수 있는 자질이다. 이것은 5가지 중에 가장 중요하다. 왜냐하면 사랑에서 '믿음'이 가장 중요하기 때문이다. 내 오래된 여자 사람 친구는 2년간 만난 남자가 바람을 피우는 바람에 크게 아파했다. 옆에서 지켜보면서 바람을 피우는 것은 상대방에게 큰 상처를 주는 일임을 알았다. 그래서 남자는 절대 다른 여자가 눈에 들어와도 흔들리지 않는 단호한 자세를 가져야 한다고 생각한다.

평생 한 여자만을 사랑하기 위해서는 자기가 진심으로 사랑하는 사람을 만나야 한다. 그리고 그 마음이 순간이 아니라는 것을 자기 자신이 확신할 수 있어야 한다. 그래야 다른 여자에게 눈을 돌리지 않는다. 그러기 위해서는 사랑하는 사람이 생겼을 때 그 사람과 함께할 미래를 그려 보아야 한다. 만약 미래가 아픔보다 아름다움이 많을 것 같다면 그 사랑은 순간이 아닐 확률이 높다.

두 번째 조건은 여자가 원하는 대화를 할 수 있는지의 여부다. 존 그레이의 《화성에서 온 남자 금성에서 온 여자》를 보면 남자와 여자는 완전히 다른 존재임을 알 수 있다. 특히 남녀가 대화를 할 때 여자는 공감을 원하지만 남자는 해결을 하려 한다. 나도 처음 연애를 할 때는 여자 친구가 이런저런 이야기를 하면 항상 해결책을 내놓곤 했다. 어느 날 중간고사가 끝난 여자 친구가 나에게 시험을 못 봤다고 말했다. 하지만 나는 무슨 과목이 약했는지 물어

보고 공부법에 대해 조언을 했다. 여자 친구는 시험을 망친 슬픔을 공감해 달라고 한 것인데 말이다.

하지만 이제는 대화할 때 격하게 공감할 수 있는 능력을 개발 중이다. 남자의 해결 본능을 숨긴 채 "헐!", "대박!" 등의 리액션을 활용하는 것이 중요하다. 무엇보다 진심으로 공감을 해 주는 것이 가장 중요하겠지만 말이다. 여자에게 평생 멋진 대화상대가 되어 주는 것이 세젤멋의 두 번째 조건이다. 지금 당신이 사랑하는 여자가 당신에게 편안하게 일상을 공유하고 수다를 떤다면 당신은 세젤멋에 가깝다.

세 번째 조건은 운동을 하면서 자기관리를 잘하는 사람이다. 개인적으로 남자는 못생겨도 된다고 생각한다. 나도 '얼큰이'로 불리던 시절이 있었다. 하지만 2년 동안 헬스장에서 열심히 쇳덩이를 든 후에는 얼큰이에서 벗어날 수 있게 되었다. 실제로 두개골 크기는 변함이 없지만 어깨가 넓어지니 상대적으로 얼굴이 작아 보이게 되었다.

누구든지 운동과 자기관리를 한다면 몸짱이 될 수 있다고 생각한다. 하지만 엄청난 노력이 필요하다. 매일 퇴근 후 헬스장에 출근도장을 찍고 철저하게 식단을 지키는 등 자기를 통제하는 노력이 필요하다. 이런 자기 통제력은 몸짱이 되기 위함만이 아니라 인생에 있어서 중심을 잡아줄 수 있는 중요한 역할을 한다고 생각한다. 시련이나 고난이 왔을 때 한 여자를 지켜 줄 수 있는 버팀목이 될 수 있는 존재야말로 세젤멋이 아닐까?

네 번째 조건은 자신이 하고 싶은 일을 하고 있는 사람이다. 하고 싶은 일을 한다는 것은 자기가 무엇을 좋아하는지 안다는 것이다. 그런 사람은 끊임없이 자기성찰을 해 온 사람임이 분명하다. 그리고 자기가 하고 싶은 일에 도전할 수 있는 용기가 있다는 증거다. 그런 사람은 삶의 잣대가 분명하게 있어서 자기가 원하는 삶을 추구하며 행복하게 살아가는 방법을 안다.

나는 최근에 하고 싶은 일을 찾았다. 그동안 나 스스로에게 하고 싶은 일이 무엇인지 끊임없이 물어보았다. 지금 글을 쓰는 것도 내가 정말로 하고 싶었던 일 중 하나였다. 여자는 좋아하는 일을 하고 있는 남자를 만나면 자연스레 행복해질 것이다. 바로 옆에서 자기가 원하는 삶을 살며 행복해하는 것을 지켜본다면 그 행복은 전염될 것이기 때문이다. 나도 하고 싶은 일을 하며 느끼는 행복을 사랑하는 사람에게 전염시켜 주는 세젤멋이 되고 싶다.

마지막으로 다섯 번째 조건은 일기를 쓰는 남자다. 일기는 자기 자신이 누구인지 제일 잘 알 수 있는 도구다. 그리고 일기를 쓰는 사람은 하루를 되돌아보며 반성할 줄 알고 더 나은 미래를 꿈꿀 수 있다. 이렇게 일기를 쓰면 자연스레 삶의 만족도가 올라가게 된다. 나는 매일 일기를 쓰고 있다. 내가 일기를 쓰기 때문에 세젤멋의 조건으로 내놓은 것은 아니다. 하지만 나는 일기로 나 자신을 돌아볼 수 있었고 시간의 소중함과 이루고 싶은 꿈을 찾을 수 있었다. 이렇게 일기를 쓰는 사람은 충분히 더 나은 미래를 기대할 수 있는 사람이다. 미래가 기대되는 사람은 내가 생각하는 세젤멋의 조건에 부합한다. 나는 평생 일기를 쓰면서 더 기대되는 모습을 보여줄 수 있는 남자가 될 것이다.

이처럼 내가 생각하는 세젤멋의 5가지 조건은 일편단심의 마음, 여자와의 대화능력, 운동과 자기관리, 하고 싶은 일을 하는 것, 일기를 쓰는 것이다. 그리고 내가 생각하는 무언가에 기준을 세우는 것이 중요하다고 생각한다. 이렇게 만들어진 가치관으로 내 삶이 만들어지기 때문이다. 나는 세젤멋이 되기 위해 매일 나 자신을 관찰하고 있다. 지금의 나와 세젤멋 사이의 틈을 줄여나가며 멋진 세젤멋이 되어 가고 있는 중이다.

세젤멋이 되기 위해서는 무엇보다 자기가 생각하는 세젤예가 있어야 한다. 그래야 더 멋지고 좋은 남자가 되기 위해 노력할 것이기 때문이다. 당신에겐 당신만의 세젤예가 있는가? 옆에 있으면 세젤멋이 되고 싶은 마음이 들끓게 만드는 여자 말이다. 나에게는 세젤예가 있기에 지금도 세젤멋의 5가지 조건을 갖추기 위해 노력한다. 나는 세상에서 제일 멋진 남자가 될 것이다.

책 한 권으로 운명 바꾸기

당신은 책 한 권으로 운명을 바꾸는 것이 가능하다고 생각하는가? 나는 자신 있게 가능하다고 말할 수 있다. 왜냐하면 나는 직장에 다니면서 책을 썼고 운명이 달라지는 기적 같은 체험을 하고 있기 때문이다. 직장에서는 평범하게 '대리님'으로 불리지만 회사 밖을 벗어나면 '작가님'이라고 불린다.

나는 불과 1년 전까지만 해도 책은 아무나 쓸 수 없는 것이라고 생각했다. 왜냐하면 서점에 있는 유명한 책들은 모두 성공한 사람들이 썼다고 생각했기 때문이다. 그래서 나는 책을 쓰기 위해서라도 어떻게든 성공하려 했다. 하지만 성공하는 방법을 몰랐다. 평생 동안 직장을 열심히 다닌다고 성공하는 것도 아니었고 운동만 열심히 한다고 해서 성공하는 것도 아니었다.

　　나는 작가가 되려면 어떤 조건이 필요한지 궁금했다. 하지만 작가가 되기 위해서는 특별한 조건이 필요한 것이 아니라는 것을 알게 되었다. 그 순간 평범한 나도 작가가 될 수 있겠다는 생각이 들었다. 나는 곧바로 인터넷에서 '책 쓰기'를 검색했다. 그리고 우연히 어떤 카페에 들어가게 되었다. 그리고 그곳에서 어떤 한 문구를 보고 나 같은 사람도 작가가 될 수 있겠다는 확신이 들었다. 그것은 "성공해서 책을 쓰는 게 아니라 책을 써야 성공한다."라는 김태광 대표 코치의 글이었다. 나는 바로 카페에 가입하고 등업 신청을 했다.

　　그 카페는 〈한국 책쓰기 성공학 코칭협회(이하 한책협)〉라는 곳이었다. 200여 권의 저서를 펴낸 김태광 대표 코치가 운영하는 곳이었다. 그는 600명 이상의 작가를 배출한 대한민국 대표 책쓰기 코치였다. 카페에는 많은 선배 작가들의 출판사 계약 후기들이 있었다. 노대체 어떤 특별한 능력을 가진 사람들일지 궁금해졌다. 그래서 출판사 계약 후기들을 모두 읽어 보았다. 그런데 그들도 나와 별반 다르지 않은 직장인이었다. 게다가 출판 후에는 강연가와 1인 기업가로 나아가고 있었다. 작가와 강연가 그리고 1인 기업가로 멋지게 인생 2막을 펼친 그들을 보고 내 가슴도 같이 두근거리기 시작했다.

　　하지만 나는 어떤 주제로 책을 써야 할지 몰랐다. 책을 쓰고 싶다는 생각만 앞선 것이다. 20대 후반의 평범한 직장인이 쓸 수 있는 주제가 무엇이 있을지 곰곰이 생각했다. 그러나 남들처럼 특별한 삶을 살아온 것도 아니었고 책을 쓰기엔 내 전문분야의 지식도 얕았다. 시간이 지날수록 책을 쓰겠다는 자신감은 계속 떨어졌다. 하지만 작가가 되겠다는 확고한 의지는 꺾이지 않았다. 그래서 책을 쓰기 위해 김태광 대표 코치를 찾아갔다.

나는 그분을 처음 만났던 날을 아직도 생생하게 기억한다. 그의 강연은 내가 여태껏 들어 본 강연 중에 최고였으며 살면서 누군가의 강연에 이렇게 몰입해 본 것도 처음이었다. 엔도르핀이 마구 쏟아져 나오는 기분이었다. 강연을 듣고 집으로 돌아왔는데 떨리는 마음이 가라앉질 않았다. 그래서 새벽 3시까지 잠들지 못했다. 하지만 다음날 나의 컨디션은 최고였다. 수면시간이 3시간에 불과했지만 피곤함을 전혀 느끼지 못했다. 오히려 나도 책을 쓸 수 있다는 생각에 심장이 두근거렸다.

책을 쓰기로 마음먹은 순간부터 내 인생은 달라지기 시작했다. 가장 큰 변화는 선한 영향력을 펼치는 메신저라는 꿈이 생겼다는 것이다. 꿈을 갖기 시작한 순간부터 어떤 힘든 순간이 와도 긍정적으로 이겨낼 수 있었다. 뙤약볕 아래 건설현장에서 일을 하며 비 오듯이 땀을 흘려도 마음만은 행복했다. 몸이 힘들면 마음까지 울적했던 예전의 내 모습은 찾을 수 없었다. 내가 메신저가 되어 있는 모습을 상상하면 어떤 순간도 나를 힘들게 하지 못했다.

두 번째 변화는 독서량이 10배나 많아졌다는 것이다. 보통 한 달에 한 권을 읽으면 많이 읽었다고 생각했다. 그러나 책을 쓰기로 마음먹은 뒤로는 한 달에 10권은 거뜬히 읽게 되었다. 나의 급증한 독서량은 정말 놀라운 발전이었다. 작가가 되겠다는 생각에 다른 작가들의 책은 어떻게 구성되었는지 궁금했다. 그리고 많은 책들을 비교분석하면서 나름대로 내 책의 방향을 잡았다. 다른 작가들의 책을 보면 볼수록 나도 잘 쓰고 싶다는 욕심이 생겼다. 자연스럽게 나의 독서량은 10배로 늘었고 의식도 10배 빠르게 성장했다.

마지막 세 번째 변화는 시간에 대한 관점이 바뀌기 시작했다. 나는 출근 전까지 최대한 늦게까지 잠을 잤고 퇴근 후에는 나만의 시간을 가지며 여유로운 생활을 했다. 그런데 책을 쓰기 위해서는 지금의 생활에서 벗어나지 않으면 안 된다고 생각했다. 책을 쓰기 위해 잠을 줄이기로 마음먹은 것이다.

나는 그 뒤로 매일 아침 5시에 일어나 책을 썼다. 그리고 점심시간이 되면 아침에 썼던 원고를 검토하며 고구마와 물 한 컵으로 점심을 해결했다. 직장동료들이 같이 밥을 먹으러 가자는 말에도 도시락을 싸왔다며 단호히 거절했다. 조금이라도 흘러가버리는 시간을 잡고 싶었기 때문이다. 퇴근 후에도 책 쓰기는 계속되었다. 숙소 앞 카페에 가서 문을 닫는 시간까지 커피 한 잔을 시켜 놓고 책을 쓰는 데 몰입했다. 일하는 시간 외에는 책을 쓰는 데 모두 활용한 셈이다.

수면시간이 부족해지다 보니 출퇴근길에 졸음운전을 피할 수는 없었다. 다행히 사고는 나지 않았지만 잠을 제대로 못 자니 몸의 면역력이 크게 떨어졌다. 그래서 피부에 트러블이 생기고 눈은 빨갛게 충혈된 상태가 한동안 지속되었다. 그러나 나는 이런 내 몸의 반응들을 얼마든지 견딜 수 있었다. 그리고 책을 쓰고야 말겠다는 의지로 버텼다. 그랬더니 몸도 차츰 적응을 해서인지 아프지 않았다.

이렇게 만들어진 책들이 세상 밖으로 나오는 순간 나의 인생은 완전히 달라질 것이라고 생각한다. 책으로 많은 독자들에게 선한 영향력을 펼칠 수 있는 날들이 너무 기다려진다. 내가 베스트셀러 작가가 된다면 더 많은 사람들이 내 책을 읽게 될 것이다. 나는 많은 독자들이 내 책을 읽고 좋은 영향을 받아 더 나은 삶을 살기를 꿈꿔본다.

나는 평생 책을 쓰는 작가가 될 것이다. 첫 번째 책을 시작으로 3년 안에 10권의 책을 쓴 작가가 될 것이다. 나라는 존재를 세상에 알리기 위해서 매년 꾸준히 책을 출판할 계획이다. 그리고 작가를 넘어 강연가와 1인 기업가에 도전할 것이다. 10권의 저서가 있는 작가의 신분으로 1,000명이 넘는 무대에서 강연을 하고 싶다. 특히 내 이야기가 필요한 직장인들과 아직 꿈을 찾지 못한 학생들이 내 청중이 되었으면 좋겠다. 세상은 나의 이야기를 필요로 한다는 생각으로 이 세상에 꼭 필요한 메신저가 될 것이다. 그리고 1인 기업가가 되어 자유로운 삶을 살 것이다. 시간적인 자유와 경제적인 자유를 누리며 살고 싶다. 연매출 1억 원을 목표로 3년 후에는 10억 원 이상을 달성할 것이다.

나는 책을 쓰며 더 넓은 세상을 보았고 내가 생각했던 것보다 훨씬 큰 세상이 존재한다는 것을 알았다. 책 한 권을 쓰겠다는 꿈이 더 큰 꿈을 낳은 것이다. 보통 사람들은 자기 자신이 얼마나 위대한지 알지 못한다. 본인만이 가지고 있는 잠재력을 발휘하지 못하고 있는 것이다. 나는 책을 쓰면서 나의 잠재력을 믿고 끊임없이 꿈을 찾아가고 있다. 책을 쓰기 시작하면서 정말 많은 것들을 얻었다.

나는 책을 쓰기 전에는 남을 위한 인생을 살고 있었다. 열심히 일해서 번 돈으로 나에게 제대로 된 선물 하나 하지 않고 은행에 모두 저축했다. 그리고 그 누구보다 술을 싫어했지만 늦게까지 회식자리에 남아 항상 윗사람들의 눈치를 살폈다. 나를 위한 삶이 무엇인지 고민할 시간조차 갖지 못했다. 하지만 책을 쓰면서 가슴속에서 열망하던 삶을 구체적으로 그릴 수 있었다.

나는 이제부터 나를 위해 살기로 했다. 내 삶의 주인이 되는 것보다 더 중요한 것은 없다는 것을 책 쓰기로 알았다. 책 한 권이 나의 운명을 바꾼 것이다. 책을 쓰며 알게 된 꿈과 늘어난 독서량 그리고 시간을 관리하는 법은 내 평생의 자산이 되었다. 앞으로 평생 책을 쓰며 또 무엇을 배울 수 있을지 너무 기대가 된다. 나는 책 한 권으로 평생 동안 하고 싶은 일을 찾았고 그 이상의 꿈을 찾았다. 최고의 작가, 강연가, 1인 기업가로 멋지게 살 것이다. 3년 뒤의 내 모습이 너무 기대된다. 나는 오늘도 책을 쓰면서 운명을 바꾸고 있다.

'전 국민 매일 일기 쓰기' 운동 펼치기

누구나 초등학생 시절에는 일기를 쓴다. 하지만 우리는 초등학교를 졸업함과 동시에 일기도 졸업을 해 버린다. 왜냐하면 일기는 의무적으로 해야 하는 숙제에 불과했기 때문이다. 그리고 일기 쓰기는 밖에 나가 놀고 싶었던 우리에게 걸림돌 같은 존재였다.

나는 초등학교 시절 밖에서 늦게까지 놀다가 일기를 항상 대충 썼었다. 그 바람에 선생님한테 자주 혼이 났던 기억이 있다. 그리고 방학 동안 밀린 일기를 개학 하루 전날에 몰아 쓰면서 인생 최대의 고비를 겪기도 했다. 다른 사람들도 나처럼 어린 시절 일기에 대해 안 좋은 기억을 가지고 있을 것이다. 이 때문에 일기라는 것이 그리 달가운 존재가 아닐 것이라고 짐작해 본다.

주변에서 적성과 진로에 대해 고민하는 사람들을 쉽게 볼 수 있다. 그 고민은 언제나 "내가 무엇을 좋아하고 싫어하는지 모르겠다."라는 말로 시작한다. 그런데 이런 고민을 하는 것은 너무나 당연한 것이고 자연스러운 현상이다. 자기 자신도 잘 모르는데 어느 누가 자신이 좋아하는 일을 찾아줄 수 있겠는가. 하지만 그런 사람들을 위한 방법이 없는 것은 아니다.

창피한 이야기지만 나는 대학을 졸업해서도 나에 대해 잘 알지 못했다. 나에 대해 아는 것이라곤 전혀 없었다. 그래서 한 번은 당혹스러웠던 일도 있었다. 회사를 다니며 만나게 된 여자 친구가 있었는데 그녀가 문득 나에 대해 잘 모르겠다고 했다. 나는 대수롭지 않게 넘겼지만 이제는 그녀가 왜 그렇게 말했는지 이해가 된다. 나도 나에 대해 아는 것이 없었기 때문에 그녀에게 내가 어떤 사람인지 말해 주지 못했던 것이었다. 소 잃고 외양간 고치는 격이지만 헤어진 그날 이후 나는 나에 대해 미치도록 알고 싶어졌다.

어느 날 나는 여느 때와 같이 일을 마치고 숙소로 돌아왔다. 공허함을 달래기 위해 자기 전 침대에 엎드려 책을 읽기 시작했다. 사이토 다카시의 《혼자 있는 시간의 힘》이라는 책이었다. 나는 이 책에서 자아성찰을 가장 확실하게 할 수 있는 방법에 대해 알게 되었다. 그 방법은 일기를 쓰는 것이었고, 그날부터 나는 일기를 쓰기 시작했다.

일기를 쓰던 첫날의 모습을 아직도 생생히 기억한다. 나 홀로 방에 엎드린 채 회사에서 받은 다이어리와 펜 하나를 들고 무엇을 써야 하는지 한참을 고민했다. 초등학생 이후로 일기를 써 본 적이 없었기 때문에 일기를 쓰는 것이 너무 어색하고 불편했다. 30분을 고민한 뒤에 나는 그날 있었던 일들을 나열하며 일기를 쓰기 시작했다. 그렇게 완성된 나의 첫 일기는 전형적인 초등학생 수준의 단순일기였다. 지금도 가끔 처음 쓴 일기를 보면 얼굴이 화끈거린다. 그래도 오로지 나만 보는 것이기 때문에 남의 시선은 신경 쓰지 않았다.

그 후로 나는 매일 나에게 집중해서 일기를 썼다. 나를 조금씩 알아가기 시작했고 어느 순간 내 자신이 좋아지기 시작했다. 일기를 쓰기 전까지 자아성찰을 한 번도 해 보지 않았던 나는 일기로 자아성찰이라는 것을 시작한 것이다.

자아성찰이란 '자신이 한 일을 깊이 되돌아보는 일'을 뜻한다. 일기만큼 자아성찰을 잘할 수 있는 방법은 없다고 생각한다. 그런데 나의 회사 동기 중 한 명은 여행을 하는 것이 자아성찰을 할 수 있는 가장 좋은 방법이라고 했다. 하지만 그 친구의 여행 후기를 들어 보면 자아성찰보다 어디를 가서 무엇을 먹었는지 등의 자랑뿐이었다. 그리고 여행 중에 찍은 사진을 자랑하기 위해 인스타그램에 올리기 바빴다. 스트레스를 풀기 위해 1년에 한 번 여름휴가를 떠나면서 자아성찰의 시간을 갖는다는 것은 쉽지 않아 보였다. 물론 여행도 잘 활용하면 자아성찰의 좋은 기회가 될 수 있다. 하지만 여행은 1년에 갈 수 있는 날이 며칠 되지 않는다. 반면 일기는 1년 365일 쓸 수 있다는 장점이 있다.

매일 일기를 쓰면 하루에 한 번 나 자신과 대화하는 시간을 가질 수 있다. 그렇게 대화를 하다 보면 내가 어떤 사람인지 알 수 있게 된다. 오늘 있었던 일들을 돌아보고 그때의 나의 감정들을 적다 보면 내가 무엇을 좋아하고 싫어하는지 보이기 시작한다. 이때부터 일기 쓰기가 재미있어진다.

일기를 쓰는 시간은 하루에 7분만 투자하면 된다. 보통 7분이면 그날 있었던 일들을 충분히 돌아보고 그때 느꼈던 나의 생각을 정리할 수 있다. 내가 어떤 상황에서 어떤 감정을 느꼈는지 일기에 쓰다 보면 7분은 금방 지나갈 것이다. 하루 1,440분 중에 7분만 투자하면 최고의 자아성찰을 할 수 있는 것이다.

일기는 가끔씩 쓰는 것도 좋지만 매일 쓰는 것이 좋다. 그러나 매일 실천하기란 정말 어렵다. 일기가 쓰기 싫어도 한 줄이라도 적는 것이 좋다. 왜냐하면 그 한 줄을 적기 위해 오늘 있었던 일들을 되돌아보게 되기 때문이다. 오늘 있었던 일들을 잠시나마 돌아보고 내 감정을 정리해서 한 줄이라도 쓴다면 나와 더 가까워진 채로 하루를 마감할 수 있다. 한 줄의 일기는 어느 순간 나답게 살고 있는 자신을 만나게 해 줄 것이다.

일기의 또 다른 장점으로는 기분을 안정시킬 수 있다는 점이 있다. 안 좋은 일이 있거나 화가 나 있는 상태에서 일기를 쓰면 기분이 나아짐을 느낄 수 있다. 내 안에 있던 화가 일기장으로 옮겨가는 것이다. 나는 업무에서 받은 스트레스나 인간관계에서 받았던 안 좋은 감정을 일기장에 쏟아내곤 한다. 그러면 내 안에 있던 안 좋은 감정들이 모두 빠져나와 평온함을 되찾게 된다. 만약 내가 일기를 쓰지 않았다면 스트레스를 풀기 위해 폭식을 하거나 늦게까지 게임을 했을 것이다. 일기는 세상에서 가장 건전하고 안전한 스트레스 탈출구다.

전 세계적으로 유명한 방송인 오프라 윈프리는 지금까지도 매일 일기를 쓰는 것으로 유명하다. 세계에서 가장 영향력 있는 인물 1위로 뽑히기도 한 그녀의 과거는 우리의 예상과 달리 순탄치 못했다. 그녀는 어린 시절에 사촌 오빠에게 성폭행을 당했고 14세의 나이에 미혼모가 되었다. 태어난 아이는 2주 만에 죽었고 그 후에 마약까지 하게 되며 그녀는 불행한 삶을 살았다. 그랬던 그녀가 인생을 바꿀 수 있었던 것은 '감사일기' 덕분이었다.

현재를 소중하게 여기고 삶을 긍정적으로 이끄는 감사일기는 오프라 윈프리에게 삶의 방향을 어디로 두어야 할지 알게 해 주었을 것이다. 사소한 것에 감사하고 매 순간을 사랑하게 만드는 감사일기의 힘은 대단하다. 나도 일기를 쓸 때 항상 '감사'를 담아서 쓴다. 거창한 것이 아니라 평범하고 일상적인 것에 감사를 담아 쓰면 된다. 모든 순간에서 감사한 일들을 찾아내는 습관은 우리의 인생을 충분히 아름답게 변화시킬 수 있다고 믿는다.

어떻게 일기를 쓰느냐에 따라 인생은 변한다고 생각한다. 나는 일기장에 꿈을 쓰고 꿈을 이루었다. 하루에 한 번 일기 쓰기로 나와 대화를 하며 내가 무엇을 좋아하는지 알게 되었다. 2016년 7월 1일의 내 일기장에는 "작가가 될 것이다."라고 쓰여 있다. 1년이 지나고 일기를 쓰던 나는 작가가 되었다. 일기가 내 꿈을 찾게 해 주었을 뿐만 아니라 꿈을 이루게 해 주었다. 꿈을 단순히 생각하는 것과 쓰는 것은 큰 차이가 있다. 생각은 머릿속을 스쳐지나가기만 할 뿐이다. 하지만 그것을 손으로 쓰게 되면 멋진 미래를 잡을 수 있다.

꿈을 적은 일기장은 매일 볼 수 있다. 나는 꿈을 보는 순간마다 어떻게 해야 꿈을 이룰 수 있는지 스스로 생각한다. 그리고 그 생각은 행동으로 옮겨지게 된다. 꿈을 이루기 위한 노력이 본격적으로 시작되는 것이다. 나는 일기장에 작가가 되고 싶다고 쓴 이후에 일기를 쓸 때마다 문장을 정성 들여 썼다. 그리고 인터넷에 책을 쓰기 위한 방법에 대해 찾아보았고 결국 귀인을 만나 책을 쓸 수 있었다. 일기에 썼던 꿈을 볼 때마다 나도 모르게 저절로 꿈을 이루기 위한 노력을 한 것이다.

현대인들은 한 해가 가기 전 12월의 마지막 날에 비로소 지나온 일 년을 돌아본다. 반성도 하고 위로도 하며 다음 해의 목표를 잡기도 한다. 그리고 며칠간은 반성을 토대로 세운 계획을 실행하려 노력한다. 하지만 며칠을 못가고 초심을 잃어버리게 된다. 만약 12월의 마지막 날뿐만 아니라 매일 반성하고 계획한다면 우리에게 어떤 삶이 기다리고 있을까?

이제 곧 나의 개인저서가 출간된다. 많은 이들이 일기쓰기를 통해 나처럼 진짜 자신의 모습을 찾고 꿈도 찾길 바란다. 전 국민이 꿈을 이루는 그날까지 나의 '전 국민 매일 일기 쓰기 운동'은 계속될 것이다.

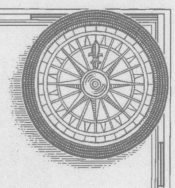

PART 2

희망드림센터 설립해 사람들의 아픈 마음 치유해 주기

· 이 채 명 ·

이채명 '한국행복드림연구소' 대표, 희망 동기부여가, 새터민 인생 코치, 자기계발 작가

2004년 탈북한 새터민이다. 절망 속에서도 희망의 끈을 놓지 않은 결과, 지금은 하고 싶은 일을 하며 꿈 넘어 꿈을 꾸고 있다. 꿈으로 인생을 디자인하고 사람들에게 희망을 전하는 동기부여가이자 자기계발 작가, 1인 창업가로서 행복한 삶을 살아가고 있다. 나아가 희망학교 설립을 목표로 하고 있다. 인생의 빅 픽처를 그려갈 사람들에게 희망을 주고자 개인저서, 강연, 코칭 프로그램을 준비 중이다.

E-mail queen1734@naver.com   Blog blog.naver.com/lee2005ok
Cafe cafe.naver.com/jymspc

나만의 서재에
책 5,000권 채우기

나는 북한에서 태어나 11년 동안 의무 교육을 받고 자랐다. 학교 다닐 때 교과서에는 전부 김 씨 집안에 충성을 해야 한다는 내용뿐이었고 학기마다 시험을 볼 때면 그 책들을 달달 암기해야 했다. 그렇게 학교 때 암기에 시달린 것에 트라우마가 생겨서 졸업한 이후에는 책을 들여다보지도 않았다. 책만 보면 머리가 아팠다. 엄마를 따라 시장에 다니면서 생계를 유지하느라 책 볼 시간도 없었을 뿐더러 공부에 신경 쓸 시간조차 없었다. 매일 끼니 걱정을 하면서 살아가는 북한에서는 꿈이 있어도 마음속에 고이 간직해야 했다. 그렇게 꿈을 간직한 채 북한 주민들은 하루하루를 바쁘게 살아가고 있다.

나는 스물한 살 때부터 집 밖으로 행군을 하면서 많은 인생 경험을 해 왔다. 개인저서에도 밝힐 테지만 그렇게 나는 돌고 돌아 13년이라는 시간을 거쳐 지금 이 글을 쓴다.

고향에서는 생계가 어려워서 평범함조차 허락되지 않았다. 그래서 나는 한국에 와서 그냥 평범하게 직장에 다니면서 한 달 생활비만 벌면서 살아가기로 했다. 1년, 2년이 지나면서 직장에 대한 스트레스가 쌓여 가기 시작했고 계약직이다 보니 항상 계약이 끝날 때가 되면 마음이 불안했다. 실제로 계약이 끝나면 회사에서 나가는 사람들을 많이 봐 왔기 때문이다. 이번에는 내 차례가 아닐까, 다음에 내 차례일까 늘 걱정하면서 톨게이트에서 일을 해 왔다.

나의 어릴 때 꿈은 좋은 아파트에 사는 것이었다. 일을 하면서 자연스럽게 부동산에 관심을 갖게 되어 인터넷에서 부동산 카페에 가입을 하게 되었다. '직장인을 위한 부동산 투자 연구소'라는 카페다. 그리고 그 카페를 운영하는 이나금 대표의 《나는 쇼핑보다 부동산 투자가 좋다》라는 책을 읽게 되었다.

그 한 권의 책이 인연이 되어서 나는 지금까지 수십 권이 넘는 책을 사서 읽고 있다. 이나금 대표의 책을 보면서 나는 지금껏 내 꿈을 조용히 잠재우며 살아 왔다는 사실을 깨닫게 되었다. 또한 김태광 작가의 《출근 전 2시간》을 읽게 되면서 내 꿈은 더 생생하게 깨어나기 시작했다. 내가 앞으로 나아가야 할 방향들이 책

속에 담겨 있었다. 꿈이란 노력 없이는 절대 이룰 수 없다는 것을 깨닫게 되었다.

책을 보면서 내 꿈은 더욱 더 커지고 있고 지금은 작가의 꿈도 꾸고 있다. 꿈을 이루는 과정은 정말 힘들지만 꿈이 있기에 힘든 하루를 버틸 수 있다. 지금도 나는 성공이라는 두 단어를 상상하면서 내 꿈을 한 자씩 종이 위에 적어가고 있다. 나는 앞으로 나만의 서재를 만들고 서재에 5,000권의 책을 쌓아두고 읽고 또 책을 쓰면서 행복한 작가의 인생을 살아가고 싶다.

나는 요즘 몸은 힘들지만 마음은 너무 행복하다. 우리는 모두가 자기의 꿈을 찾아 도전해야 한다. 흔히들 하는 말이 이생에 못한 것을 다음 생에 한다고 하지만 우리는 우리에게 주어진 이생에 최선을 다해서 자기의 꿈을 이루며 이생을 멋지게 장식해야 한다. 1%의 가능성이라도 있다면 시작해야 한다. 일단 시작하고 나중에 후회해도 충분하다. 안 하고 후회할 것인가, 하고 후회한 것인가. 나는 이왕이면 해 보고 후회하는 쪽을 택하고 싶다.

당신이 지금 앉아서 포기하는 순간이 성공하기 1분 전일 수도 있다. 도전해도 안 되는 것이 실패가 아니라 포기하는 것이 실패다. 그러니 안 된다고 주저앉아만 있지 말고 일어나서 당신만의 길을 걸어가라. 시도하는 것 자체만으로도 당신의 삶은 멋지게 달라질 수 있다.

나는 성공이란 두 글자를 쫓아 지금도 성공한 사람들의 강연에 간다. 그들이 가고 있는 길을 나 역시 가고자 함이다. 자기 변화에 적극적인 사람은 앞으로 성공할 확률도 높을 것이다. 우물쭈물하다가 인생이 그냥 허무하게 지나가 버린다.

나는 요즘 1분 1초가 아까워서 밥도 찬물에 대충 말아서 서서 먹는 경우가 많다. 지금은 힘들지만 내 인생의 멋진 그림을 그리기 위해 노력하고 있다. 3년, 5년, 10년 목표를 잡고 종이 위에 하나씩 꿈을 적고 나만의 그림을 그린다면 언젠가는 성공의 열매가 되어 나에게 돌아올 거라 믿는다. 아니, 이미 이루어진 것처럼 상상하면서 살아갈 것이다.

자신감을 가지고 큰 자존감으로 자기를 사랑하고 목표를 향해 나아간다면 당신도 꼭 성공할 것이다. 인생을 살아가면서 힘든 순간을 견뎌 내기가 힘들고 버거워서 포기하고 싶은 순간들도 많을 것이다. 포기하고 싶은 순간에 단 1분만 더 생각하고 다시 일어나다면 성공한 멋진 삶을 살 수가 있을 것이다. 힘들면 잠시 쉬었다 가더라도 포기는 하지 않길 바란다. 포기하는 순간 당신의 인생은 그 자리에 멈추고 말 것이다. 조금만 더 자신을 위해 용기를 내어 보면 어떨까?

쓰러지면 분명히 누군가가 당신 옆에서 괜찮다고, 다시 툭툭 털고 일어서면 된다고 응원해 줄 것이다. 내 인생의 주인이 되어 멋진 삶을 살아가는 당신이었으면 좋겠다. 나는 작가의 삶을 살면서 앞으로 내 서재에 책이 쌓여 가는 기쁨을 만끽하면서 시간적 자유를 누리며 살고 싶다. 책은 말없는 스승이라 했다. 맞는 말이다. 나는 책을 통해서 내 안에 있는 잠재의식을 모두 활용할 것이다. 잠재의식은 자꾸 꺼내서 활용해야 한다. 내 마음의 노트에 내 인생을 한 자 한 자 써가면서 나의 미래를 그려 본다.

하루하루 새로운 것의 시작을 그려 보며 나 자신에게 희망과 용기를 실어 준다. 우리는 인간이기에 늘 아마추어와 같이 하나씩 배우면서 살아간다. 인생은 배움의 연속이고 선택의 연속이다. 최고의 선택은 자기 자신을 사랑하면서 가치 있는 삶을 살아가는 것이다. 시작 앞에는 늘 두려움이라는 존재가 앞을 가로막는다. 두려움이라는 장벽을 허물고 나아갈 수 있는 힘 또한 자기 자신에게 있다.

나 역시 늘 시작 앞에 두려움이라는 친구가 앞을 가로막았다. 하지만 내가 가야 할 길이 분명하다는 걸 알면 두려움도 내가 두려워서 먼저 도망가 버리다 두려움을 쫓아낼 용기로 우리는 전진해야 한다. 나는 오늘도 지친 삶을 살아가는 사람들에게 희망과 용기를 주고 싶다. 우리에게 불가능한 일은 없기에 무엇이든 꿈과 목표를 명확히 하고 앞을 향해 나아간다면 멋진 삶의 주인공이 될 수 있다고 말이다.

나는 스물한 살 때 집 밖으로 행군을 하면서 수많은 아픔과 슬픔, 눈물, 상처, 이별과 맞서 싸웠다. 10년이 넘는 시간 동안 세월이 나에게 준 고통은 내게 많은 것을 깨닫게 해 주었다. 그런 상처와 아픔들이 나를 이렇게 강하게 만들었다. 세상 탓도 많이 했고 내게 주어진 운명이라고 생각하기도 했었다. 하지만 지난날 아픈 시간들이 없었다면 나는 꿈에 도전하지 않고 늘 제자리걸음만 하면서 그냥 평범하게 살았을 것이다.

모두가 걸어가는 길을 가려고 하지 말자. 조금은 다른 길로 자신을 알아가는 시간을 가졌으면 좋겠다. 우리가 살아가는 인생이 서로 다른 만큼 성공의 기준도 다르다. 자기만의 방식으로 꿈을 찾아 간다면 우리는 모두가 멋진 삶의 주인공이 될 수 있을 것이다. 인생의 멋진 그림을 그리며 하나하나 채워 가길 바란다. 나는 매일 나에게 주어지는 24시간이라는 시간을 내 꿈을 향한 도전으로 채워 나갈 것이다. 나만의 서재에 책을 5,000권 채우고 싶은 나의 꿈을 반드시 이룰 것이다.

희망드림 블로그 대표 되기

희망은 내게 유일하게 남아 있는 한줄기 빛이었다. 희망을 잃는다는 것은 빛을 잃는 것과 같았다. 한 줄기 빛을 찾아 떠난 집 밖의 행군은 나에게 수많은 인생 경험을 쌓아가는 과정이었다. 나는 함경북도 어느 지방에서 태어나서 스물한 살까지 살았다. 독재 정치가 계속되는 북한에서는 나의 꿈과 희망이 전부 김 부자의 가정을 위해 존재해야만 했다. 내 꿈과 희망 모두 다른 누군가를 위해 바쳐야 한다는 것은 상상도 할 수 없는 일이었다.

이것이 내가 목숨을 걸고 탈북을 선택한 이유이기도 하다. 물론 우리 가족을 잘살게 하려는 것이 목적이었지만 철창 없는 감옥 같은 현실 속에서 벗어나 자유를 만끽하고 싶었다. 그렇게 빛을 찾아 자유를 찾아 떠난 길이었지만 그 뒤에 숨겨진 현실은 나를 더욱 힘들게 만들었다. 두만강을 건너는 순간 나는 시장의 물건도 아닌데 중국의 어느 시골에 팔려가게 되었다. 그때부터 눈물과 고통, 시련의 연속이었다. 자다가도 벌떡 일어나 눈물을 흘리곤 했다. 내가 이러려고 온 건 아닌데 왜 나한테 이런 불행이 닥치는지 스물한 살의 나이로는 도저히 납득이 가지 않았다.

나는 항상 옷을 입고 잠을 잤다. 기회를 보고 언제든 그 시골에서 나와야 한다고 생각했다. 다시 북송되어 가족의 품으로 돌아가고 싶었고 시골에서 벗어나고 싶었다. 하지만 내 맘대로 안되는 것이 인생이라는 말이 그때 나를 보고 하는 말인 것 같았다. 가족의 부를 위해서 탈북한 것인데 이렇게 팔려가게 될 줄은 꿈에도 생각지 못했다. 그래도 나는 희망이라는 한 줄기 빛을 부여잡고 있었다. 희망으로 가득한 하루하루가 나의 일상이 되기를 바라면서 힘들어도 정신력 하나로 버텨왔다.

북한이라는 어둠속에 갇혀 나의 꿈마저 잠이 들 때도 나는 희망을 만들어가는 사람이 되고 싶었다. 우리는 늘 바쁜 일상이 반복되는 하루를 보내고 있다. 희망을 잃어가는 사람들 또한 많다. 아무리 힘들고 얄미운 세상을 살아간다 해도 희망만은 잃지 말아야 한다. 마음은 온통 상처투성이지만 그래도 나를 버티게 한것은 희망뿐이었다. 나는 내 인생의 여정에 희망이라는 친구와 영원히 함께할 것이다. 희망을 잃은 사람들에게 꿈과 희망을 찾아

주고 그들이 웃을 수 있게 따뜻한 손길로 잡아 줄 것이다.

인생을 살아가다 보면 수많은 인연과 스쳐 지나간다. 인연은 내가 만들어 가는 것이며 옷깃을 스쳐가도 인연이다. 삶 속에 지쳐 마음의 문을 닫지 말고 조금만 마음의 문을 열면 미워하는 마음, 원망하는 마음도 다 떠나보낼 수 있다. 지난 과거에 갇혀 누구를 미워하고 원망해도 다 바람처럼 지나가면 그뿐이다. 미움과 원망은 마음에 상처만 남겨놓고 도망가 버린다. 나는 나를 스쳐간 원망과 미움을 다 떠나보내고 희망으로 가득 찬 삶을 살아갈 것이다. 희망드림센터 대표가 되어 희망과 꿈을 잃은 사람들에게 새 희망을 찾아 주는 것이 나의 꿈 중 하나다.

한국에서 새 인생을 살면서 서른네 살이 된 지금 나는 많은 경험을 하고 있다. 세상은 혼자 사는 것이 절대 아니다. 각자 다른 삶을 살지만 우리 마음속의 꿈과 희망은 같은 곳을 바라보고 있을 것이다. 앞으로 그 어떤 시련이 내 앞을 가로막는다 해도 나는 절대 포기하지 않을 것이다. 지금까지 버틴 것두 어쩌면 희망이리는 삭은 씨앗이 내 마음에 자라고 있었기 때문이다. 이제는 그것을 희망을 잃은 사람들과 함께 키워가고 싶다.

내 삶을 유일하게 빛내줄 수 있는 무기는 꿈과 희망뿐이다. 누구나 꿈과 희망을 가지고 살아간다면 결국 그것이 우리 모두를 지켜 줄 것이다. 우리가 바라는 세상이 희망과 꿈으로 가득 차 사람마다 미소를 잃지 않고 살아갔으면 좋겠다. 나는 언젠가는 우리 가족 모두 함께 모여서 행복하게 살 수 있다는 희망으로 주어진 하루하루를 나만의 그림으로 채워간다. 행복한 꿈을 꾸면서 나는 앞으로도 희망을 선물하면서 살아갈 것이다.

나의 20대는 나를 더욱 더 강하게 만들어 주었다. 희망은 늘 나에게 "절대 쓰러지면 안 돼. 너는 너라서 잘할 수 있어!"라고 말하며 일으켜 세워 주었다. 평범함조차 허락되지 않는 어둠속에서 빛을 찾아 떠난 나는 인생이란 망망대해에 내 몸을 맡긴 채 정처 없이 노를 저어왔다. 혼자서 너무 무서웠지만 항상 내 안에 싹트고 있는 희망은 두려움에서 나를 지켜 주었다.

한때는 너무 무섭고 힘들어서 이렇게 살아갈 이유가 없다고 내 몸을 바다에 던져도 보았다. 결국 지금 이 글을 쓰는 것은 하늘이 내게 준 선물이다. "너는 부모, 형제, 자식을 두고 절대 혼자 갈 수 없다."고 하늘이 내게 살아야 할 이유를 선물했다. 그래서 나는 힘들어도 웃으면서 버틴다. 세상에 상처 없는 사람은 없다. 누구나 마음속에 아픈 상처 한 조각씩은 품고 살아간다. 그 상처를 아물게 할 수 있는 방법은 내가 있는 그대로의 나를 사랑하고 항상 미소를 잃지 않으면서 살아가는 것이다. 그러면 상처가 조금씩 아물어서 결국에는 나에게 새살을 돋게 해 줄 것이다.

세상이라는 무대에서 우리 모두는 아마추어의 삶을 살아간다. 태어나서 엄마 품속에서 자라다가 결국 각자 인생의 길을 걸어가게 된다. 행복한 가정의 가장으로, 한 아이의 엄마로 인생이란 무거운 짐을 지고 각자 위치에서 살아간다. 살아가는 길에 시련과 고난이 앞을 가로막을 때도 많을 것이다. 하지만 그럴 때마다 희망을 등에 지고 시련과 고난의 벽을 넘어서야 한다.

나는 행복한 가정도 이루어 본 적이 없고 제대로 된 사랑도 하지 못했다. 가족이라는 무거운 짐을 짊어지고 가야 하는 나에게 사랑과 행복은 사치일 뿐이었다. 그러나 이 길이 내가 가야 할 길이라면 기꺼이 웃으면서 가련다. 지금 이 자리에서 최선을 다해 인생이란 긴 여행을 할 것이다. 힘들면 잠시 쉬어가더라도 절대 멈추지 않을 것이다. 넘어진 누군가에게 나의 손길이 필요하다면 기꺼이 내밀어 주고 밝은 미소를 지어 줄 것이다.

나는 희망을 선물하고 꿈을 키워 주는 희망드림센터를 만들어서 상처받아 아픈 사람들의 마음을 치료해 주는 희망 메신저 동기부여가가 될 것이다. 이것이 내가 이 세상에 태어난 소명이라는 생각으로 매일 희망으로 채울 것이다. 내가 가는 길의 끝이 어디는 희망을 잃지 않고 나만의 길을 걸을 것이다. 자연이 우리에게 주는 사계절의 향기와 함께 나는 오늘도 희망과 꿈을 찾아 인생의 기차를 타고 행복한 여행을 하고 있다. 같은 하늘 아래 사는 모든 사람들이 인생이라는 기차를 타고 원하는 종착역에 이르는 그날까지 희망과 꿈을 잃지 않고 살아가길 바란다.

자선사업가 되기

나는 길을 가다가도 불쌍해 보이고 초라해 보이는 사람들이 보이면 다시 한 번 뒤돌아본다. 길에서 파지를 줍는 나이 드신 분들을 볼 때마다 내 주머니에 현금이라도 있으면 내어드리고 싶어진다. 사람은 태어나서 생을 마칠 때까지 생계를 유지하기 위해 애쓴다. 학교를 졸업하고 회사에 취직하고 각자 자기가 맡은 위치에서 일을 하며 돈을 벌면서 생활해 나간다. 나는 어릴 때부터 집안이 무척 가난했기에 부자가 되는 것이 꿈이었다. 돈이 많고 재산이 많은 집안에서 자라나 부유하게 살고 싶은 것은 누구나 똑같은 생각이 아닐까 한다.

나는 부에 무척 욕심이 많은 편이다. 이웃을 돕는다고 해도 내가 가진 것이 있어야 도울 수 있고 내가 아무것도 없으면 도울 수가 없다. 물론 따뜻한 말 한마디로 위로하고 도울 수 있다면 나는 기꺼이 할 것이다. 어쩌면 지금도 북한처럼 끼니 걱정을 하면서 살아가는 이들이 많을 것이다. 그런 이들에게 도움을 줄 수 있는 건 물질적인 것이다. 지속적인 도움이 필요하기에 우리는 봉사를 하기도 하고 밥 한 끼라도 해 줄 수 있는 시설이 생겨나는 것이다. 또 세상에 버려지는 불쌍한 아이들도 많아서 보육원 시설 또한 많다.

그런 시설들이 하나라도 더 생기고 누군가의 도움의 손길이 되어 준다면 세상은 더 아름답게 변하지 않을까 하는 생각이 든다. 나는 한 아이의 엄마지만 자식과 이별하면서 보고 싶어도 마음대로 볼 수 없게 되었다. 내 아이를 내 옆에서 마음껏 자라게 할 수 없다는 것이 마음의 상처로 남아 있다. 그래서 나는 언젠가는 보육시설을 꼭 만들어서 오갈 데 없는 불쌍한 아이들의 엄마가 되어 그들을 따뜻하게 안아주며 살아가겠다는 생각이 늘 머릿속에 자리 잡고 있다.

그 마음이 간절하기에 나의 보물지도에 자선사업가가 되겠다고 적어놓았다. 언젠가는 부모와 떨어져 있는 아이들의 엄마가 되어서 그들에게 꿈과 희망을 안겨 주는 그런 사람이 되고 싶다. 세상에는 자식을 가진 부모들이 어쩔 수 없이 아이와 이별해야 하는 상황을 맞게 되는 경우도 있고 또 다른 이유로 보육원에 보내지는 아이들도 많을 것이다. 그러나 보육원에 맡겨진 아이들이 부모 품을 떠나 눈치 하나로 살아가야 하는 것을 생각하면 마음이 짠해진다.

누군가 나에게 몇 년 전에 이런 말을 했다. "언니가 국모야? 왜 그렇게 사람들을 다 챙겨 주려고 하는 거야?" 또 다른 누군가는 나를 만나면 힘이 난다는 말을 했다. 그런 말 한마디 한마디를 들을 때마다 내가 누군가에게 희망을 줄 수 있고 힘을 줄 수 있는 존재라는 것에 마냥 감사할 따름이다. 나는 누군가에게 희망이 될 수 있기를 바라며 6개월 전부터 굿네이버스에 매달 적은 돈이지만 나의 마음을 담아 기부하고 있다. 한 사람이라도 구원 받을 수 있다면 나는 앞으로도 선한 마음으로 불우이웃을 돕고 봉사 활동도 해 나갈 것이다. 얄미운 세상이 사람을 야박하게 만들어 놓지만 그래도 세상은 아직도 선한 사람들이 더 많기에 이렇게 돌아가고 있다고 생각한다.

인생을 살아가면서 너무 자신의 삶에만 매달리지 말고 한 번쯤은 옆을 보면서 나보다 못한 사람이 있다면 따뜻한 말 한마디라도 건네주었으면 하는 생각을 해 본다. 그 사람이 당신의 한마디 말에 희망을 얻는다면 그것 또한 가치 있는 삶이 아닐까. 나는 성공이 꼭 돈과 명예만이 아니라고 생각한다. 물론 돈이 없으면 못사는 세상이라고 하지만 그래도 사람이 먼저다. 물론 나도 돈이 없어 상처받고 울어도 보고 무시도 당해봤지만 결국에 나를 돕는 것은 사람이었다. 혼자 살 수 없는 세상이기에 결국 소중한 것은 사람이다. 세상이 변할지라도 우리의 마음만은 늘 한결같아서 따뜻한 미소로 살아 갈 수 있는 세상이었으면 좋겠다.

지금은 이렇게 보물지도에 나의 꿈을 적어가고 있지만 여기에 적은 나의 꿈들이 하나씩 이루어지는 모습을 상상해 본다. 뭔가 잃어버린 것만 같았던 내 삶을 지금부터 하나씩 되찾아가면서 나만의 인생을 그려갈 것이다. 한번 가면 다시 돌아오지 않는 인생을 서른네 살인 지금부터 다시 태어난 것처럼 살아갈 것이다. 지나간 나의 과거는 성난 사자처럼 나를 힘들게 했지만 앞으로의 내 인생은 잔잔했으면 좋겠다. 인생이 내 뜻대로 되지 않을 때가 많아서 다소 힘들고 지치더라도 포기하지 않고 끝까지 가다보면 언젠가는 나에게도 행복한 날이 올 거라 믿는다.

우리 모두는 세상이라는 무대에서 늘 바쁜 일상을 살아가고 있다. 그래도 한 번쯤은 멈춰 서서 자신을 돌아보고 기리고 말해 주고 싶다. 그리 잘난 자존심은 다 내려놓아도 자존감 하나면 충분히 자신을 믿고 사랑하고 가치 있는 삶을 살아갈 수 있다. 남들을 함부로 평가하지 말고 상대방을 존중해 주고 겸손하면 그 복이 배가 되어 당신에게 돌아올 것이다. 마이너스 인생을 살지 말고 플러스 인생을 살다 가자.

우리 모두는 하늘 아래 하나밖에 없는 인생이라는 기차를 타고 여행을 하고 있다. 옆사람, 앞사람, 뒷사람이 넘어지면 손잡아서 일으켜 주고 함께 인생의 기차에서 행복한 여행을 즐겼으면 좋겠다.

나와 맺는 소중한 인연들을 아끼고 사랑하면서 살아가는 것이 진정 아름다운 삶이다. 악으로 맺어진 인연일지라도 먼 훗날 웃으면서 그들을 볼 수 있으면 그것이 바로 성공한 멋진 삶이다. 앞으로 나는 미움 대신 사랑으로, 눈물 대신 웃음으로 살아가는 삶을 살아갈 것이다. 보물지도에 적힌 대로 자선사업가가 되어 불우 이웃을 돕고 아이들이 맘껏 웃으면서 자라날 수 있게 따뜻한 손길로 그들을 보살펴 줄 것이다. 그날까지 나는 내 꿈을 키우고 나에게 용기와 희망을 주면서 살아갈 것이다.

가진 것이 없어서 나누지 못하는 것이 아니다. 베풀려는 작은 마음이 세상을 아름답게 만든다. 작은 마음이라도 함께 나누며 살아가는 아름다운 인생을 살자. 너와 내가 아닌 우리로 서로 응원하고 격려하면서 세상을 살아갔으면 좋겠다. 같은 하늘 아래 모여 사는 우리는 모두가 엄청난 인연이다. 옷깃을 스쳐가더라도 좋은 인연으로 남을 수 있다. 내가 부족한 면이 있으면 다른 누군가가 대신 채워 주며 서로 포근하게 감싸 안으면서 살아가는 아름다운 세상이었으면 좋겠다.

서로에게 따뜻한 말로 응원을 보내고 슬픔은 덜고 기쁨은 더

해서 우리 함께 아름다운 인생의 멋진 그림을 그려갔으면 좋겠다. 우리의 아름다운 말 한마디 한마디는 마음으로 태어나 일상 속의 열매를 맺는다. 따뜻한 말 한마디로 누군가에게 희망을 준다면 나는 선한 마음을 가진 천사처럼 살아 갈 수 있을 것이다.

바쁜 일상을 살아가면서 우리는 그렇게 많이 웃지 않는다. 힘들어도 미소를 잃지 않고 웃을 수 있는 그런 사람이 되어서 세상에 선한 마음을 퍼뜨리면서 살아가야 한다. 삶이 지쳐 쓰러져 있는 누군가가 당신의 아름다운 미소에 희망을 가지고 다시 일어설 수도 있다. 선한 미소를 세상에 맘껏 선물하면서 살아가는 따뜻한 사람이 되자. 앞으로 나는 자선사업가의 꿈을 꾸면서 한 자 한 자 나만의 글을 적어 갈 것이다.

고급 전원주택에서 살기

어릴 때부터 좋은 집에서 사는 것이 나의 소박한 꿈이었다. 북한에는 아파트보다 주택이 더 많다. 우리 집도 시내에 있었지만 그냥 일반 주택이었다. 그래서 나는 아파트에서 살아보고 싶었다. 집을 떠나 중국에서 살 때도, 지금 한국에 살면서도 부동산 쪽에 항상 관심을 가졌다. 지나가다 아파트들이 들어서는 것을 보면 나도 저런 멋진 아파트에서 살고 싶다는 생각을 하곤 했다.

정부에서는 탈북민들에게 LH임대아파트를 공급해 준다. 나도 처음에는 2년 동안 임대아파트에서 살았다. 임대아파트는 장애인, 기초수급자, 탈북민들이 많이 사는 아파트인 것으로 알고 있다. 그래서 나는 임대아파트에서 살기 싫었다. 내가 받은 임대아파트

보증금을 전부 돌려받고 나오게 되었다. 그러면서 월세로 몇 번을 이사 다녔고 부동산에 더 많이 관심을 갖게 되었다. 그리고 보증금을 뺀 돈에 회사 다니면서 모은 돈을 전부 모아서 20평짜리 오피스텔을 구입해서 입주하게 되었다. 들어갈 때는 나도 이젠 작은 집이라도 내 명의로 된 집이 생겼으니 이 집에서 평생 살면 되겠다고 생각했지만 부동산에 욕심이 더 생기기 시작하면서 오피스텔을 또 되팔게 되었다.

그렇게 한 번이지만 돈이 조금 보이니까 부동산을 더 알아보게 되고 투자하는 방법도 배워 보고 싶어졌다. 이렇게 꿈이 더 커지면서 지금은 고수들을 따라다니면서 부동산 투자를 배워가고 있다. 그뿐만이 아니다. 부동산을 배우면서 부동산이 아닌 또 다른 것에 도전하며 꿈 넘어 꿈을 꾸고 있다. 대부분 사람들이 꿈과 희망, 성공이라는 단어를 늘 마음에 새기고 살지만 실제로 성공하고 꿈을 이루는 사람은 소수에 불과하다. 우리의 잠재의식은 무한하고 한계가 없다. 내 안에 잠재의식을 모두 활용해서 꿈을 꾸면서 살아가야 한다.

꿈을 이루는 과정이 쉽지는 않지만 꿈이 있어 행복하고 또 다른 나를 알아가게 된다. 지금 이 순간들이 모여서 우리의 인생이 된다. 인생은 길고도 짧다. 사람들은 흔히 이생에 못한 것을 다음 생에 한다지만 우리는 이생에 태어났으니 이생에 하고 싶은 것을 하면서 꿈 넘어 꿈을 꾸면서 살아가야 한다.

보통 사람들은 자기의 꿈을 잠재운 채 생계를 위해 회사를 다니며 매일 반복되는 출퇴근을 하고 있다. 한 번쯤은 잠자리에 들기 전에 단 10분만이라도 꿈이 뭔지 생각해 보길 바란다. 물론 꿈을 꾸고 이루어 가는 데는 어쩌면 많은 시간이 걸릴 수도 있고 단기간이 될 수도 있다.

꿈이란 정말 노력과 열정, 용기 없이는 이룰 수 없다. 그렇다고 주저앉아 있을 수는 없지 않은가. 지금은 100세 시대다. 이에 맞게 인생 2막을 준비하려면 회사에서 받은 퇴직금만으로는 살 수가 없을 것이다. 회사에서 언제든 명예롭게 나올 수 있게 미리 미리 준비하면 인생 후반전을 멋지게 살아갈 수 있을 것이다. 꿈을 꾸는 데 열정과 용기면 충분하다. 인내하고 열정과 용기로 최선을 다한다면 누구나 꿈을 이룰 수 있을 것이다. 고향에서는 생계를 유지하느라 바쁜 시간을 보내면서 내 꿈을 키울 수가 없었지만 자유의 땅 한국에서는 내가 조금만 노력하면 뭐든지 할 수 있다.

지금은 아파트라는 소박한 꿈을 이루었지만 앞으로는 더 크게 꿈 넘어 꿈을 꿀 것이다. 나는 고급 전원주택에서 살아 보는 것이 꿈이다. 그 꿈을 이뤄가는 지금 나는 몸이 평소보다 몇 배로 힘들지만 마음만은 너무 행복한 나날들을 보내고 있다. 아침 5시 기상으로 시작되는 나의 하루는 부정 아닌 긍정의 힘으로 보내고 있다. 힘들더라도 웃음을 잃지 않고 지금 내가 있는 이 자리에서 최선을 다하고 있다.

직장인들은 몇십 년씩 회사에 다니면서 매달 월급을 받는다. 그 돈으로 자녀 학교며 학원에 대학까지 보내면 부모들은 노후 준비를 못하는 경우가 많다. 퇴직금으로 치킨집이라도 하나 차리면 금세 문을 닫아버린다. 나도 한국에 와서 사장이 주는 월급을 받으면서 살지 않으려고 여기 저기 많이 노력하고 다녔지만 결국 아무런 준비 없이 가게를 차리는 것은 무리였다.

나는 커피숍이나 옷가게를 하고 싶었다. 그런 마음을 잠깐 멈추고 내가 할 수 있는 또 다른 무엇이 있지 않을까 고민했다. 결국 부동산이 답이라는 생각에 수익형 부동산을 알아보게 되었고 조금씩 투자도 하면서 배우고 있다. 지금은 작가의 꿈도 꾸고 있다. 요즘은 마음만 먹으면 직장인들도 취미생활을 얼마든지 할 수 있다. 대부분의 사람들이 퇴근 후 집에 오면 힘들다고 TV를 보다가 잠이 들고 다음날 회사로 출근하는 일상을 반복한다. 하지만 자기 자신도 돌아보며 취미생활도 하면서 직장생활을 해야 한다.

나는 책속에 내가 나아가야 할 정답들이 다 들어 있다고 생각한다. 나 역시 한 권의 책으로 시작해서 매일 달라지고 있다. 학교 때는 책만 펼쳐도 머리가 아팠던 나는 지금 책벌레가 되어가고 있다. 그리고 책을 쓴 저자들도 만나며 행복한 일상을 보내고 있다. 당신도 충분히 해낼 수 있다. 종이 위에 꿈을 한 자씩 적어가면서 하나씩 이루어지는 것을 볼 때마다 노력하면 무엇이든 다 될 수 있구나, 하는 생각을 한다. 앞으로도 내가 위치한 이 자리에서 최선을 다할 것이며 나의 소박한 꿈인 고급 전원주택에서 사는 것을 매일 상상할 것이다.

상상만으로도 우리는 원하는 것을 이룰 수 있고 상상의 힘은 엄청난 효과를 부른다. 거짓말 같이 느껴지겠지만 상상만으로도 우리는 행복해질 수 있다. 하루하루 버티기 힘들 때 나는 누가 봐도 믿을 수 없을 만큼 상상을 많이 했다. 중국을 거쳐서 한국에 오기까지 상상을 통해 이루어진 것이 많다. 내가 생각하고 행동하고 실천하면 되는 것이다. 대부분의 사람들은 생각에서 그치는 경우가 많다. 생각은 생각일 뿐 행동하지 않으면 그냥 생각에서 멈춰버린다. 생각과 싸워 이길 수 있는 방법은 행동으로 옮기는 것이다. 우리는 멈춰 있는 삶이 아닌 계속 전진하는 삶을 살아가야 한다.

두려워서 그 자리에 그냥 멈춰 서 있다면 짧은 인생을 소비하는 길이다. 지치면 잠시 쉬어가더라도 더 나은 삶을 위해 앞으로 한 걸음씩 나아가길 바란다. 희망이라는 씨앗을 마음에 심으면 성공이라는 열매가 되어 내게 돌아올 것이다. 어떤 씨앗을 마음에 뿌리든 뿌리고 바로 거둘 수는 없다. 뿌린 씨앗을 거두기까지는 나의 많은 노력이 필요할 것이다. 내가 지금 이 글을 쓰기까지 10년이 넘는 시간이 걸린 것처럼 말이다.

직장에만 매달리지 말고 인생 2막을 준비하면서 각자에게 맞는 일을 찾아라. 하다못해 취미생활 한 가지라도 더하면 나중에 큰 도움이 될 수 있다. 또한 뿌렸다고 전부 열매가 되어 돌아오는 것도 아니다. 그 씨앗에 얼마만큼 정성을 들였느냐에 따라서 결과는 달라질 것이다. 자신에게 약속을 하고 그 약속을 지킬 수 있을 때 비로소 성공의 문이 열린다. 자기와의 약속이 제일 어려운 것이다. 다른 사람과의 약속은 대부분 지키지만 자신과의 약속은 거의 지키지 못한다.

내가 지금 나에게 하는 약속은 고급 전원주택에서 사는 것이다. 그리고 작가의 인생을 살면서 더 나은 미래를 꿈꾸며 사람들에게 따뜻한 희망의 메시지를 전하는 것이다. 누군가에게 나의 손길이 필요하다면 기꺼이 손잡아 일으켜 주려고 한다. 나는 힘든 상황을 수없이 겪어왔기에 힘든 사람들의 마음을 더 잘 안다. 그래서 이렇게 보물지도에 나와의 약속을 선언한다. 고급 전원주택에서 살아갈 나의 모습을 생생하게 상상해 본다.

현금자산 30억 원
소박한 부자 되기

우리 아빠는 공무원이었다. 우리 집을 모르는 사람들은 아빠가 공무원이니까 다른 집보다 잘살 것이라고 생각했다. 하지만 우리 집은 친척들 중에서 제일 가난했다. 어린 마음에도 나는 가난한 것이 싫었다. 사고 싶은 것을 마음대로 사고 싶었다. 그래서 탈북을 결심했고 두만강을 건너 중국에 가서 딱 1년만 돈을 벌자고 마음을 먹었다. 하지만 그런 생각은 헛된 꿈이 되어버렸고 또 다른 고통의 삶이 나를 힘들게 만들었다. 중국에서의 나의 삶은 고통과 눈물의 연속이었다. 그래도 내가 버틸 수 있었던 것은 오직 하나의 희망, 언젠가는 가족을 만날 수 있을 거라는 믿음 때문이었다.

나 하나가 희생해서 우리 가족을 돈 걱정 없이 잘살게 해 주고 싶었던 것이 그때 내 소망의 전부였다. 그래서 힘든 고통을 견디면서도 항상 희망을 잃지 않았다. 삶에 있어서 돈이 전부가 아니라고 하지만 솔직히 돈이 우리를 행복하게 만드는 일이 많다. 나는 어떻게 해서든 부자가 되고 싶었다. 인생은 생각대로 되지 않지만 기회는 준비된 자에게 찾아오는 것이다. 돈이라는 예쁜 친구도 연인처럼 사랑하고 아껴 주어야 내 옆을 떠나지 않고 나를 지켜 줄 수 있다. 남들 시선 때문에 돈을 좋아하면서도 아닌 척하는 것은 아니라고 본다.

솔직히 돈을 싫어하는 사람은 세상에 아무도 없을 것이다. 내가 돈이 있어야 남을 도울 수도 있다. 우리의 삶은 모든 것이 결국 돈과 연결되어 있다. 남들처럼 멋진 집에 살면서 사고 싶은 물건을 사기 위해 돈을 벌고 저축도 하는 것이다. 돈은 우리의 삶을 더욱더 풍요롭게 해 준다. 돈은 사물의 가치를 나타내며 모든 상품을 사기 위해 없어서는 안 되는 정말 중요한 것이다.

돈이란 우리에게 행복도 주고 고통도 준다. 돈 때문에 아프기도 하고 돈 때문에 울기도 하며 돈 때문에 무시당하는 일들도 많다. 그래서 우리는 자신이 가진 기술을 활용해서 어떻게 해서든 많은 돈을 벌려고 한다. 빈손으로 왔다가 빈손으로 떠나는 인생이지만 세상에 태어나서 부를 갖고 싶은 것은 누구나 가지는 꿈이다. 사랑하는 누군가를 위해 쓰고 좋은 일에 기부하고 불우 이웃

돕기를 하는 모든 것은 우리에게 행복을 주는 일이다. 그래서 나는 돈을 좋아한다.

나는 돈이 없어 무시당하고 상처받아봤기에 나보다 못한 처지에 놓인 사람들의 마음을 쉽게 이해할 수 있다. 지갑 속에 갇힌 삶에서 벗어나기 위해서 우리는 자기가 갖고 있는 기술을 활용해서 돈과 바꾸어야 한다. 혼자 가야 할 길을 여럿이 함께 모여서 가면 돈을 버는 것도 훨씬 쉬울 것이며 그것이 주는 행복감은 더 큰 성공으로 이어질 것이다. 하지만 돈을 많이 번다고 무조건 행복하고 부유해지는 것은 아니다. 삶에 대해 적극적인 자세로 남들보다 진취적인 삶을 살고 선한 마음으로 베풀고 기부하며 살아간다면 아름답고 성공적인 삶이라 할 수 있다.

누구나 성공하길 바란다. 하지만 우리 사회에서 성공하는 사람은 소수에 불과하다. 사람들은 돈에 대해 말하면 불편을 느끼고 돈에 대해 잘 알지 못하는데 돈을 어떻게 잘 벌고 잘 쓸 수 있겠냐고 말한다. 지금은 1인 기업, 1인 창업으로 빠르게 변해가고 있는 시대다. 이에 맞게 내가 가진 경험과 노하우를 살려서 얼마든지 돈을 잘 벌고 잘 쓸 수 있을 것이다. 돈은 절대 나쁜 것이 아니다. 삶에 대한 더 나은 방식과 풍요로움을 가져다주는 물건이다. 돈에 대한 우리의 생각을 다시 정리해 볼 필요가 있다. 자기만의 새로운 방식으로 돈과 연애를 한다면 돈이 주는 행복은 더 커질 것이다. 나는 선한 기부와 행복한 부자를 떠올리는 것만으로도 행복해진다.

나는 이 꿈을 이루기 위해 지금도 끊임없이 나 자신과 힘겨운 싸움을 하고 있고 돈에 대한 가치가 얼마나 중요한지에 대해서도 배워가고 있다. 월급쟁이에 머물러 있기보다 은퇴 후를 위해서 자기가 갖고 있는 기술을 어떻게 잘 활용할 것인가를 먼저 생각해봐야 한다. 백화점에서 받는 상품권의 기쁨보다 더 큰, 그 무엇과도 바꿀 수 없는 자기만의 신세계를 만들어 나가야 한다. 세상이라는 사회가 나에게 던진 질문의 답을 찾기 위해 끊임없이 자신과 싸워야 한다.

자신과의 힘든 싸움에서 승자가 되어야 성공을 할 수 있다. 남들이 가는 안전한 길이 아니라 때로는 남들의 시선을 생각하지 말고 과감하게 도전해야 한다. 자기가 서 있는 자리를 깨트리고 새로운 도전을 하면서 끊임없이 자신을 성장시켜야 한다. 홀로 시기를 두려워하지 말고 힘든 세상에 맞서 도전하면 세상도 결국 나에게 성공이라는 선물을 안겨줄 것이다.

많은 청년들이 대학까지 나와서 많은 스펙을 쌓고도 일자리 때문에 고민한다. 대학에서 배운 지식과 자신의 경험을 바탕으로 홀로 설 수 있는 자신감만 있으면 1인 창업의 주인공이 될 수 있다.

모두가 돈 걱정 없이 살아봤으면 하지만 정작 돈에 대한 공부는 하지 않고 있다. 나 역시 지금까지 돈에 대한 가치를 몰랐다.

그깟 돈 없이도 살 수 있다는 쓸데없는 자존심을 가지고 살아왔다. 하지만 나는 지금 돈이 얼마나 우리에게 소중한 친구인지 알게 되었다. 돈을 잘 벌고 부자가 되는 사람은 따로 있다고 생각을 해왔었다. 나의 꿈에 대해서 모르고 내 안의 잠재의식을 활용하지도 않았기 때문에 돈도 나에게서 도망간다는 것을 알게 되었다. 부자가 되기 위해서는 자본주의의 원리를 알아야 한다. 또 부자들은 어떻게 살아가는지 부자들을 따라다니면서 고수에게 제대로 배워야 하고 나 자신을 끊임없이 채찍질해야 한다.

나를 위해 투자하는 것에는 노력이든 열정이든 아끼지 않아야 한다. 말로만 부자가 되고 성공을 하겠다고 해서 그 꿈이 실현되는 것이 아니다. 꿈이란 스스로의 노력 없이는 이룰 수 없는 것이다. 실제로 행동은 안 하면서 꿈을 이루고 성공을 하겠다는 것은 큰 오산이다. 세상에 공짜는 없다. 무엇이든 정당한 대가를 지불하고 제대로 배워서 성공한 사람들과 부자들의 노하우를 내 것으로 만들어야 한다. 배운 것을 잘 활용하면 10억, 100억 원의 가치를 버는 것이기 때문이다.

꿈과 나를 일치시켜서 꿈 넘어 꿈을 꾼다면 성공이라는 멋진 세계가 당신 눈앞에 펼쳐지게 될 것이다. 나는 지금 성공했다고 말할 수 없지만 성공의 세계를 맛보기 위해서 끊임없이 나 자신과 싸우고 있다. 그러기 위해 성공한 사람들의 스토리가 담긴 책을 읽고 부자들이 사는 세상을 보기 위해서 그들을 찾아다니고 있다. 나는 돈도 없고 스펙도 없지만 오직 용기 하나로 세상과 맞서고 있다.

모두가 회사생활에 지치고 힘들겠지만 자기 안의 잠재의식을 활용해서 꾸준히 자신을 성장시켜 나가길 바란다. 나는 앞으로도 내 안의 무한한 잠재의식을 모두 활용해서 보물지도에 적힌 대로 현금자산 30억 원을 가진 소박한 부자가 될 것이다. 내가 간절하게 원하고 생생하게 상상하면 꿈은 반드시 실현될 거라 믿는다.

PART 3

청소년 고민해결 상담사가 되어 밝은 미래가 보장된 나라 만들기

· 안 차 숙 ·

안차숙 청소년 상담 전문가, 자기계발 작가

학생들에게 컴퓨터를 가르치면서 지식 전달자의 역할보다는 심리적인 안정을 위해 도움이 되는 강사가 되려고 노력했다. 사춘기에 접어든 아이 친구들의 고민 상담을 시작으로 청소년 자살 예방 프로그램을 이수, 현재는 사춘기 자녀를 둔 부모들을 위한 책을 집필 중이다. 청소년들에게 꿈을 찾아 주고 책을 읽게 하며 건전한 고민으로 인생을 긍정적으로 살아갈 수 있도록 도움을 주는 멘토가 되고자 한다.

E-mail acs2827@naver.com

1년에 최소 2권씩 출간하고 베스트셀러 작가 되기

내 기억으로 어릴 적 우리 집은 동네에서 제일 가난한 집이었다. 집 외형이 가장 낡았고 언덕 밑에 위치한 데다 단칸방에 여섯 식구가 살았으니 말이다. 근처에 큰고모 댁이 있었는데 우리 집보다 부자였다. 그곳에 가면 언제나 책장에 꽂혀 있는 수많은 책들이 내 눈을 사로잡았다. 그 책들을 보고 있으면 마음이 부자가 되는 것 같았다. 그 느낌을 아직도 간직하고 있어서 지금 우리 집에도 책들이 많다.

나는 종종 고모 집에 가서 책을 읽었는데 빌려가겠다는 말은 못하고 그 자리서 읽고 오곤 했다. 사촌만도 6명이어서 나까지 합치면 집이 비좁았는데 그런 생각은 못하고 그냥 앉아 책만 보고 있었다. 초등학교 2학년 때였던 것 같다.

지금도 기억나는 것은 사촌 큰언니가 설거지를 하고 있을 때 책을 들고 부엌에 가서 "언니, 이 책 읽고 꽂아 놓을게."라고 했는데 언니에게 "그냥 가져가서 읽고 집에 두고 봐라."라는 대답을 들었다. 기쁨과 서운함 두 가지 감정이 교차했다. 고맙다는 말만 하고 집으로 가져 온 책은 바로 《노래하는 자루》라는 책이었다.

찢어지게 가난했던 우리 집에 처음으로 동화책이 들어온 날이다. 나는 그 책을 읽고 또 읽었다. 초등 2학년이 읽기엔 그림보다 글자가 많았고 컬러는 아예 없었다. 나는 그 책을 들고 집으로 온 날 이후로 고모 집에 책을 읽으러 갈 수가 없었다. 내가 책을 보러 가는 것이 큰언니의 공부에 방해가 되는 것이 아닌가 하는 생각이 들었기 때문이다. 책을 가지고 가서 읽고 더는 집에 오지 말라는 뜻이라고 생각했다. 당시엔 고등학교도 시험을 보고 입학하던 시기였는데 큰언니는 고교 진학을 앞둔 상태였다. 언니는 굉장히 공부를 잘했기 때문에 나는 눈치를 보면서 책을 읽었던 모양이다. 실제로 언니는 그런 마음이 아니었을 것이다.

나에겐 너무나 소중한 책이어서 나중에 그 책이 너덜너덜해져 낱장으로 분리가 되어도 읽고 또 읽었던 것으로 기억된다. 제법 클 때까지 말이다. 당시 우리 집에는 읽을 수 있는 책이라곤 교과서뿐이었다. 빌려온 책을 읽고 또 읽었던 어느 여름날 문득 '어쩌면 이렇게 감동적일까? 나도 이런 글을 써서 친구들에게 감동을 주고 싶다'라는 막연한 꿈을 꾸었다.

그날 이후 학교에 제출할 일기장 외에 나만의 일기장을 만들어 혼자서 뭔가를 많이 썼던 기억이 난다. 그게 고등학교까지 이어졌고 졸업 후엔 그동안 모아둔 글을 출판사에 투고하려고 했더니 자비출판을 하자는 말을 들었다. 책을 내서 돈을 벌고 싶다는 생각은 해 보지 않았지만 내 돈을 내고 출판을 한다는 것은 생각도 못했던 일이라 얼른 출판에 대한 미련을 접어 버렸다. 동시에 꿈도 접어 버렸다.

그래도 그동안 써 둔 일기장을 들춰보며 '어떻게 내가 이런 글을 쓸 수 있지?'라며 스스로 감탄하기도 했다. 물론 내 수준에서 평가한 부분이지만 잘 썼다는 생각이 들었다. 나는 그동안의 노력과 추억이 고스란히 묻어 있는 글이 아까워 결혼 후에도 계속 간직하고 있었다. 하지만 이제 출판할 일도 없다는 생각에 3~4년 전에 개할 8 쓰레기통으로 던져 비렸다. 지금 생각하면 미래를 보지 못하는 나의 무지함과 미련함에 안타까운 마음이 든다.

출판을 포기하고 써둔 노트도 버리면서 꿈에 대해선 까맣게 잊고 있었지만 항상 책은 가까이 했다. 다행인지 불행인지 책을 좋아하는 남편을 만나 신혼 때엔 생활비의 절반이 책값으로 나가기도 했다. 그 덕에 우리 집엔 가재도구보다 책이 더 많다. 이사를 한 번 할 때마다 남을 주기도 하고 버리기도 했던 것을 지금은 무

척이나 후회하고 있다. 아직도 우리 집 책장엔 책이 많아 마음만
은 부자다. 이 책들이 재산목록 1~3호 안에 들어가지 않을까 생
각된다.

내가 가진 좋은 습관은 어딜 가나 책을 들고 다니며 혹시라도
생기는 자투리시간에 잠시라도 읽는 것과 잠들기 전에 단 한 페
이지라도 읽고 자는 것이다. 책이 수면제라고 말하는 사람들이 많
지만 나는 오히려 밤에 집중이 잘된다. 밤새 책을 다 읽어 버리는
경우가 허다하고 주말 역시 밤을 꼬박 새는 경우가 많다. 오래된
습관이라 해외여행을 가도 책은 꼭 가지고 다닌다.

한 달 동안 몇 권의 책을 읽었는지 기록해 본 적이 있다. 토요
일, 일요일을 제외한 하루 평균 독서시간은 5시간이었고 한 달 평
균 독서량은 43권이었다. 이 시기에 우리 집엔 큰 우환이 있었고
이 생각에서 잠시라도 벗어날 탈출구가 나에겐 독서였다. 미친 듯
이 독서에 몰입해 있던 어느 날 문득 '나 왜 남이 쓴 책만 읽고
있지? 내가 쓴 책을 남이 읽도록 할 방법은 없을까?' 하는 생각
이 들었다. 인터넷 검색을 하면서 〈한책협〉을 알게 되었다. 그리고
김태광 대표 코치의 책을 읽기 시작했다. 책을 낼 수 있는 방법이
있다는 것은 나에겐 새로운 도전이고 신선한 충격이었다. 하루라
도 빨리 책을 써야겠다는 생각이 들었고 접었던 꿈을 다시 펴는
순간을 맞이하게 된 것이다.

그동안 온갖 책을 읽으면서 느낀 점은 놀랍게도 단 한 권도 허투루 써진 책이 없다는 것이었다. 나는 베스트셀러 작가가 되고 싶은 욕심이 있다. 내용이 좋으면 자연스럽게 되는 것이 베스트셀러라고 생각하기 때문에 내용에 충실한 책을 쓰고 싶다. 책을 쓰는 동안 시야가 넓어지고 생각의 폭이 달라진 부분들을 책에 담아내고 싶다. 단 한사람이라도 나의 책을 읽고 배움을 얻거나 감동을 받는다면 내가 책을 쓰는 목적에 가장 근접할 것 같다.

그리고 1년에 최소 두 권의 책을 써야 하는 이유는 책 쓰기의 감을 잃지 않기 위해서다. 계속해서 쓰다 보면 속도감도 생기고 내용면에서도 알차게 채우는 법을 알게 될 것이다. 세상을 바라보는 시선, 시야도 달라져 사람을 대하는 법도 달라질 것 같다. 그렇게 되면 자연스럽게 내 주변엔 사람이 모이고 또 다른 소재가 생길 것이다. 이제 나는 책만 쓰면 된다. 그 후엔 모든 일이 순조롭게 진행될 것이라 믿어 의심치 않는다.

작가의 꿈을 꿨던 40년 전, 나는 어릴 적 꿈을 완성하기 위해 이 글을 쓰고 있다. 작가가 꿈이었다는 것도 모른 채 살아왔는데 개인저서를 준비하면서 어릴 적 꿈이 작가였다는 것을 떠올릴 수 있었다. 지금 생각해 보니 살아오면서 은연중에 나는 '작가가 되겠다'거나 아니면 '작가가 되면'이라는 말을 많이 했었다. 나의 무의식 속엔 이미 작가로 가는 길을 따로 마련해 놓고 있었나 보다.

시간이 이렇게 흘러도 포기하지 못하고 돌고 돌아 다시 여기로 온 것이 마냥 신기하기만 하다.

어차피 이 길로 온 이상 나는 포기할 수가 없다. 이 글을 쓰면서 나는 이미 작가가 되었다고 생각하고 있다. 비록 올해의 절반을 넘기고 있는 지금에서야 시작하지만 1년에 최소 두 권의 책을 출간하겠다는 계획을 지키기 위해 현재 두 권의 책을 집필 중이다. 마음을 먹으면 끌어당겨지는 묘한 일이 일어나는 것 같다. 베스트셀러 작가는 내가 되고 싶다고 되는 것은 아니지만 충실한 내용으로 알차게 구성하면 가능하다고 생각한다. 좋은 책을 만들어내면 독자가 판단해 줄 것이라 믿는다. 언젠가는 베스트셀러뿐만 아니라 밀리언셀러 작가가 되는 꿈도 감히 가져 본다.

자신의 꿈을 종이에 적으면 그때부터 구체적이고 실천 가능한 꿈을 향해 나아갈 수 있다. 하지만 생각으로만 꿈을 가지고 있는 사람은 의지가 약해지면 꿈도 금방 사라진다. 그만큼 글의 힘이 강하다. 마음보다는 말의 힘이 강하고 말의 힘보다는 글의 힘이 더 강하다는 것을 믿는다. 나의 꿈, 1년에 최소 두 권의 책 출간과 베스트셀러 작가 되기 꿈은 반드시 이루어질 것이라고 확신한다.

크루즈로 세계여행하기

나는 생활이 바쁘고 머릿속이 복잡해지면 여행을 가고 싶다. 내가 크루즈여행을 알게 된 건 불과 3~4년 전이다. 당시 집에 큰 우환이 있어서 내가 돈을 벌지 않으면 안 되는 상황이었다. 그럼에도 막연히 아이를 돌봐야겠다는 생각으로 인정받고 있던 직장에 사직서를 던지고 나왔다. 늘 바빴던 사람이 일을 그만두니 시간이 너무 많이 남아 운동이라도 하고 싶었다. 하지만 돈을 주고 운동할 형편이 되지 않아 근처에서 매일 등산을 하고 나머지 시간은 독서에 빠져 살았다.

직장에서 같이 근무했던 직원은 내가 논다는 사실을 알고는 많이 안타까워했다. 일을 그만두면 나중에 대인기피증이 올 수도 있다며 나를 걱정했다. 하지만 놀아도 하루가 바쁠 수 있고 백수 생활이 3년이 지나도록 염증을 느끼지 않는 모습을 보고 그 친구도 직장을 그만두고 나왔다. 그리고 나와 함께 매일 등산과 독서로 시간을 보냈다. 워낙 꼼꼼하고 야무진 친구라 돈을 허투루 쓰는 법이 없어서 만나도 부담이 되지 않아 좋았다. 만나면 지금 상황에서 절약할 수 있는 방법이 무엇인지, 주 수입 외 수입 파이프라인을 어떻게 만들 것인지 등 우리는 각자 읽었던 책으로 의견을 나누고 토론하며 실천했다.

"언니는 큰돈이 생기면 마음껏 쓸 수 있을 것 같아요? 나는 쓰는 것보다 모으고 불리는 데 더 많은 생각을 해와서 그런지 아무리 큰돈이 생겨도 저축하고 불려나가는 것을 먼저 할 것 같아요."

"우선 갖고 싶은 것을 마음껏 사보고 집도 차도 다 바꾸고 여행도 가고 싶은데 과연 마음이 지금처럼 될지 모르겠네. 어쩌면 가난이 싫어서 아이만큼은 이 굴레를 답습하지 않게 하려고 아이에게 물려줄 재산을 생각해서 나도 돈 불릴 생각을 먼저 할 것 같다."

큰돈이 주어져도 쓸 줄 모르고 움켜쥐고 있을 내 모습이 참 씁쓸했다. 우리는 생기지도 않은 큰돈이 생긴 것처럼 돈쓰기에 관한 주제로 자주 이야기하곤 했다. 지금 갖고 싶은 것은 무엇인지, 하고 싶은 것은 무엇인지, 얼마만큼을 가지면 만족할 수 있는지 이런 주제는 생각만 해도 설레었다.

그날 이후 나는 종종 이런 생각을 했다. '나에게 매달 1억 원이라는 돈이 생기면 그것을 쓰고 즐길 수 있을까? 지금처럼 아등바등 아끼고 모으는 게 습관이 되어 돈을 가지고도 쓸 줄 모르는 바보가 되는 것은 아닐까?'

어느 날 그 친구가 "우리도 크루즈 여행으로 세계 일주 한번 해야 하는데……." 하기에 "크루즈? 배?" 했더니 "요즘 그게 유행이잖아요. 크루즈 여행이 부의 상징처럼 되어 있어요. 배가 어마어마하게 크고 배 안에 모든 것이 갖추어져 있어서 부족함이 없대요. 1년을 그곳에서 살아도 싫증나지 않을 만큼 새로운 것이 많아 재밌고 신기하대요. 가끔 정박한 곳에서 따로 관광도 한대요."라고 말하는 것이었다. 나는 영화 〈타이타닉〉을 연상하며 생각했다. '내가 여행을 다녀온 지가 얼마나 되었지?'

우리 형제들은 부모님을 모시고 자주 가족여행을 가고 싶어 하는데 우리 집 형편이 여의치 않아 늘 우리 때문에 가지 못했다. 우리 가족이 빠지니까 당연히 뿔뿔이 흩어져서 각자 자기 가족끼리 가는 일이 비일비재했다. 돈이 없다는 것은 단순히 부끄러운 일이 아니라 사람으로서의 구실을 못하는 부끄러움 같다는 생각이 들었다. 내 머릿속은 온통 어떻게 하면 돈을 많이 가질 수 있을까에 대한 생각뿐이었다. 그런 시기에 크루즈 여행을 단지 여행만이 아닌 부의 상징으로 생각했기에 더욱 돈이 그리웠다.

크루즈 여행은 배를 타고, 그것도 1년을 여행할 수 있단다. 결혼 직후 남편의 직장이 해외로 발령 나서 우리는 중국에서 2년을 살았다. 한국에서 홍콩을 거쳐서 페리를 타고 중국으로 들어갔다. 우리가 사는 곳은 중국에서 홍콩으로 걸어서 갈 수도 있었다. 배는 아담했지만 그 안에 매점이 있어 일본이나 중국 라면을 사먹는 재미가 제법 쏠쏠했다. 그렇게 작은 배에서도 재미있었는데 크루즈라니, 나는 자꾸만 꿈속에서 사는 날이 많아졌다.

중국에서 2년간 살면서 많은 여행을 했다. 쉬는 날이나 연휴만 되면 홍콩, 마카오, 주해, 심천, 광주 등으로 매주 여행을 다녔다. 그중에서도 나는 홍콩이나 마카오가 좋았다. 홍콩은 다닥다닥 붙은 닭장 같은 건물이 갑갑해 보이다가도 어떤 때는 굉장히 새로워 보였다. 작은 땅덩어리지만 아시아 금융의 중심지라는 게 내 눈에는 기적을 일으킨 땅으로 보였다. 밤이면 불야성을 이루는 땅이었다. 영국령으로 있던 당시라 유럽인을 아시아인만큼이나 많이 만날 수 있어 꼭 유럽에 나가 있는 기분이었다. 무엇보다 좋았던 것은 바다를 끼고 있어 숨통을 트이게 했다. 그리고 쇼핑의 천국이어서 여자들이 왜 홍콩을 좋아하는지 알 것 같았다.

마카오는 홍콩과 마찬가지로 중국에서 걸어서 국경을 넘었다. 그 국경을 넘을 때마다 우울함과 희망을 동시에 볼 수 있었다. 중국은 어딘가 모르게 어둡고 경직되어 있었지만 마카오로 국경을 넘어서는 순간 밝음과 희망을 보는 것처럼 건물의 분위기도 사람들의 표정도 달랐다. 화려한 밤을 유혹하는 카지노가 인상적이었다. 관광지 개발을 하던 중이었는데 무슨 성당 같은 것을 짓는 것까지만 보고 온 게 전부다. 물가가 저렴했고 사람들이 순했던 것으로 기억한다. 그곳도 바다를 끼고 있어 좋았다. 우리는 그렇게 평생을 여행하며 즐기면서 살게 될 줄 알았다. 아이가 생기면서 나의 여행은 멈춤 상태가 되었고 남편은 그 후로도 다른 나라로 계속 발령을 받아 다녔다.

시간이 제법 흐른 후 합창단에서 활동을 하다 보니 일본이나 중국으로 원정을 나갈 때가 가끔 있었다. 그러면 잠시 관광의 시간이 주어져 짧은 여행을 하고 오기도 했다. 사는 게 너무 바빴고 돈은 많이 벌었던 시기였는데도 늘 부족한 것 같았다. 거의 15년을 여행이라고는 생각도 하지 못한 채 시간과 돈에 쫓기며 살아왔는데 크루즈 여행이라는 단어는 나를 몹시 설레게 했다.

'얼마면 될까?', '여행을 하는 1년 동안은 무엇으로 생활을 하지?', '다녀와서는 그 경비를 어떻게 만회하나?', '돈을 더 벌어서 여행을 할까? 하지만 시간이 더 흐르면 너무 늦을 것 같은데….' 나의 마음은 자꾸 조급증으로 치달았다. 무심코 던진 친구의 말이 나에겐 하나의 목표가 되었다.

크루즈 여행이 나의 로망처럼 다가온 또 다른 이유가 있다. 지금으로부터 8년 전, 남편은 나 몰래 시누이를 도와주려고 사업자 대표 명의를 빌려 주었다. 명의를 빌려 준 후 한 달 만에 집이 압류가 되었고 나는 석 달이 지난 후 이 사실을 알았다. 시누이한테 명의 좀 빼달라고 통사정을 해도 해 주지 않더니 결국 우리 집이 경매로 넘어갔다. 통장도 모두 압류되었다. 몸도 마음도 지칠 대로 지쳐 정말 어려웠던 시기였다.

시부모님께는 걱정을 끼치고 싶지 않아 1년을 입 다물고 살았다. 어느 날 어쩌다 이 일이 입 밖으로 나왔다. 시부모님의 따스한 위로의 한마디를 기대한 것은 아니지만 부끄러운 자식이자 죽어 마땅한 자식으로 취급받아 집안 행사에도 가기 어려웠다. 그때 우리는 마음의 상처를 너무 크게 받았다. 남편이 받았던 상처는 더 컸을 거라 생각하니 지금도 마음이 아프다. 가장으로서 한순간의 판단 실수로 가족을 길거리로 내몰게 한 자신은 나와 아이 앞에서 얼마나 부끄러웠을까? 나는 최대한 용기를 주려고 애썼다.

"그럴 수 있어. 사업이 너무 잘되고 있던 때라 확장에 필요하다니까 도와준 건데 결과가 좀 나빴을 뿐이야. 내 동생이 나에게 그런 부탁을 해 왔다면 나도 그렇게 해 줬을 거야. 만약 도와주지 않고 나쁜 일이 생겼다면 당신은 두고두고 동생 생각에 마음 아파했을지도 몰라. 그냥 우리가 좀 힘든 걸로 만족하고 넘어가자. 큰돈 주고 인생 공부한 거라 생각하자. 괜찮아. 우리는 아직 젊고 얼마든지 다시 일어날 수 있어. 이런 상황에서도 우리 세 식구 한 집에서 같이 살 수 있다는 게 감사한 일이잖아. 그리고 건강하다는 것도 감사한 일이야. 절대 잃어서는 안 되는 조건은 그대로 다 갖고 있잖아. 가지고 쓰던 거 세상으로 돌려줬다고 생각하자."

나는 위로하고 격려하며 용기를 주려고 애썼다. 그때 이후 이 일에 대해서는 두 번 다시 언급하지 않으리라 다짐했고 지금도 금기시하고 있다. 우리 가족은 이런 일을 겪으면서 서로 더 사랑하고 감싸고 위하며 살아왔기에 크루즈 여행은 마땅히 받아도 되는 선물이라고 생각한다.

아이에게는 더 큰 세상을 보여 주고 싶다. 얼마나 많은 일을 할 수 있고 또 얼마나 큰 꿈을 가질 수 있는지 보여 주고 싶다. 틀에 박힌 작은 생각으로 세상을 보지 않고 남을 위해 살 수 있는 이타심을 가지게 하고 싶다. 가진 것이 있어야 남을 도울 수 있음을 이 여행을 통해 느끼게 해 주고 싶다.

남편에게는 우리가 살아온 길이 결코 헛되지 않기에 이 여행은 우리에게 주는 선물이니 당당하게 받으라고 말하고 싶다. 힘든 시기를 잘 극복해 준 남편에게 주는 나의 마음이고, 내 옆에서 잘 견뎌 줘서 고맙다고 말해 줄 것이다. 우리 가족이 그동안 어려움을 잘 견뎌 준 보상으로 반드시 크루즈 여행을 갈 것이다. 여행을 통해 힐링하고 충전하며 더 크게 성장할 수 있을 거라 믿는다.

청소년 고민해결 상담사 되기

내가 책을 쓰려고 마음을 먹었던 것은 우리 아이 때문이다. 나는 어렵게 아이를 낳아 잘 키우려는 의욕이 앞서 아이를 망칠 뻔한 엄마다. 아이가 사춘기를 지날 때 거의 매일이 전쟁이었다. 자식을 좋아만 했지 자녀교육에 대해서는 완전 무지한 상태에서 내 욕심과 일방적인 방식으로 아이를 키웠다.

과거 우리 부모님 세대에서 책을 보고 자식을 키우신 분이 몇이나 될까? 자식을 내 마음에 맞게 원하는 대로 빚어서 만들어낼 수 있다면 좋겠지만 그럴 수 없다고 생각했기에 책을 보고 자식을 키우는 것은 말도 안 되는 일이라 생각했다. 생각의 방향을 조금만 바꾸었어도 아이를 힘들게 하지 않았을 것이다.

우리 아들은 유치원 때 한자를 접했다. 물론 영어도 접했다. 우리는 중국에서 살다가 아이를 가졌다. 한국으로 출산하러 나와서 발이 묶여서 그 뒤 계속 한국에서 살게 되었다. 다시 중국으로 나가서 아이를 키울 생각으로 한자를 집중적으로 가르쳤다.

아이가 여섯 살 때, 한글도 제대로 모르는 아이를 한자부터 가르쳤는데 학습지 선생님이 아이에게 한자급수시험을 권했다. 급수시험을 보려면 우선 한글을 알아야 하는데 아이는 한글에는 관심이 없었다. 유치원에서도 아이는 한글에 관심이 없고 이름 석자도 쓰다가 만다고 했다. 성 한 자 쓰고 나면 더 이상 못쓰겠다며 다른 짓을 하고 와서 이름 두 글자를 쓰곤 한단다. 그런데 한자로는 이름을 잘 쓴다며 특이하다고 했다. 우여곡절 끝에 아이에게 급수시험을 볼 기회를 주었더니 한자 5급에 도전해서 합격하는 기염을 토해내 주변을 놀라게 했다. 그리고 초등학교 1학년 때 한자급수 준4급에 합격했다.

이런 일로 아이도 나도 집중적인 시선을 받았다. 그런데 유일하게 칭찬이 없으신 분들이 바로 아이의 할아버지와 할머니였다. 나도 서운한데 아이의 서운함은 어땠을까? 너무 어려서 몰랐을까? 아니다. 나중에 제법 커서 자기주장을 하기 시작할 때 할아버지와 할머니에 대한 서운함을 토로하는데 깜짝 놀랐다. 나의 서운함은 속으로 참고 넘어가지만 아이는 반항으로 표출하고 할아버지, 할머니에 대한 미움을 행동으로 보여 주었다.

아이가 할아버지와 할머니를 미워하기 시작한 것은 칭찬해 주지 않았던 부분만 작용한 것이 아니라 비교 당한 것에서부터 시작되었다. 두 살 차이가 나는 아이의 사촌동생은 일곱 살 때 한자로 쓰인 요일을 읽기 시작했다. 우리 아이가 볼 때는 가소로웠을 것이다. 그래서 할아버지와 할머니, 아빠, 엄마의 이름을 한자로 써내려가니 할아버지가 느닷없이 처음 보는 어려운 한자를 들이밀며 읽어 보라고 하셨다. 아이가 모른다고 하니 그것도 모르냐며 핀잔을 주셨다. 그런데 겨우 7개 요일을 읽어내는 사촌동생에게 할아버지는 칭찬을 아끼지 않았다. 외동으로 자란 아이는 처음으로 비교라는 것을 당해 가슴속에 서운함이 맺혔다. 그 일로 사람에 대한 미움의 싹을 틔운 것이다.

초등학교에 들어가서는 수학에 관심을 드러냈다. 수학올림피아드대회 본선 진출도 하고 제법 상도 받아왔다. 명절에 친척들이 다 모이면 육촌 동갑내기와 누나를 참 좋아했다. 그 아이들은 오로지 책만 읽는 아이들인데 우리 아들은 온갖 상을 다 받아오니 꽤 비교가 되어도 할아버지, 할머니만큼은 칭찬해 주시지 않았다. 그때는 나도 서운해서 아이를 더 다잡았다.

입학 후 학교생활도 자신 있게 해나가는 모습을 보고 아이가 초등학교 2학년이 되던 해에 나는 직장을 가졌다. 아무래도 아이의 학교생활에 참여하는 시간도 줄어들고 선생님들의 아이에 대한 관심도 점점 멀어졌다. 시간도 부족하고 나의 자기계발 시간이 필요하던 때라 퇴근도 늦어졌다. 아이는 혼자 있는 시간이 많았다. 그 시간에 해야 할 일을 숙제로 남겨두면 어릴 때는 좀 하는 듯 했는데 학년이 올라갈수록 점점 나를 실망시켰다. 자연스럽게 내 목소리가 커지는 날이 많아지고 아이에게 매를 드는 시간이 늘어났다.

초등학교 4학년 때, 아침만 되면 배가 아프다며 학교에 못 가겠다는 아들을 꾀병 부린다며 야단을 쳐서 억지로 보냈다. 한심하다는 생각만 했지, 아이가 왜 저런 말을 하는지는 생각하지 못했다. 출근 준비에 바빠 정신이 없는데 아이까지 저러니 나는 화만 났다.

집에서 빈둥대며 시간을 허비하는 아들을 학원으로 보내기 시작했다. 잘 다닌다 생각했는데 어느 날 학원에서 전화가 왔다. 아이가 3주간 학원수업을 빠졌단다. 순간, 아이에게도 화가 났지만 이제서야 전화를 하는 학원 선생에게 더 화가 났다. 대체 어떻게 관리를 하기에 3주가 지난 지금에서야 전화를 하나고 화를 냈다. 아이에게 학원에 안 간 이유를 물었다.

"외국인 영어수업은 따라가겠는데 문법수업은 너무 어려워서 가기 싫었어요. 들어도 아무것도 모르겠고 다른 애들은 잘하는데 나만 바보 같았어요."

그날 이후 아이는 영어트라우마를 겪으며 고등학교에 진학하고서도 힘들어했다. 워킹맘의 자식으로 살아가야 했던 외동아들은 힘든 일이 있어도 어디에도 말할 곳이 없었다. 아니, 엄마라는 존재에게 끝없이 신호를 보냈는데 엄마가 몰라서 아들은 혼자 외딴섬에 묶여 있었다. 나는 아이에게 최고로 좋은 브랜드 옷을 입히고 최고로 좋은 학습도구를 사주면서 이 정도면 엄마 노릇을 잘하고 있다고 생각했다. 브랜드명이 무엇이든 아이는 전혀 관심도 없고 알지도 못했는데 말이다.

그저 마음속에 있는 말을 터놓지 못해 늘 아파했다. 자주 아파서 보건실에 하루 종일 누웠다가 집에 오는 날이 허다했다. 이런 증세는 중학교에 가서도 마찬가지였다. 화를 내는 엄마가 무섭고 싫어서 말도 못 꺼내고 말을 꺼내면 무시하는 발언이 쏟아지니 자존감도 엄청 떨어졌을 것이다. 아이는 점점 말수가 적어지고 말대꾸도 겁 없이 하기 시작하자 나는 더 화를 냈다. 결국 우리는 서로가 폭발하는 지경에 이르러 아이가 가출까지 하게 되었다. 그 당시 우리 집은 가족 모두가 힘든 일을 겪으며 아무렇지 않게 일상을 살아가는 것으로 보여도 내면은 상처가 없는 사람이 없었다.

일을 하다가 문득 내 상황을 생각해 보았다. 집은 경매로 넘어가 전에 살던 집보다 훨씬 좁은 집으로 이사를 했고 남편은 신용불량자가 되어 있고 나는 이 모든 상황이 불만스러워 화만 내고 있었다. 이 사이에서 아이는 어떤 마음일지 갑자기 두려움이 밀려왔다. 돈이 절실히 필요하던 시기임에도 나는 바로 사직서를 냈다. 인수인계를 할 수 있도록 일주일이라는 시간적 여유를 두었지만 그 시간이 너무도 길었다.

내가 집에 있기 시작하면서 아이는 불만이 더 많아졌다. 밤에만 잠시 들으면 되던 잔소리를 낮부터 들어야 하고 하굣길에 PC방에 들렀다 와도 괜찮았던 시간이 이제는 시간적인 통제까지 들어가니 아이는 미칠 지경이었다. 아들과 나는 매일 싸웠다.

어떻게 해야 할지 방법을 찾다가 교육청 프로그램 중 사춘기 아이와 소통하는 프로그램을 발견했다. 나는 교육을 받으며 많이 울었고 많이 반성했다. 집에 와서 배웠던 대화법을 실천하려고 해도 아이가 받아주지 않고 대체 왜 이러냐는 반응만 보였다. 그래도 내가 그동안 무엇을 몰랐고 무엇을 잘못했는지 문득문득 떠오르는 기억이 있으면 그 자리에서 사과를 했다. 그러면 아이는 당시의 자기 마음을 표현해내며 마구 울었다. 나는 아이의 말을 들으며 가슴이 찢어질 듯이 아파 눈물이 났다.

이런 대화법을 왜 이제야 알게 되었는지, 어쩌다 나는 책도 한 번 안 보고 아이를 키우려고 했는지 후회가 되었다. 아이는 내가 떠올리는 기억에 대해서 사과를 받아들이는 수동적인 입장이었다. 분명 마음속에 할 말이 있을 텐데 말을 하지 않았다. 아마 또 내가 화를 낼 거라고 생각하는 것 같았다.

아이가 학교를 가고 난 후 나는 인터넷으로 검색을 해서 주변에 심리 상담을 받을 수 있는 곳을 백방으로 찾았다. 비용이 저렴하면서도 아이 혼자 갈 수 있도록 교통편이 좋은 곳이거나 걸어

다닐 수 있는 곳이어야 했다. 어쨌든 아이의 속에 있는 말을 끄집어내야만 했다. 마침 주변에 한 곳이 있었고 처음 방문은 아이와 내가 같이 상담을 하고 그다음부터는 아이 혼자 다니기 시작했다. 물론 처음부터 속에 든 말을 다 꺼내지는 않았다고 했다. 가볍게 묻는 말에 대답하는 정도였지만 상담횟수가 늘어나자 스스로 자신의 마음을 표현하기 시작했다고 한다.

아이는 상담을 받고 오면 눈이 통통 부어 있었다. 때로는 "엄마 미안해."라는 말도 하고 때로는 농담도 곧잘 하면서 점점 변하는 모습을 보이기 시작했다. 나도 집에서 대화법을 배운 대로 실천하려고 노력했다. 아이가 상담실을 다니면서 상담선생님과 사용한 대화법이 생활 속에서 자연스럽게 묻어났다.

아이는 나중에 고등학생이 되어 이런 말을 했다.

"엄마가 그때 나를 붙잡아 주지 않았으면 나는 아마 나쁜 길로 갔을 거예요. 그리고 상담 받으러 간 거 진짜 잘한 것 같아요. 가끔씩 힘들면 상담선생님한테 가도 되죠?"

나는 당연히 된다고 했다. 그리고 아들은 고등학생이 되어 공부에 찌들어 힘들 때면 가끔 상담을 받고 왔다. 그러면 마음이 한결 편하다고 했다.

나중에 들은 이야기지만 아이가 중학교 때 너무 힘들어 학교 상담선생님께 가고 싶었는데 거기 갔다 나오면 친구들이 문제아 취급을 해서 가기 싫었다고 했다. 나는 아이가 소통할 수 있는 상담

선생님을 찾아 아이의 마음을 열 수 있게 했던 것을 신의 한수라고 본다. 때로는 친구를 데리고 와서 나에게 상담을 맡기곤 했다.

"엄마가 우리 반에서 인기가 좀 많아요."

"왜?"

"애들이 엄마랑 이야기하고 나면 마음이 편하대요."

나도 칭찬을 들으니 뿌듯한데 그동안 칭찬에 굶주렸을 아이를 생각하니 또 마음이 아팠다. 나는 부모라는 자리를 최대한 내려놓고 아이의 입장에서 친구와 대화하듯이 하려고 노력을 아끼지 않았다. 내가 청소년 고민해결 상담사가 되려고 마음을 먹은 이유가 바로 이것이다. 자식을 키워 보니 부모라고 자식을 다 아는 것도 아니고, 자식이라고 부모에게 자기 속내를 다 털어놓을 수 없다는 것을 알았다.

부모가 해결해 줄 수 없으면 다른 사람을 통해서라도 소통할 통로를 열어 주고 싶은 마음에 상담사가 되고 싶다고 느꼈다. 나는 '너 때문'이 아니라 '네 덕분'이라는 말을 많이 쓰려고 하고 아이가 잘못한 행동에 대해서는 질책보다 나의 감정을 최대한 표현하려고 한다. 나는 반드시 청소년들의 고민해결 상담사가 되어 아이들이 밝게 자랄 수 있는, 미래가 보장된 나라를 만들기 위해 노력할 것이다.

나와 아이의 모교에서 강연하기

나는 지금 사는 동네에서 44년째 살고 있다. 현재 구청이 들어서 있는 자리는 예전에 우리 큰이모집 동네였고 아이의 고등학교는 산이 있던 자리였다. 그 옆에 있는 여고, 예고, 초등학교는 예전에 잔디밭 농장이었다. 지금 우리가 살고 있는 아파트는 밭이였고 문화회관 자리는 수원지에서 내려오는 물을 수로처럼 만들어 놓은 곳을 복개한 자리다. 모든 것이 다 바뀌었지만 내 기억 속에는 어디에 무엇이 있었는지 모두 기록되어 있다.

내가 다닌 초등학교는 집에서 걸어가면 20~25분 정도 걸리는 거리에 있었다. 아침이면 양쪽으로 집들이 즐비한 거리를 아이들과 재잘거리며 걸어 다녔다. 초등학교 2학년 때까지는 오전반, 오후반으로 나누어 수업을 받았다. 한 학년이 적게는 10반, 많게는 16반까지 있었으니 규모가 작은 학교는 아니었다. 지금도 운동장은 여느 학교보다 크다.

중학교는 초등학교 바로 위에 있었다. 산비탈에 지어진 학교라 아침마다 등교가 곧 등산이었다. 플라타너스 나무가 양쪽으로 짙은 그늘을 만들어 주어 때로는 나무 그늘 밑에서 쉬어 갈 때도 있었다. 교생 선생님들이나 전근 오신 선생님들의 한결같은 말씀은 학교가 정말 예쁘다고 하셨는데 그때는 몰랐다. 교문을 들어서면 중앙 분수대가 시원하게 물을 뿜고 학교 곳곳엔 장미꽃, 히아신스, 튤립 등이 여중생들의 마음을 설레게 했다. 치자꽃과 천리향이 온 학교를 뒤덮고 오월이면 산에서 내려오는 아카시아향이 교실 가득 퍼졌다. 학교 행사를 하는 날엔 야구경기장처럼 만들어진 스탠드에 앉아 운동장을 내려다보며 관람도 하고 교정 곳곳엔 나무와 벤치가 많아 꿈 많은 사춘기를 정말 아름답게 보냈다.

고등학교 때는 차를 타고 다녔다. 신설학교여서 가끔 운동장으로 나가 돌멩이를 줍기도 했다. 나무가 어려 그늘이 옅어도 그 아래 벤치에서 굴러온 나뭇잎을 주워서 책갈피를 만들기도 했다. 지대가 높아서 야간자율학습을 하다가 창밖을 보면 멀리까지 야경이 멋지게 펼쳐졌다. 지금 생각해 보니 공부만 했던 고교시절이었는데도 많이 웃고 많은 꿈을 꾸었던 곳이었다.

나는 성격이 굉장히 밝아 아플 때 빼고는 늘 웃고 다녔다. 공부를 썩 잘하지 못했는데 어디서 나온 자신감인지 소풍을 가거나 체육대회 같은 전교생 행사가 있는 날이면 빠지지 않고 노래도 부르고 행사를 이끌어갔다. 사람이 많으면 더 신이 났었다.

1남 3녀인 우리 형제는 딸 셋이 한 방을 사용해도 누구 하나 넉넉하지 않은 집안 형편에 불평하지 않았다. 가끔 나 혼자 사용하는 방이 있으면 얼마나 좋을까 하는 생각에 아기자기하게 꾸미는 상상을 하곤 했다. 지금의 내 모습을 보면 아니다. 나는 꾸미는 것보다 버리는 것을 더 좋아한다.

학창시절 유독 궁금증을 유발하게 하는 친구가 있었다. 물어본다고 대답해 줄 만큼 성격이 호탕하지 않으니 아마 친하게 지내지도 않았던 것 같다. 초등학교 때 그 아이는 놀 때 짓궂은 일은 혼자 다 하고 다니는데 공부는 젬병이었다. 선생님께 야단을 맞을 때면 바짝 바른 몸에 까만 피부가 정말 불쌍해 보였다. 그 몸으로 책상과 책상 사이를 걸어 나가는 모습이 보는 내가 다 안쓰러웠다. 오죽하면 '선생님, 한 번만 용서해 주세요'라고 속으로 말했을까.

그 아이가 산다는 윗동네에 한번 놀러가 본 적이 있다. 옹기종기 붙은 다가구 주택 중 한가운데 집이 그 아이가 사는 집인 모양이었다. 그런데 그날 그 아이의 부모님이 싸우는 모습을 보았다. 일반적인 부부싸움이 아닌 살림이 날아다니고 폭행이 난무했다. 나는 너무 무서웠다. 그런 환경에서 사는데도 그 아이는 남을 때리지 않았다. 공부할 여건이 안 되는 집이라는 게 이해가 되었다. 어린 나이라 뛰어놀 때는 신나게 놀지만 공부는 준비해 온 게 없었으니 당연히 자신감이 떨어질 수밖에 없었다는 것을 어른이 되어서야 알았다.

중학교 때 친하게 지낸 친구가 있었는데, 그 아이 집에 놀러 가본 적은 없다. 친구는 그런 내게 이유를 물어보지도 않아서 왜 그랬는지 지금도 궁금하다. 그 친구는 입버릇처럼 결혼 같은 건 하지 않을 거라고 했다. 두드러지게 모습을 드러내지도 않고 매사 조용히 앉아 낙서를 즐겼다. 농담은 곧잘 했지만 수업시간에 발표를 할 때면 자신감이 부족해 목소리가 기어들어갔다. 유독 민감하게 반응을 했던 것은 이성에 관한 이야기가 나올 때마다 짜증을 내고 불만을 드러냈다. 남자는 다 싫다는 말을 곧잘 해서 나중에 우리는 어른이 되어서도 독신으로 사는지 보자며 놀렸다. 얼마 전 우연히 길에서 만났는데 일본에서 돌아온 지 3개월이 되었고 역시 어릴 적 했던 말 그대로 독신으로 살고 있다고 했다.

고등학교 때는 정말 예쁜 아이라 선생님들과 학우들의 관심을 한 몸에 받았던 친구가 있었다. 조용하고 성적도 그리 나쁘지 않았다. 그러나 선생님들께 반항이 무척 심했다. 자율학습시간에 말도 없이 나가버리는가 하면 부모님을 모시고 오라는 선생님의 호통에 한쪽 입꼬리를 올리며 "선생님이 직접 전화해서 오라고 하세요." 하고는 비웃으며 허락도 없이 자리로 들어가 버렸다. 그 예쁜 모습에서 나온 언행은 정말 충격이었다. 나중에는 좀 불량스러운 아이들과 어울리며 담배도 피웠다.

나는 이 친구들의 가정환경을 곰곰이 생각해 보았다. 초등학교 때 친구는 부모님의 싸움이 아이의 자신감을 떨어뜨리고 학업에 무관심하게 만들었다고 생각한다. 중학교 때 친구는 아버지가 안 계시다는 것만 알고 있었고 고등학교 때 친구는 1학년 때까지만 해도 너무 착하고 순한 아이였다. 갑자기 달라진 이유는 늦게 온 사춘기 때문이 아니라 부모에 대한 불신 같은 게 있었을 것이다. 들리는 말로는 고등학교에 들어가면서 부모님이 자주 다투시다가 결국 이혼을 했다는 말을 들었다.

학교에 가면 아이들은 친구가 있기 때문에 너나없이 즐겁다. 그러나 한구석에선 보이지 않는 폭력도 있다. 물론 여자 학교에만 다녔던 나는 다른 학교에 관한 소문만 들었지 실제로 폭력이나 폭행 장면을 목격한 적은 한 번도 없었다. 중·고등학교 때 나는 좀 시끄러운 편이었지만 폭력적이지는 않았다. 쉬는 시간이나 점심시간이면 각 반을 돌아다니며 조용히 앉아 있는 아이들을 가만히 두지를 않았다. 점심시간에 교실에 남아 있는 아이들은 아픈 아이 외에는 거의 다 나가서 놀게 했다. 전교생의 성격을 선생님들보다 더 자세히 파악하고 있었다.

이렇게 학교는 즐거운 곳이다. 집에 어떤 일이 있든 학교에 오면 모두 즐거워야 한다. 오죽하면 학년이 올라가면 담임선생님께서 나를 불러 잘 부탁한다고 하셨을까. 그때는 왜 나에게 그런 말씀을 하시는지 몰랐다. 지금 생각해 보면 학생들 사이에서 리더십이 있었던 모양이다. 선생님들께 늘 들었던 말은 "올해 내가 맡았던 우리 반은 아마 평생 잊지 못할 것이다."라는 말이었다. 우리 때는 이랬다.

지금은 리더십이 좀 있다 하면 힘과 연결이 된다. 약한 친구를 괴롭혀야 자기의 존재감과 우월감이 더 커진다고 생각하는 요즘 아이들의 생각 이면에는 부모의 가르침도 있다. "절대 맞고 다니지 마라.", "한 대 맞으면 두 대를 때려라.", "일어나지 못할 만큼 때려도 된다. 뒷일은 엄마, 아빠가 책임질게." 아이에게 이런 가르침을 주는데 아이들이 올곧은 인성을 가지고 자랄 수 있을까? 선생님도 아이들에게 함부로 할 수 없는 요즘이다. 자식 사랑이 과해서 자식을 망치고 있는 게 부모 자신이라는 것을 모르고 있다. 내 자식만 잘되면 된다는 사고방식은 극히 잘못된 생각이다. 남들은 잘못되어 있는데 나 혼자 무슨 재주로 세상을 잘 살 수 있을까? 이 세상이 혼자서 살아갈 수 있는 곳이면 약육강식의 원리로 살아갈 수 있겠지만 더불어 사는 세상에는 이런 원칙이 있을 수 없다.

우리 아이의 초등학교는 나의 모교다. 졸업 후에도 대대로 빛나는 학교가 되어야 할 모교에서 부모들의 잘못된 인식으로 학교

폭력이나 왕따가 자행되는 곳이 학교가 될 수는 없다. 가정과 학교는 서로 병립하여 아이들의 인성을 완성해 가야 하는데 이 두 공간에서 폭력을 알게 한다는 것은 절대 있을 수 없는 일이다. 성장기에 좌절과 상처를 받은 후 감정을 억압한 채 성인이 되면 기억으로는 잊고 있을지 모르나 내재된 정서로 남아 가족에게 그대로 폭언과 폭력으로 표출된다. 가장 기본적인 사회인 가정에서 이런 일이 일어나서는 절대 안 된다.

자식을 키우는 부모라는 자리는 함부로 가져서는 안 된다. 나는 너무 몰라서 이런 복을 가질 수 있었던 것이지, 알았더라면 섣불리 부모가 되지 않았을 것이다. 나는 결혼 전에 부모교육을 먼저 받는 것을 의무화해야 한다고 생각한다. 부모 자격증이라도 있으면 좋겠다.

나는 아이와 나의 모교에서 아이들이 아니라 부모를 대상으로 강연을 하고 싶다. 내가 그동안 놓쳤던 부분들은 내가 지극히 정상적인 부모라고 고집하며 살고 있었기 때문이다. 지금도 어떤 부모는 나처럼 착각하며 문제를 묻어두고 있을지도 모른다. 부모가 자신의 감정을 이해하지 못하면 자식에게 아무리 잘해 줘도 자식에겐 상처밖에 남지 않는다는 것을 반드시 일깨워 주고 싶다.

해운대 마린시티로 이사하기

한때 서울 강남의 집값이 매일 뉴스를 장악하며 떠들썩했던 때가 있었다. 지금도 마찬가지로 강남의 집값은 늘 이슈다. 특히 부동산에 관심이 있는 사람이라면 강남의 집값 추이를 염두에 두고 움직이는 것으로 안다. 나도 한때는 부동산에 관심을 갖고 서울로 진출해서 부동산 투기를 해볼까도 생각했다. 가진 돈과 용기가 조금만 더 있었더라도 복부인 소리를 들으며 전국으로 돌아다니지 않았을까 하는 우스갯소리를 한다.

전국에서 초고층 아파트가 가장 많은 곳이 부산이라는 말을 들었다. 그중에서도 으뜸이 해운대다. 그리고 해운대의 초고층 아파트는 야경을 장식하는 하나의 데커레이션 같은 기능을 하기도 한다. 어째서 해운대의 초고층 아파트가 이렇게 인기가 많을까? 단연 바다조망 때문이다.

부산의 강남이라 하면 역시 해운대다. 한때는 해운대에서도 센텀시티(이하 센텀)가 핫한 자리였는데 요즘은 약간 이동해서 마린시티가 핫하다. 센텀은 영화의 전당과 전시 컨벤션센터인 벡스코, 아시아 최대 규모의 백화점이 들어서면서 본격적으로 개발이 되어 뜨거운 감자로 떠오른 지역이다. 덕분에 주택을 가지고 있던 우리 시댁도 집값이 들썩였다.

센텀이 이슈가 될 때만 해도 거기서 살고 싶다는 생각은 별로 없었다. 교통체증이 장난이 아니기 때문이다. 지금도 여름이면 나는 시댁으로 가기를 꺼린다. 외지에서 유입되는 차량들이 밤낮을 가리지 않고 몰려든다. 이런 곳에서는 하루도 못 살겠다고 하지만 실제로는 그래서가 아니라 나의 형편이 그곳을 따라가지 못하는 이유가 이면에 숨겨져 있다.

해운대에 가면 영화배우를 자주 만난다. 처음엔 영화배우를 직접 보는 게 신기했지만 요즘은 그냥 지나칠 정도로 많이 본다. 역시 '영화의 전당' 덕을 톡톡히 보는 곳이다. 남포동에서 국제 영화제를 할 때 사람들은 그곳으로 몰려다녔다. 지금은 분산이 되어 인산인해를 이루는 일이 그다지 많지 않지만 아주 유명한 배우가 오거나 이슈가 된 영화가 상영될 때는 여전히 붐비기는 마찬가지다.

그리고 해마다 GSTAR 게임전시회를 할 때면 초·중·고생들도 달려 나오는 곳이 해운대다. 사람이 많아 불편한 점도 있지만 좋게 생각하면 사람 구경하기는 정말 좋은 곳이다. 우리나라뿐만 아니라 외국에서도 GSTAR에 대한 관심은 지대하다. 게임을 불량스럽게 여기며 컸던 나의 어릴 때와는 확연하게 다른 분위기를 느낀다. 게임 산업이 얼마나 크게 성장할지는 GSTAR에 와 보면 알 수 있을 정도다. 5시간 이상 줄을 서서 기다리면서도 새로운 게임을 해 볼 수 있다는 기대감에 지칠 줄 모른다. 영화제보다 더 큰 행사가 GSTAR 행사라고 할 만큼 규모가 크다.

또 하나, 외국인 관광객의 필수 쇼핑코스이기도 한 대규모 백화점이 있어 생활하기가 정말 편리하다. 외국인지 한국인지 구분이 모호할 만큼 많은 외국인을 만날 수 있는 곳이다. 규모면으로는 기네스북에 등재됐다는 말도 있는 이 백화점을 다 돌아보려면 다리가 퉁퉁 부을 정도다. 굳이 홍콩으로 나가지 않아도 될 만큼 쇼핑에 불편함이 없다. 크기는 비교가 안 되지만 분위기로는 홍콩의 타임스퀘어를 돌아보고 있는 느낌을 받곤 하는 곳이다.

부산의 명문학군은 동래구와 금정구가 전통을 갖고 명맥을 이어오고 있다. 최근에는 해운대학군도 한몫을 한다. 아니, 한몫을 하는 정도가 아니라 최고로 떠오르고 있다. 요즘 유행하는 말이 할아버지의 경제력, 아빠의 무관심, 엄마의 정보력이 아이들의 성적을 좌우한다고 하지 않는가? 아이들의 공부도 경제력이 받쳐

줘야 고액과외도 할 수 있는 세상이니 이런 말이 나도는 것이다. 해운대 부촌에 사는 가진 자의 여유로 아이들에게 아쉬움 없이 다 해 줄 수 있는 그 부유함이 나는 부럽다. 우리 아이는 과외를 받아보지 못하고 대학을 갔다. 부모로서 가진 게 없다는 것은 아이에게도 미안한 일이다.

중국의 심천은 경제특구이지만 해운대는 관광특구다. 도심에 바다가 덩그러니 들어와 있는 그런 느낌이라 사람들이 몰리는 것도 있거니와 넓은 백사장과 얕은 수심이 사람을 끌어들이는 것 같다. 예전에도 해운대는 유명해서 휴가철이면 사람들이 많이 몰렸다. 지금은 관광특구 지정 이후 사시사철 사람들이 몰리고 있다. 사람이 많이 몰리는 곳엔 각국 또는 각 지역의 트렌드를 한눈에 볼 수 있는 장점이 있다.

나에게 이런 곳에서의 삶은 로망이기도 하거니와 비루한 내 모습을 탈피하기 위한 목표가 되는 곳이기도 하다. 해운대에 산다는 것은 삶의 수준과 부의 척도를 나타낸다. 대부분의 지역에서도 그렇듯이 어느 지역 어느 아파트의 몇 평에 사는지가 그 사람의 생활수준을 나타내는 것과 같이 해운대도 마찬가지다.

그중에서도 마린시티는 으뜸이다. 바다 조망을 즐길 수 있는 것은 물론이고 동백섬과 오륙도 및 광안대교의 파노라마 뷰를 한곳에서 다 볼 수 있다. 그래서 아파트값도 많이 비싸다. 요즘은 바다를 끼고 지어 올리는 아파트가 경쟁적으로 많이 생겨났다. 굳이 해운대가 아니더라도 역시 바다 조망이 가능한 곳은 가격이 비싸다. 그러나 해운대를 따라가기는 어렵다. 해운대라는 이름은 하나의 브랜드로 인식되어 있기 때문이다.

마린시티에서 살고 싶다고 생각한 것은 몇 년 전 친구가 그곳으로 이사를 했다고 해서 가 본 이후부터다. 네 식구가 살기에 어마어마하게 넓은 평수도 압도적이었지만 통유리로 된 유리벽을 통해서 여기서도 저기서도 온통 바다가 보이니 입을 다물 수가 없었다. 망망대해는 움직임이 없어 그런 바다를 매일 바라보고 있으면 우울증이 생긴다고 했다. 그런데 마린시티에서 보는 바다는 달랐다. 이쪽에서 보면 오륙도가 보이고 다른 각도에서 보면 동백섬이 또 다른 각도에서는 광안대교가 보인다. 예전과 달리 바다 근처의 화려한 불빛이 야경이라는 도시의 미를 장식하기 때문에 오히려 불 꺼진 바닷가는 외면을 당한다.

광안대교의 화려함과 대교 위를 달리는 차량들을 보면 우울증에 대한 걱정은 기우라는 생각이 들었다. 밤이 되면 건너편 다른 아파트가 비춰주는 불빛이 환상적이라고 했다. 이 아파트 역시 광안리에서 보면 또 하나의 장관을 이룬다. 초고층 아파트에 멋진 뷰를 안겨다주는 이 아파트는 부산에서도 꽤 명성 있는 아파트다. 가격도 당시나 지금이나 상상할 수 없는 거금이라 친구의 생활과 나의 생활에서 격세지감을 느끼지 않을 수가 없었다.

비슷한 시기에 결혼을 했는데 나는 아직도 내륙인 이 동네를 벗어나지 못하고 있다. 나의 마음가짐 자체도 문제였다. 이 동네가 학군이 좋고 공기도 좋고 아이들 키우기에는 그만이라며 주변인들에게 합리화해 왔다. 10년 전 그 친구가 센텀으로 이사를 간다고 했을 때만 해도 '거길 왜 가지?'라고 생각했는데 역시 부(富)를 가지려면 부동산의 흐름을 빨리 읽어 내야 할 필요성이 있었다.

우리 부부는 그저 월급쟁이로 조금씩 저축해서 겨우 집 하나 마련한 것이 다였다. 그런데 친구는 부산에서 아니 전국에서 알아주는 해운대에 그것도 이제는 센텀도 아닌 마린시티로 가서 외제차를 타고 다니는 귀부인이 되었다. 센텀의 집값이 치고 오를 때 집을 팔아 마린시티로 움직였고 지금은 마린시티가 센텀보다 더 고가의 집값이 형성되고 더 좋은 부촌이 되었다. 부의 흐름을 잘 타고 다닌 덕에 누리는 호사다. 누구는 부를 축적하기 위해 한 푼 두 푼 겨우 모아 남들 뒤만 따라가기도 벅찬데 누구는 흐름을 잘 타서 하루아침에 귀부인 소리를 듣는 것을 보면 이 시대는 정보력이 생명이라는 말이 맞는 것 같다.

친구로부터 열등감을 느낀 나는 지금 이 친구를 만나지 않고 있다. 괜한 자격지심이 나의 자존심과 열심히 살아 온 삶의 질을 더 깎아내리는 것 같아 연락을 끊어버렸다. 그런데 지금은 이 친구가 나를 자극하는 원동력이 되어 있다. 덕분에 나는 마린시티에 입성하기 위해 부의 추월차선을 타고 있다. 그리고 수입 파이프라인을 구성하기 위해 온갖 노력을 다하고 있다.

해운대 쪽에서는 경차나 소형차를 타고 다니기 부끄럽다. 외제차를 가장 많이 볼 수 있는 곳이라 때론 부끄러움은 둘째 치고 운전하기가 두려울 때도 있다. 이렇게 해운대라는 동네는 평범한 사람이 살 수 있는 곳은 분명 아니다. 그 안에서 살아갈 수 있는 그릇이 되는 사람만이 살 수 있고 견뎌낼 수 있는 곳이다. 서울에 사는 사람도 그렇다고 했다. 어떤 사람들은 시끄럽고 교통이 불편하다는 이유로 서울이 싫다고 하지만 그것은 그 사람이 그 안에서 살아갈 수 있는 그릇이 안 되기 때문에 불만스러움이 먼저 보이는 것이라고 했다.

나도 그랬다. 가진 것이 없는 나의 부족함을 나름의 변명으로 합리화하며 살아왔기에 지금처럼 살 수밖에 없는 것이다. 나는 그 친구에게 감사한다. 마린시티에서 살고 있는 사람이 내 주변에 있었기에 자극을 받았고 어떻게 하면 나도 부촌에 입성할 수 있을까 생각하며 의식을 확장시킨다. 누구는 하와이에 사는 것이 꿈이라지만 나는 대한민국이 좋다. 그중에 바다가 보이고 도시가 큰 부산이 좋고 그 안에서도 특히 부자 동네인 마린시티에 살고 싶다. 내 삶의 질을 향상시킬 수 있는 마린시티에서 바다를 보며 꿈을 꾸고 글을 쓰며 사는 것이 나의 로망이다. 나는 이 꿈을 반드시 이룰 것이다.

PART 4

육아학교 설립하고
미래를 함께 설계하는
청소년 멘토 되기

· 지 승 재 ·

지승재 '약선당 한의원' 원장, 'brain감성육아연구소' 소장, 뇌과학 육아 강사, 육아 상담 코치, 청소년 동기부여가, 2017 서울교육멘토

한의사로 일하면서 4차 산업혁명에서 올바른 육아는 어떤 모습일까 고민 중이다. 뇌과학과 15년 임상 노하우를 바탕으로 최적의 육아법을 집필, 강연, 코칭, 컨설팅을 하고 있다. 또한 청소년 특강을 통해 열정 동기부여가로 활동하고 있다.

E-mail wlehfud76@hanmail.net
Cafe www.brainphilo.com
Kakaotalk wlehfud76

Blog blog.naver.com/fantasy96
C.P 010·8792·1075

TED에 출연하는
최고의 육아 강사 되기

나는 현직 한의사다. 우리나라 학원 교육의 메카라고 할 수 있는 대치동 근처에서 환자를 보고 있다. 교육열의 영향인지 주변에는 참 많은 학생들이 있다. 물론 그들이 환자로 오기도 한다. 그런데 학생들에게서 느끼는 공통점이 있다. 하나같이 무기력하다는 것이다. 세상의 모든 근심을 온몸으로 떠안은 듯한 표정으로 치료를 받기 위해 온다. 지나가는 낙엽만 봐도 박장대소할 나이인데 어두운 표정에 측은한 마음이 든다.

피로감을 치료하기 위해 L양이 찾아왔다. 축 처진 어깨를 하고 아무것도 하기 싫은 상황을 나에게 털어놨다. 특목고를 목표로 열심히 공부했는데 시험 낙방 후에 완전히 의욕을 상실한 것이다.

단 한 번의 실패였을 뿐인데 극복이 쉽지 않은 것 같았다. 다른 한 명은 우리나라에서 가장 좋다는 대학에 다니는 K군이다. 진료실에 들어와 푸념을 늘어놓는다.

"뭘 해야 할지 모르겠어요. 학교도 다니기 싫어요."

오직 대학 입학에만 초점을 맞춰 20년을 달려 왔는데 이루고 나니 너무나도 허망해지나 보다. 이런 경우를 꽤 자주 만난다. 왜 우리 아이들은 이렇게 마음이 여리고 무기력할까? 교육 제도와 어릴 때부터 시작되는 사교육에서 그 원인을 찾을 수 있다.

첫째, 하기 싫은 공부를 오래 해야 한다. 모든 교육 방향이 대학 입시에만 맞추어져 국어, 영어, 수학, 과학, 사회, 국사 등의 과목에 집중되다 보니 좋으나 싫으나 그 공부만 해야 한다. 그것도 12년이나 말이다. 사교육을 일찍 시작하는 경우 20년이 될 수도 있다. 여러 가지를 접하면서 얻을 수 있는 자기만의 가치를 추구하기 힘들다. 하고 싶은 바가 없어지는 것이 어찌 보면 당연하나.

둘째, 답이 있는 문제만을 맞추는 훈련만 한다. 사고나 의식의 확장을 가져올 수 있는 기회가 많지 않다. 그래서 대학에 진학하거나 사회생활을 시작했을 때 답이 없는 문제 앞에서 어쩔 줄 몰라 하며 무기력해지는 것이다. 우리 아이들은 열정을 꽃피우지 못하고 점점 더 시들어간다. 이런 상황에서 아이들의 창의성을 논하는 것이 그리 의미 있는 일은 아닌 것 같다.

셋째, 돌 이후 바로 시작하는 사교육은 감정을 훈련할 시간을 놓치게 한다. 이때는 감각의 다양성을 느끼며 기쁘고, 화나고, 슬프고, 놀라는 등의 감정 변화를 충분히 표현해야 하는 시기다. 밖에서 들어오는 정보에 수동적인 반응만을 하는 교육을 받게 되면 자기표현의 기회를 잃게 된다. 자기조절력 역시 감각과 감정에 영향을 받기 때문에 자기조절력 형성에도 좋은 영향을 주기 힘들다. 자기조절력은 무엇인가를 끝까지 해내는 힘의 근원이 되기에 중요하다.

큰딸 현지가 태어났을 때도 비슷한 상황이 시작되었다. 아내는 산후조리원 동기 모임에서 나온 정보라며 놀이 교육을 하는 체육관과 영어 교육을 하는 문화센터를 다니게 해야 한단다. 하루는 두 모녀를 따라 나섰다. 신나게 뛰어노는 듯한 모습에 보내길 잘했다고 느낄 찰나에 '이건 아니다'라는 생각이 들었다. 뭔가 재미를 느껴 빠져들 무렵 나눠 줬던 교구를 다시 가져가거나 하던 동작을 멈추고 다른 동작을 하라고 지시한다. 아이들은 뭔가 어리둥절한 표정을 지으며 마지못해 다음 과정을 수행한다. 신기함에 반짝거리던 딸의 눈빛은 점차 시들해져 멍해진다. 하고 싶은데 다음 과정으로 끌려가는 아이의 눈에 아쉬움이 역력했다.

'조금만 더 놔두지…'

1개월 후 아내와 상의해서 그만 보내기로 결정했다. 물론 그 뒤로 아이와 전쟁 같은 집 놀이가 시작되었지만 말이다. 했던 놀이를 반복하고, 읽어준 책을 수십 번 다시 읽어 주고, 치웠던 장난감을 몇 번이고 다시 꺼낸다. 토 나올 것 같은 반복 놀이가 내 딸의 끈기와 집중력, 만족감, 안정감 등을 상승시키고 있었다. 무엇인가를 충분히 만져 보고 느껴 봄으로써 감각이 발달하고 감정 표현도 풍부해진다. 반복적인 동작으로 동작이 정교해지고 근육의 발달이 시작된다. 아이와 부모의 유대감도 더 굳건해진다.

내 딸의 미래를 위해 무엇을 전해 주어야 할지 처음부터 다시 알아보기로 했다. 새로운 미래를 살아가는데 필요한 기술 혹은 지혜는 무엇일까에 골몰했다. 그리고 그것을 얻기 위해 욕구를 일으키고 유지하는 뇌의 상태가 궁금했다. 이 상태를 아는 것이 아이 교육의 방향과 내용을 결정짓는 중요한 단초가 되리라 믿는다. 뇌를 좀 더 자세히 알면 이에 대비할 수 있을 것이다. 나는 박문호 박사의 〈특별한 뇌과학〉이라는 과정을 알게 되어 뇌과학 공부를 시작하게 되었다.

뇌과학을 공부하다 보니 열정을 갖게 할 수 있는 여러 상황을 알게 되었다. 뭔가를 하고 싶은 욕구가 어떻게 생겨나는지, 거기서 감정이라는 요소가 왜 중요한지를 알게 되었다. 또 우리가 감각을 어떻게 활용하는지, 잠잘 때 뇌는 어떤 일을 하는지, 그때 언어가 왜 중요한지도 알 수 있었다. 내 아이가 성장할 때 적절한 시기에 유익한 자극을 주면 항상 열정이 넘치는 아이, 감정을 잘 표현하고 조절하는 아이, 감각을 예민하게 다루는 아이로 거듭날 수 있을 것이다.

뇌의 활성화된 상태를 유지하기 위해서는 몸의 관리도 그만큼 중요하다. 몸을 많이 움직이게 되면 해당되는 뇌의 신경이 서로 연결되어 사고력이 확장되는 결과를 낳는다. 또한 운동은 뇌로 혈류량을 늘려줘서 뇌의 기능을 향상시킨다. 뇌와 몸의 최상의 컨디션을 위해 잘 먹고, 잘 자고, 잘 배설하는 등의 행위가 체질에 맞게 잘 진행되어야 한다.

이러한 내용을 많은 부모들에게 알리고 감정조절력, 자존감, 사회성 등을 형성할 골든타임을 붙잡게 하고 싶다. 또 대한민국의 청소년들이 넘치는 열정으로 본인이 하고 싶은 일을 스스로 찾게 하고 싶다. 이를 위해서 미래를 상상하고 현실로 만드는 기술을 전달할 것이다. 우리 대한민국의 성장 동력이 학생들로부터 뿜어져 나왔으면 한다. 그래서 영유아기, 아동기만큼은 아이들의 감정, 욕구를 잘 살려내고 초·중·고·대학생 때까지 이를 잘 유지시키는 것이 중요하다. 20세 이후에는 새로운 것을 찾는 것을 넘어 감정의 폭발을 통해 새로운 것을 창조하도록 해야 한다.

어떻게 이것을 알려야 할까? 답답한 마음에 2016년 8월부터 한의원 내에서 강의를 진행했다. 초등학교 혹은 중학교 자녀가 있는 부모님들을 대상으로 '미래사회, 자녀에게 어떻게 무엇을 가르칠 것인가?'라는 주제로 말이다. 어머님들의 호응과 열기가 매우 뜨거웠다. 그런데 문밖을 나섬과 동시에 현실의 벽을 넘지 못하고 아이와의 의견 차이를 넓히고 있었다. 결국 옆집 아이가 경쟁 상대가 된다. 아무리 좋은 교육법, 육아법을 설명해 줘도 이웃집 아이와 비슷한 방법을 쫓아간다. 결국 달라지는 것이 없다. 내가 주장하는 내용은 이상적인 교육법일 뿐이다. 그렇게 해서는 대학에 보낼 수 없단다. 오로지 대학 입시에만 목을 매는 현실이 참 안타깝다.

인공지능으로 실제와 가상이 통합되는 4차 산업 혁명의 시대가 왔다. 우리 아이들이 만날 미래는 현재 직업의 65%가 없어지는 완전히 새로운 개념의 사회인데 대학과 사회의 연결 고리가 그때도 유효할지 모르겠다. 과거의 직업군에 머물러 있는 부모님들의 사고를 바꾸기 위해서는 지속적이고 반복적인 부모 교육이 필요하다고 절감한다. 그래서 나는 TV방송, 그것도 세계적인 교육 채널에 나가야겠다고 생각했다. 어떻게, 무엇을 교육해야 할지를 모든 부모님들께 강조하기 위해서 필요하다고 느꼈다.

유튜브에서 미래학자 다니엘 핑크의 강의를 들었다. 많은 청중들이 우레와 같은 박수를 보낸다. 강사 다니엘도 위트와 유머를 섞어 청중들에게 감동을 선사한다. TED라는 빨간 글자가 눈에 들어왔다. 내가 강사로 서야 할 곳이 여기라는 생각이 들었다. 내가 저 무대 위에서 청중들을 울고 웃기며 아이를 키울 때 핵심적으로 알고 실천해야 할 뇌과학 육아법에 대해 설명한다. "아이들의 감정을 폭발시켜라!"라고 외치며 패셔너블하게 옷을 입고 자신감 있는 포즈를 취하는 상상을 한다. 꼭 TED 무대에 서야겠다.

나를 과학적·인문학적으로
모두 이해하기

어른들 말씀에 사람은 바뀌지 않는다고 한다. 바뀌기 힘들다고 표현하는 게 더 맞는 것 같다. 그런데 큰 충격이 있으면 변한다. 변하지 않으면 살아가기 힘들기 때문이다. 지난 40년을 돌이켜보면 나는 세 번의 큰 변화를 겪었다. 경제적 위기, 결혼, 2세 탄생이 변곡점이 되었고 삶의 방향이나 의식이 크게 바뀌고 성장함을 느꼈다.

서른 살 때의 일이다. 결혼 전에 부모님과 함께 살았는데 집으로 지로 용지 하나가 날아왔다. 그것은 이자 청구서였다. 그런데 이자의 금액이 심상치 않았다. 자세히 들여다 본 후 깜짝 놀랐다. 앞으로 3개월까지 이자가 한 달에 500만 원이고 그 이후에는 1,200만 원이라고 쓰여 있었다. 잘못 온 것이라 생각했는데 아니었다. 할머니 존함이 적혀 있었던 것이다. 여러 곳에 전화하시는 엄마의 손이 떨리고 있었다. 그때 알았다. 아버지 의사와는 상관없이 할머니가 보증을 선 것을 말이다.

기가 막힌 일이었다. 하지만 정신을 차리지 않으면 아무것도 남지 않는 상황이 올 수 있었다. TV에서 나오는 대부업체 이자가 그렇게 무서운지 처음 알았다. 이대로 가다간 아버지와 어머니가 평생 노력으로 마련한 집이 통째로 사라질 수 있는 상황이었다. 어머니께서는 차분해지시더니 말씀하셨다. "집 빨리 팔자!" 엄마의 목소리가 가늘게 떨렸다. 이사 오던 날 지금까지의 고생을 보상 받으시는 듯 참 좋아하셨던 모습이 생각난다. 이사 온 지 6개월 만에 벌어진 이 일은 가족을 강하게 결속시켜 주었다. 낮에는 집이 팔린 이후 처리해야 할 일들을 알아보고 밤에는 여기저기 다녔다. 어머니, 아버지를 위로해 드려야 하는데 나도 뭔가 집중할 것이 있어야 잠시나마 잊을 수 있었기 때문이다.

집은 내놓은 지 2개월 만에 팔렸다. 보증에 대한 빚과 아파트 대출금을 갚고 나니 남는 돈은 거의 없었다. 빚과 대출금을 모두 갚은 것으로 만족해야만 했다. 문제 해결에 정신이 팔린 나머지 겨울이 되었다는 사실을 잊고 있었다. 한겨울에 길거리로 나앉은 것이다. 다행히도 부모님이 신용을 잘 쌓고 사셨는지 지인들의 도움을 받아 작은 집을 얻어 생활하게 되었다. 가족 모두 마음에 평온을 조금씩 찾아가고 있다는 사실만으로도 감사한 마음이 들었다. 이것저것 정리하는 데만 6개월 정도가 걸렸다.

이때 몸의 변화를 느꼈다. 대부업체의 광고만 봐도 가슴이 뛰고 잠이 오지 않았다. 화가 나고 머리 쪽으로 피가 몰리면서 휘잉 어지러운 느낌이 들었다. 목 뒤의 근육이 뻣뻣해짐과 동시에 두통도 상당 기간 지속되었다. 힘든 상황에서 나오는 스트레스 반응이다. 화가 나면 이런 증상이 생기게 됨을 몸소 알게 되었고 겪어본 후에야 환자들의 표현을 조금이나마 이해할 수 있었다.

이 사건을 계기로 사람들의 행동 방식에 대한 이해의 폭이 넓어졌다. 돈에 흔들리는 사람의 마음을 보면서 사람의 근본적인 사고방식에 대해서 생각해 보게 되었다. 맹자의 성선설, 순자의 성악설 역시 절대적인 것이라 생각하지 않게 되었다. 상황에 따른 뇌의 반응이라는 생각이 든다. 내가 처한 상황을 본능적으로 판단하고 그 반응으로 나오게 되는 감정적인 욕구의 표현이 선 혹은 악으로 대비되는 것이다. 이러한 결론에 이르니 마음에 있었던 할머니에 대한 원망이 눈 녹듯이 조금씩 사라졌다. 그 후로 희한하게 세상이 아름답게 보이기 시작했다. 겨울의 얼어붙은 땅을 밀어내고 나오는 부드러운 초록빛 새순만 봐도 반갑고 신기했다. 볼을 스치고 지나가는 봄바람과 따뜻한 날씨에도 그저 감사한 마음이 들었다. 이때 내 의식이 많이 성장한 듯하다.

결혼은 나를 바꾼 두 번째 중대한 사건이다. 내가 35세까지 결혼에 대한 별다른 의지를 보이지 않자 어머니가 초조해지셨나 보다. 결국 동생이 나서서 중매를 했다. 상대는 동생 직장 상사의 친구였다. 의지가 없는 것보다는 맘에 드는 이성을 못 만났다고 봐야 할 것이다. 그때 나는 이상형을 수첩에 적어 놓고 다녔으니 말이다.

처음 아내를 만났던 날은 비가 왔었다. 내가 좀 일찍 도착해서 기다렸다. 차가 많이 막혀 좀 늦는다는 문자가 왔다. 지금은 그렇지 않지만 당시 나는 시간 약속을 굉장히 중시했다. 그런데 인연이 되려 했는지 늦게 온 그녀가 싫지 않았다. 대화도 막힘없이 잘되고 사고방식과 가치관도 상당히 비슷했다. 배우자는 같이 성장할 수 있는 의식 있는 사람이길 바랐는데 그녀가 그런 사람인 것 같다는 생각이 들었다.

우리는 만난 지 9개월 만에 결혼식을 올렸다. 여느 부부와 마찬가지로 거쳐 가야 할 관문인 부부싸움이 시작되었다. 결혼생활 3년간 간헐적이고 격렬하게 싸우면서 아내가 싫어하는 점과 피하려고 하는 부분들을 알게 되었고 그 후에는 싸워도 금방 화해했다. "배우자를 이해하려 하지 말고 인정하라!"는 말이 있다. 많이 싸워 보니 그 이유를 알 것 같았다. 생물학적으로 다르다는 이유 때문에 사고 역시 같을 수 없음을 결혼한 후에야 조금씩 깨닫게 되었다. 남성호르몬과 여성호르몬의 비율 차이가 사고방식의 차이까지 만들 수 있다는 사실이 그저 놀라울 따름이다.

자녀의 출생은 세상을 바라보는 또 하나의 시각을 열어 주었다. 새벽 5시쯤 진통이 5분 간격으로 시작되었다며 아내가 나를 깨웠다. 준비해뒀던 가방을 챙겨 병원으로 급히 차를 몰았다. 담당 의사 선생님이 아직 시간이 걸릴 것 같다고 기다리게 했다. 첫 출산이라 두려움이 강해 무통 분만주사를 맞기로 결정했다. 새벽 6시부터 시작된 기다림은 밤 11시가 되어서야 본격적인 산통으로 나타났다. 밤 11시 29분, 각고의 노력 끝에 딸 현지의 울음이 우렁차게 들렸다. 열 달 동안 숨겨왔던 모습을 보게 되었다. 빨갛고 쪼글쪼글하지만 내 눈에 보이는 딸은 참으로 예쁘고 사랑스러웠다. 목숨을 걸고 생명을 세상에 내놓는 분만 과정은 그 어떤 수식어도 필요 없을 만큼 숭고했다. 이 감격스런 모습에 어찌 기쁨의 눈물을 흘리지 않을 수 있을까? 내 몸은 새 생명 탄생의 환희와 감사함으로 가득했다.

나는 아이의 반응이 신기하기만 하다. 가르쳐 주지 않았는데 혼자 울고 웃으며 자기감정을 표현한다. 젖을 주면 힘차게 빤다. 저 아이가 내 딸이다. 새 가족 구성원으로서 내가 평생 책임져야 할 생명체다. 이젠 모든 것을 아빠의 관점으로 먼저 보게 된다. 나보다 아이를 먼저 생각하게 된다. 누가 하라고 해서가 아니고 그냥 그렇게 된다. 아이가 울면 일어나서 왜 그런지를 살핀다. 배가 고픈지, 오줌을 싸서 그런 건지를 말이다. 나의 모든 것을 양보하게 되는 존재가 생기게 되었다.

인간의 뇌가 예측을 할 수 있다고는 하지만 이해하기 힘든 부분이 있다. 바로 '입장'이다. 엄마로서의 입장, 아빠로서의 입장 말이다. 결혼 전에는 부모님이 이해되지 않는 부분이 있었다. 그런데 아이가 태어나니 저절로 이해된다. 나를 키울 때 이런 마음이었겠구나 하는 생각이 든다. 나랑 똑같이 생기고 성향마저 닮은 내 딸을 보면서 거울을 보듯 내 어린 시절을 회상한다. 나의 어머니, 아버지가 나를 보았듯이 말이다. 인간은 같은 입장이 되어야만 비로소 이해할 수 있나보다.

시간이 지나면서 나에 대해 다시 한 번 생각하게 된다. 한의사로서 내 몸의 성장, 변화, 노화 등을 과학적 입장에서 찬찬히 살펴본다. 그리고 앞으로 미래를 대비해 어떻게 몸을 관리할 것인가를 생각할 수 있게 되었다. 그런데 쉽지 않은 것은 나를 인문학적 관점에서 바라보는 것이다. 40년 동안 나는 어떤 가치로 살아 왔는가를 되물어야 하기 때문이다. 인생의 큰 변화를 가져왔던 시점을 살펴보니 모든 감정이 섞여 있었다. 감정의 파도에 이리저리 흔들리며 살아왔다. 그런데 이제는 파도를 타고 이를 즐기며 살아야겠다. 내 꿈이 생겼기 때문이다. 꿈과 목표에 부합하는 가치를 찾았기 때문이다. 바로 작가로서의 꿈이다. 내가 아빠이자 한의사로서 살아오면서 배웠던 많은 지식과 경험을 아이를 키우는 분들과 나누고 싶다. 한 걸음 나아가 자라나는 아이들에게 용기와 희망을 줄 수 있는 메신저의 삶을 살고 싶다.

미래를 함께 설계하는
청소년 멘토 되기

초등학교 때를 회상하다 보면 항상 떠오르는 기억이 있다. 엄마는 "네 사주에 관이 많아서 너는 법관을 하면 좋대."라는 말씀을 하셨다. 그래서 친척어른께서 "너는 뭐가 되고 싶니?"라고 물으면 그것이 무엇을 하는 직업인지도 모르면서 "판사요."라고 대답했다. 되기 힘든 직업을 하겠다고 결심했으니 기특하구나 하는 표정으로 "꼭 되도록 열심히 공부해라."라고 말씀하셨다. 어머니로부터 주입된 희망은 초등학교를 졸업할 때까지 이어졌다. 어머니는 나를 법조계에서 일하는 사람으로 만들고 싶으셨나 보다. 당시 판검사는 부와 명예의 아이콘이었기 때문에 자녀가 그것을 택하길 바라는 것이 부모로서 당연한 일이라 생각했다.

그런데 직업군의 종류가 다양해지고 사회가 원하는 능력이 바뀌면서 직업 선호도가 많이 변했다. 지금은 저성장 시대로 진입과 경기 저하로 인해 기업들의 신규 채용이 줄어들면서 공무원, 선생님 등의 안정적인 직업이 선망의 대상이 됐다. 요즘 학생들이 진로 선택 시 직업군이 참 제한되어 있다는 것을 느낀다. 이것은 직업군의 정보량이 절대적으로 적기 때문이다.

직업에 대해 알아보고 경험해 볼 기회가 거의 없다 보니 대부분 부모님의 말에 의존하게 된다. 부모님의 머릿속에 있는 직업군은 부모님 세대에 소위 잘나가는 직업군이었다. 그런데 애석하게도 우리의 아이들이 직업을 선택할 나이가 되면 현존하는 직업의 절반 이상이 없어진다고 한다. 그러면 부모님들이 말씀하시는 직업들은 어떻게 될까? 의사, 판검사, 변호사, 회계사, 변리사, 약사, 펀드 매니저, 공무원 등의 직업군이 살아남기 위해서는 인공 지능 로봇보다 월등한 결과를 보여 주거나 다른 분야와 융합된 다른 모습으로 변모해야 할 것이다.

내가 중학생이 되었을 때 다른 희망 직업이 등장하게 되었다. 어느 날 신문을 보시던 아버지께서 말씀하셨다.

"한의사가 되면 돈도 잘 벌고 쉬고 싶을 때 쉴 수 있다는데?"

나는 마음대로 쉴 수 있다는 말에 끌려 한의사라는 직업을 택하게 되었다. 아주 단순한 이유로 말이다. 그런데 문제가 생겼다.

아버지가 말씀하셨던 때의 한의대 입학 가능 점수는 340점 만점에 270~280점 정도였다. 그런데 1991년 겨울 〈동의보감〉이라는 드라마가 방영되면서 상황이 바뀌었다. 300점 이상의 성적을 내야만 합격할 수 있는 인기 학과가 된 것이다. 그래도 그 꿈을 포기하지는 않았다. 그 직업이 드라마 덕에 더 멋있게 보였기 때문이다.

꿈은 욕구다. 뇌는 목표가 정해져야 더 활발하게 작동한다. 그래서 강렬하게 열망해야 이루어지기 쉽다. 드라마에서 허준의 손길만 닿으면 쓰러진 환자가 살아나는 모습은 그야말로 환상적이었다. 사실 학교 성적은 그 학과에 합격할 만큼 좋지 않았다. 그러나 '내가 어떻게 저기 갈 수 있겠어?'라는 생각보다 '저기 합격할 점수를 받아야겠다'는 생각이 더 컸다. 그래서 공부의 강도를 높이고 목표를 향해 달리게 되었다.

그런데 위기가 닥쳤다. 고3 때 짝사랑에 빠진 것이다. 학원에서 내 옆을 잠시 스쳐간 여학생이 심장을 요동치게 만든 것이다. 책을 펴면 떠오르는 그 학생의 얼굴 덕에 전혀 집중할 수 없었다. 찬 바람이 불고 정신을 차리니 시험을 며칠 앞두고 있었다. 나는 될 대로 되라는 심정이었다. 게다가 운명 역시 내 편이 아니었다. 시험 전날 새벽 1시 반에 잠을 청했지만 긴장한 탓에 3시 반에 잠들었다. 3시간 동안 잠시 눈을 붙이고 일어나 시험장에 갔으니 최상의 컨디션은 아닐 게 뻔했다. 점심식사 후 맞이한 3교시가 그해 입시에 종지부를 찍었다. 머리 위에서 따뜻하게 돌아가던 난방기 덕에 꿈나라에 다녀왔다. 눈을 떴을 때는 10분이 남아 있었고 답을 기다리는 문제들이 20개였다.

나의 이런 경험은 학생들에게 수면 상담을 할 때 요긴하게 쓰인다. 잠은 기억에 있어 굉장히 중요하다. 깊은 잠에 빠져 있을 때 낮 동안 생성되었던 기억이 대뇌로 이동해 오랜 기억으로 남기 때문이다. 그래서 수험생이더라도 6시간 이상 충분히 자라고 권한다. 또한 깊은 수면은 성장 호르몬의 분비와도 연관되므로 수면의 질적 문제도 신경 쓰라고 충고해 준다. 나의 쓰라렸던 한 번의 실수가 지친 수험생들에게 경각심과 웃음을 동시에 선사할 수 있음에 만족한다.

재수는 노량진 대성학원에서 했다. 고3 때의 학습이 견고하지 못했던 탓에 물리 과목은 나의 아킬레스건이었다. 이를 보충하고자 근처 다른 학원에서 다시 수강했다. 재수할 때 짝은 나보다 여섯 살 많은 형이었다. 어느 날 형이 어디를 다녀 오냐고 물었고 물리 학원에 다녀온 사실을 말했다. 그 형은 내가 고등학교 때 학원 교육을 많이 받았던 사실을 알고 있었는데 내게 이런 말을 툭 던졌다.

"학원이 너를 키웠구나!"

나는 이 말을 듣고 다소 충격을 받았다. 과거를 돌아보니 스스로 공부해 본 적이 없었다. 오기가 생긴 나는 수학을 스스로 공부해 보기로 했다. 1970년대 동경대 입시 문제 300문항을 답지를 보지 않고 혼자 풀어 보기로 했다. 첫 번째 문제를 푸는 데 3일이 걸렸다. 하루 종일 생각하고 또 생각했다. 도저히 생각이 안 나면 덮어 두고 딴 과목을 보다가 다시 문제를 보는 것을 반복했다. 두 번째 문제는 하루, 세 번째 문제는 세 시간 정도가 소요됐다. 점차 문제 푸는 속도가 빨라졌고 300문제를 거의 풀어갈 무렵에는 수학에 대한 큰 그림을 그릴 수 있었다. 이 과정이 있었기에 공부에 자신감을 조금 찾을 수 있었다.

고생 끝에 한의대 합격 소식을 듣게 되었다. 기쁨도 잠시, 대학 생활은 참 난감했다. 정답 없는 문제들이 나를 마구 괴롭혔다. 본인의 생각을 묻는 문제들이 더 그랬다. 답이 정해져 있는 문제도 책 3~4권을 찾아 봐야 알 수 있는 답들이었다. 아마도 대학에 가면 나와 같은 상황에 처할 학생이 상당수 있을 것이다. 우선 알고 싶은 내용을 끝까지 찾아볼 것을 권한다. 인간이 찾아낸 최신의 지식까지 말이다. 그리고 그 내용을 모두 담을 의식을 키워라. 한 문제를 다각도로 볼 수 있는 눈을 가질 수 있다. 다른 관심 분야도 같은 방식으로 알아 가면 된다.

나는 학생들에게 다음 세 가지를 강조한다.

"꿈을 가져라!"
"혼자서 끝까지 해내는 힘을 길러라!"

"몸 관리를 스스로 해라!"

요즘 학생들은 꿈이 없다고 말한다. 공부하느라 학원은 열심히 다니는데 앞으로 무엇을 하고 싶다는 생각이 없다. 그래서 가고 싶은 학과를 물어보면 "그냥 점수 나오는 대로 갈래요."라고 대답한다. 제발 점수에 인생을 맡기지 말자! 어릴 때 누군가에게 이야기하던 꿈, 희망, 직업을 가슴에 품자! 우리의 뇌는 목표가 있어야 움직인다. 그것도 약간은 어려운 듯한 목표를 세우는 것이 좋다. 힘들게 얻을 수 있는 목표여야 최선의 노력을 다하기 때문이다. 목표가 뚜렷해지면 달성을 위한 행동을 선택하고 집중하게 된다.

목표가 정해진 후에는 최선의 노력을 다하자. 반복, 반복 또 반복하며 성취해 내자. 인내의 근육을 키우는 것이 새로운 것을 창조할 수 있는 힘이 된다. 버틸 수만 있으면 목표는 곧 현실이 될 수 있기 때문이다. 하늘을 날고자 했던 인간의 열망이 오랜 인고의 세월 후에 비행기를 탄생시키지 않았던가.

내 몸은 내 것이다. 옆에서 부모님이 도와줄 수도 있지만 내 몸의 상태를 체크하고 관리하는 것은 전적으로 나의 몫이다. 음식, 수면, 운동 등을 통해 최상의 컨디션을 만들고 유지해야 최고의 생각이 탄생할 것이다. 기분 좋은 상태가 지속되어야 사고의 유연성이 커지고 서로 다른 여러 분야들이 융합되어 누구도 생각하지 못한 것을 만들어 낼 수 있다. 끝까지 해내기 위해서라도 체력은 필수 요건이 된다.

나는 지친 학생들의 어깨에 힘을 불어넣어 주고 싶다. 미래 사회에 대한 큰 그림을 보여 주고 꿈으로 가득한 사람이 되게 하고 싶다. 또 청소년들이 열정적으로 좋아하는 일을 신명나게 하는 사람이 되었으면 한다. 그래서 나는 미래를 함께 설계하는 청소년들의 멘토가 되고 싶다. 4차 산업혁명 시대에 앞으로의 삶을 디자인하며 내 경험과 지혜를 많은 학생들에게 전달하고 함께 꿈꾸며 동반 성장하는 작가, 강연가, 메신저로서의 삶을 희망한다.

대치동에 육아학교 세우기

어느 날 부모님 댁에 갔다가 집으로 돌아오는 길이었다. 시계 바늘은 밤 10시를 지나고 있었다. 차에서 항상 듣는 라디오에서 익숙한 아나운서의 목소리가 들렸다. 흘러나오는 가요를 흥얼거리며 좌회전 신호를 따라 핸들을 돌린 순간 아차 싶었다. 그곳은 대치동 학원가였다. 이 시간이 되면 자녀를 태우기 위해 부모님들이 가지고 나온 차로 도로가 꽉 막힌다. 신호가 몇 번이나 바뀌었지만 차는 움직일 생각을 하지 않았다. 교통체증 해결을 위한 양보는 절대로 없다. 그날 그곳을 빠져나오는 데 40분이 걸렸다.

왜 이렇게 학원가에 아이들이 많은 걸까? 무엇이 그들을 여기로 몰아넣었을까? 바로 고입 또는 대입 준비 때문이다. 부족한 과목을 보충하기 위해 실력 좋은 강사를 찾는 것은 당연하다. 좋은 대학을 가고자 하는 욕구 역시 응원하고 싶다. 그런데 그 이유를 듣고 나면 다소 충격적이다. 소위 명문대를 나오면 미래를 보장받을 수 있다고 생각하는 믿음이 아직도 존재하는 것 같다. 예전에는 대학이 고급 정보를 갖는 교육 기관이었다. 그러나 인터넷 기반의 정보화 사회에서 더 이상 대학은 정보의 독점권을 갖지 못한다. 명문 대학 졸업이라는 스펙도 인사 담당자들의 관심을 끌기에는 한참 부족하다. 이러한 현실적인 문제 해결을 위해 5가지의 전제 조건이 필요할 듯하다.

첫째, 능동적 욕구를 살려 주자. 수동적인 교육이 초등, 중등, 고등학교에서 12년 이상 이뤄진다. 이 기간 동안 마음속에서 끓어오르던 욕구는 잠재워진다. 막상 대학을 들어가도 이것은 살아나지 않는다. 아이들의 학원 스케줄을 들어 보면 숨이 막힌다. 나도 학원을 적지 않게 다녔으나 요즘 학생들에 비하면 새 발의 피다. 오랜 시간 동안 어쩔 수 없이 묻히게 되는 열정과 꿈들이 안타깝다. 대학이 목표가 아니라 꿈이 목표가 되어야 한다. 자신의 희망에 투자할 수 있도록 학생들을 도와야 한다.

나 역시 대학이 목표가 아니었다. 최고의 치료 기술을 가진 한 의사가 꿈이었다. 그래서 해당 학과를 입학하기 위한 점수를 얻기 위해 적극적으로 공부했고 입시를 잘 마쳤다. 당연히 어려움은 있었다. 그러나 꿈이 있었기에 지치지 않고 공부했다. 졸업 이후에도 끊임없이 임상 실력 향상을 위해 치료 기술을 공부했었다. 좋은 책과 강의 그리고 스승이 있는 곳이라면 열일을 제쳐두고 달려갔다. 본인의 의욕적인 자세만이 미래를 개척할 수 있음을 학생들이 알았으면 한다.

둘째, 매일 운동할 수 있도록 시간을 만들자. 내가 중·고등학교를 다닐 때는 체육시간이 일주일에 2회 정도 있었다. 요즘 학생들은 그조차도 다른 과목으로 대체된다고 한다. 나는 본의 아니게 중학교 2학년 때 하루 3~4시간의 운동을 했다. 구청에서 주관하는 단체 체조 경기 출전을 목표로 학교 팀에 차출되었기 때문이다. 내가 원한 것이 아니어서 훈련이 더 힘들게 느껴졌었다. 당연히 시험 공부할 수 있는 시간도 줄었다. 그런데 아이러니하게도 전교 석차 10%대에서 1~2%대로 성적이 향상되었다. 운동을 하면 연합사고력을 담당하는 전전두 영역으로의 혈액순환량이 증가될 수 있다. 사고력이 향상되면 집중력도 함께 좋아진다. 아울러 끝까지 해내는 지구력도 생긴다.

셋째, 손으로 쓰는 학습이 될 수 있게 하자. 인간은 손가락을 자유롭게 쓰는 특징을 가지고 있다. 뇌에 우리 몸을 인식하는 영역을 그려 놓은 것을 '호문클루스'라고 한다. 이 그림에서 손이 차지하는 부위가 가장 크다고 할 수 있다. 반대로 손을 사용하지 않으면 자극받는 뇌의 부위가 상당히 줄어든다고 할 수 있다. 그런데 초등학교 때부터 수업을 파워포인트를 사용해서 진행함으로써 손을 사용할 기회가 적어졌다.

한의원에서 초등학교 학생들과 과학적 사고의 폭을 넓히는 세미나를 몇 개월간 해봤다. 그런데 공통적인 특징을 발견했다. 필기를 하지 않는다는 점이었다. 물론 당장 시험에 출제되는 것이 아니기 때문에 그럴 수 있다고 생각했다. 그래서 그 연령대의 자녀를 둔 부모님들께 여쭤 보니 요즘 아이들은 노트에 잘 기록하지 않는다는 것이었다. 게다가 중학생들도 1년 동안 사용하는 노트가 5권이 채 되지 않는다고 한다. 손을 쓰면서 뇌가 활성화되고 개념을 정리할 수 있는 기회를 놓친다는 사실이 너무 안타깝다.

나는 지금도 과학 과목을 공부할 때 해당 그림과 내용을 따라서 그리고 쓴다. 이 방법이 다소 느리고 귀찮게 느껴질 수 있다. 하지만 이 과정에서 새로운 아이디어가 떠오르거나 어려웠던 내용이 이해되는 경우가 많다.

넷째, 창조적인 사고를 할 수 있게 하자. 대학 입시 과목은 학습을 위해 가장 기본적으로 해야 하는 과정이다. 이것을 10여 년 동안 반복하는 것은 지나친 시간 낭비라 생각한다. 창조적인 일을 위한 지식을 채워 넣고 이를 활용할 수 있는 방안을 모색하는 것이 더 중요할 것이다. 빅 데이터를 처리하는 기술, 여러 가지 개념을 통합하는 기술, 감성적인 면을 기존의 제품이나 서비스에 가미하는 기술 등이 미래 사회에서 더 필요하다.

뇌를 100% 활성화할 수 있다면 새로운 생각을 떠올리기에 좋을 것이다. 그런데 뇌신경의 기능은 넓은 의미에서 감각과 운동으로 나뉜다. 음악, 미술, 체육 등의 예술 분야를 배우면 두 가지를 모두 자극할 수 있다. 레오나르도 다빈치는 과학, 수학, 건축, 토목 등에 뛰어났고 음악과 미술에서도 천재성을 나타냈다. 아인슈타인도 최고의 물리학자임과 동시에 뛰어난 바이올리니스트였다. 뛰어난 천재성의 이면에 예술적 감각이 어느 정도 연관성이 있음을 추측할 수 있다.

다섯째, 경제 개념을 갖추도록 하자. 나는 마흔이 넘어서야 경제에 관심을 갖기 시작했다. 전공 학습에만 시간을 많이 들이다보니 그 분야를 생각한 거를이 없었다. 가끔 후회하는 섬이기노 하다. 그러나 지금이라도 시작했음을 다행이라 생각한다. 그래서 아이들에게는 아주 어릴 때부터 그 개념을 갖게 해 주고 싶다. 본인의 인생을 설계하는 데 있어 '돈'이라는 요소를 빼놓을 수 없기 때문이다. 계획하고 방향을 정해 금융 활동을 습관화하는 것이 앞으로의 삶을 윤택하게 해 줄 것이다.

나는 이러한 다섯 가지가 아이들에게 필요하다고 생각한다. 그러나 이를 실현해 줄 곳은 어디에도 없다. 이를 위해 나는 육아학교를 설립하고 싶다. 기왕이면 상징적인 의미에서 학원 교육의 메카인 대치동 한복판에 세우고 싶다. 아이들이 행복한 미래를 맞이했으면 하는 바람에서 꼭 필요하다고 생각한다. 그래서 부모님들을 위한 학교를 만들고자 한다. 부모님들 대상으로 교육을 해보니 현실적인 문제가 너무 많다는 것을 느꼈다. 학원 교육을 한번 시작하면 벗어나기가 힘들다. 학교를 다니면 이미 1~2개의 학원을 다니고 있으니 새로운 개념의 교육이 힘을 발휘하기 힘든 현실이다. 그래서 미취학 아동을 둔 부모, 출산을 앞둔 예비 엄마아빠 혹은 애기를 갖으려는 부부들에게 교육하는 것이 가장 큰 효과를 거둘 수 있을 듯하다.

아이를 키울 때 수동적인 아이로 키우고 싶은 부모는 한 명도 없을 것이다. 스스로 자기 목표를 세우고 열정적인 노력을 기울이는 사람이 되기를 꿈꾸고 있을 것이다. 그러면 앞으로 다르게 교육해야 한다.

첫째, 무엇보다 욕망을 살려 주자. 본인이 하고 싶은 것을 해야 멈추지 않고 지속적으로 할 수 있다. 둘째, 체력 향상이 필요하다. 끝까지 해내는 힘을 갖기 위해서다. 셋째, 손을 사용케 하자. 손은 뇌를 활성화시키는 가장 효과적인 부위다. 넷째, 창조적 사고가 가능하게 하자. 앞으로는 예술적 감수성을 기반으로 여러 개념을 융합하는 기술이 필요한 시대다. 다섯째, 경제 개념을 심어 주자. 미래를 차분히 대비할 수 있도록 금융 활동을 생활화해야 한다. 불확실한 미래를 스스로 책임질 수 있는 경제적 기반과 습관이 필요하다. 이러한 내용들로 육아학교를 만든다면 부모님들의 고민을 다소 덜어드릴 수 있지 않을까 생각된다. 대치동에 육아학교를 설립하기 위해 계속 열망하고 꿈을 꾸는 오늘이 행복하다.

피아노를 연주하는 한의사 되기

3년 전 지인을 만나기 위해 K대학교에 갔었다. 교내에 있는 카페에서 만나기로 했는데 만날 장소를 찾다가 아름다운 피아노 선율에 멈출 수밖에 없었다. 스피커를 통해 나오는 소리가 아닌 듯했기에 디디오 기를 기울였다. 미녀 시이렌의 노래 소리에 홀린 뱃사람처럼 피아노 소리가 들리는 곳으로 나도 모르게 걸음을 옮겼다. 넓은 공간에 놓인 검은색 그랜드 피아노에서 모차르트의 피아노 소나타가 연주되고 있었다. 나는 정신을 잃고 피아노 연주가 끝날 때까지 그 자리에 서 있었다.

아마도 이 학교 학생인 듯했다. 두꺼운 안경알 너머로 보이는 반짝이는 눈동자는 곡에 완전히 집중한 모습이었다. 피아노를 치는 모습이 참 멋져 보였다. 연주를 끝내고 그는 어디론가 유유히 사라졌다. 그러나 잔잔한 여운이 남아 나를 움직이지 못하게 했다.

그렇다! 나는 피아노를 잘 치고 싶다는 소망을 가지고 살았었다. 멋진 곡을 연주하고 때로는 피아노를 치며 노래를 부르는 상상을 하곤 했었다. 그 학생 덕분에 내가 하고 싶었던 것을 다시 떠올릴 수 있었다.

나는 초등학교 3학년 때 피아노를 배우다가 하기 싫다는 이유로 1년 만에 그만뒀었다. 그렇게 쉽게 포기했던 피아노를 왜 지금 다시 배우고 싶은 걸까? '르네상스인'이 되고 싶은 욕망이 생겼기 때문이다. 중세시대에 기독교적 세계관이 붕괴되면서 모든 분야에서 새로운 의미와 가치를 찾는 르네상스 운동이 시작되었다. 그때 과학, 문화, 예술 등의 모든 학문 분야를 통합해서 창조적 활동을 해왔던 사람들을 르네상스인이라고 부른다. 4차 산업혁명의 시대에 우리 인류에게 꼭 필요한 인간상이 르네상스인이라고 생각한다.

4차 산업혁명은 정보통신기술이 기존 산업과 신기술에 결합한다. 모든 제품과 서비스가 서로 연결되고 사물을 지능화하는 놀라운 세상이 펼쳐진다. 이런 사회에서 우리는 어떤 위치를 차지해야 할까? 인공지능로봇에게 나의 직업을 내어 주며 증발하듯 사라져야 할까? 나의 일을 지속시키는 길은 단순한 버티기 전략으로는 불가능해 보인다. 변해야 한다. 그래서 나는 르네상스인이 되고자 한다. 모든 것을 통합해서 새로운 가치를 창조해 내는 사람으로 거듭나야 한다. 그러기 위해 나의 뇌를 다시 디자인해야 한다. 잠자고 있던 능력을 깨워 내야 한다. 어떻게 해야 잠자고 있는 나를 깨울 수 있을까?

첫째, 운동을 해야 한다. 운동을 하면 전전두영역으로 혈액순환량이 늘어난다. 이로써 이 부위 기능인 통합사고력이 향상된다. 아울러 팔다리를 많이 움직이게 되면 뇌의 신경 연결이 많아지는데 이는 도로가 많이 생기는 것과 같다. 도로망이 충분하면 사람과 물자가 많아지더라도 원활히 움직일 수 있다. 운동선수 생활을 했던 사람들이 공부의 길로 들어서서 성공한 이유이기도 하다.

대학 후배 중에 P원장은 축구 선수 출신이다. 고등학교 1학년 때까지 축구 선수였는데 예상치 못했던 부상으로 선수 생활을 마감해야 했다. 그는 당시 가장 인기가 좋았던 한의학과에 진학할 것을 꿈꾸었다. 지금까지 공부를 해 본 적이 없는 까닭에 너무 과한 목표라는 이유로 주변의 비웃음을 샀다. 그러나 보란 듯이 공부에 매진했고 2003년에 단번에 합격했다. 더 놀라운 것은 2003년도는 한의대 입시 커트라인 성적이 가장 높았던 때였다는 점이다. 쉬운 영어단어 하나도 제대로 몰랐던 그가 수능에서 고득점을 받을 수 있었던 배경은 운동을 통해 뇌의 신경연접이 많이 늘어났기 때문이다. 늘어난 신경망을 통해 공부한 정보들이 다양하게 연결되면서 효율성을 극대화한 것이다. 운동이 건강을 위한 해결책 이상임을 보여 준다.

둘째, 밝혀진 모든 지식의 끝을 공부해야 한다. 현재 연구 중인 내용까지 알 수 있다면 새로운 아이디어를 생각해 낼 수 있기 때문이다. 공부한 내용을 능숙히 암기할 정도가 되면 더 좋겠다. 생각을 계속 이어나갈 수 있으니 말이다.

나는 심도 있는 과학을 공부하기 위해 〈137억 년 우주의 진화〉라는 강의를 듣게 되었다. 그날 공부했던 부분은 암석학에 대한 부분이었다. 돌의 생로병사를 분자식으로 풀어서 설명하는 강의였다. 칠판 가득히 전개된 수식은 처음 보는 단어들로 가득 채워졌다. 머리를 뭔가로 얻어맞은 듯한 충격이 강의가 끝난 뒤에도 지속되었다.

놀람을 뒤로하고 그 강좌에서 오랫동안 공부를 해 왔던 선배들에게 물었다. 어떻게 해야 이 내용을 이해할 수 있냐는 질문에 "일단 모두 암기하세요."라는 대답을 들었다. 30번을 필사하면서 외웠다. 이렇게 12회의 강좌가 끝나고 나는 신기한 경험을 했다.

사람 몸에는 산과 염기 평형을 조절하는 기전이 있다. 이를 생리학이 아닌 암석학을 통해서 이해할 수 있었다. 아울러 인체뿐만 아니라 지구적 차원에서 일어나고 있는 일임을 알게 되었다. 그리고 이 사실을 전공분야인 한의학까지 확장할 수 있었다. 석고,

활석, 모자석 등의 약재들을 전통 한의학 방법이 아닌 지사학, 지구과학, 생화학 등의 관점으로 이해할 수 있었다. 그 이해를 바탕으로 스트레스 질환을 치료하는 데 활용해서 환자들에게 큰 도움을 주고 있다. 치료율도 예전에 비해 훨씬 높아졌다.

셋째, 감각을 키워야 한다. 우리의 시각, 청각, 촉각은 감각기관을 통해 뇌를 자극하고 앞머리에서 통합된다. 통합된 감각 정보는 다음에 들어오는 감각 정보의 비교와 판단을 위해 다시 쓰인다. 나에게 가장 발달이 덜된 부분은 무엇일까? 청각이다. 세상의 소음에 시달려 내가 듣고 싶은 것만 듣게 되었다. 아름다운 자연의 소리, 내가 사랑하는 사람들의 목소리를 놓치는 것이 너무 안타깝다. 이를 해결하기 위해 귀를 훈련시켜야겠다. 이것은 음악으로 가능할 것 같다.

처음 시작은 피아노가 좋겠다. 피아노 건반을 두드릴 때 손끝의 촉감을 좋아하기 때문이다. 그리고 왼손과 오른손이 동시에 움직여 나오는 소리의 어울림이 귀를 즐겁게 한다. 음악은 묘한 자극이 있다. 책을 봤을 때 머리에서 느껴지는 감동과는 또 다른 희열이 있다. 눈으로 악보를 이해하고 손을 사용해서 낸 소리를 귀로 듣는다. 이 일련의 과정은 눈과 손가락, 귀 그리고 내 머리를 촘촘하게 엮는 듯한 느낌을 받는다. 한 곡이 완전히 연주되었을 때의 감동이 온몸으로 퍼져간다. 이로써 내 몸이 하나로 깨어난다.

아인슈타인은 바이올린, 리처드 파인만은 봉고 드럼, 하이젠베르크는 피아노에 조예가 깊었다고 한다. 노벨상을 받을 정도의 뛰어난 과학자도 외골수처럼 한가지만을 한 것은 아니다. 다른 감각을 키워 뇌의 전반적 발달을 유도한 것이 아닐까? 음악에 대한 조기 경험은 감정, 언어, 지능 등의 뇌 기능에 영향을 끼친다고 알려져 있으니 말이다. 나를 깨울 수 있는 첫 번째 감각이 청각인 이유다. 어릴 때는 수동적인 자세로 음악을 배웠지만 이제는 내 의지로 소리와 운율을 만들어내고 싶다.

우연히 듣게 된 피아노 연주가 내가 되고 싶었던 인간상인 르네상스인을 생각하게 했다. 앞으로 펼쳐질 미지의 세상을 맞이하는 나의 모습은 있지도 않은 거인을 공격하는 돈키호테처럼 보일지도 모른다. 하지만 미래 사회는 '통합'과 '감성'의 능력이 생존을 좌우하는 요소가 될 것 같다. 운동을 통해 뇌의 신경 연접들을 많이 만들어야 한다. 신선한 생각을 만들어낼 수 있는 하드웨어를 구축하는 것이다. 그리고 지식의 끝을 공부하고자 한다. 인류가 찾은 현재까지의 결론을 바탕으로 창의적 생각의 발판을 삼기 위해서다. 마지막으로 감각을 풍부하게 살리고자 한다. 감각 자극으로 뇌의 다양한 부위가 활성화된다. 청각을 첫 대상으로 정했고 이를 훈련시키고자 피아노를 친구로 삼으려다. 이로써 '피아노를 연주하는 한의사'의 꿈이 시작되었다.

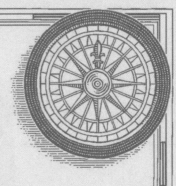

PART 5

미혼모·미혼부 후원단체
설립하고 세계적인
동기부여가 되기

· 허 로 민 ·

허로민 농협 직원, 대박가게 코치, 동기부여가, 자기계발 작가

10년 차 농협 직원으로서 수많은 자영업자들을 고객으로 상대하면서 그들의 가게 경영 노하우에 대해
보고 듣고 느낀 점을 담은 개인저서를 집필 중이다. 대박 나는 가게 경영에 대한 노하우를 전수하는 대
박가게 코치로 활동하고자 한다. 현재는 인생에서 얻은 경험과 깨달음을 바탕으로 선한 영향력을 끼치
는 동기부여가로 활동 중이다.

E-mail qtootp@naver.com   Blog qtootp.blog.me

동기부여가가 되어
전 세계 강연하러 다니기

나는 대학 1학년 겨울방학 때 한 달 내내 아르바이트를 해서 모은 돈 80만 원을 들고 난생처음 해외여행을 갔다. 고등학교 때 친구가 이민을 가서 살고 있는 일본으로 여행을 갔다. 그때 공항 도 처음 가 보고 비행기도 처음 타 보았다. 처음 공항에 갔을 때 설레었던 그 느낌을 14년이 지난 지금도 잊지 못한다. 커다란 여행 가방을 메고 오가는 사람들, 서류가방을 들고 다니는 사람들, 다양한 모습으로 분주하게 움직이는 사람들이 나에게는 신선한 느낌으로 다가왔다. 그런 모습을 보는 것만으로도 즐거웠다. 아직도 공항이라는 단어만 들어도 마음이 설렌다. 직업을 택하게 될 때 해외출장을 오가는 직업을 선택해서 자주 비행기를 타고 싶다는 생각을 그때부터 늘 해왔다.

일본에 사는 친구 집 방문이 내 인생의 터닝 포인트가 되었다. 고등학교 2학년 때 이민을 간 친구는 그전까지 공부에 관심이 없었던 친구였다. 그런데 일본으로 이민을 가서 일본어능력시험 JPT 1급을 따고 일본인들과 막힘없이 대화하던 모습에 나는 적잖은 충격을 받았다. 그때까지 나는 앞으로의 진로나 살아갈 방향에 대해 크게 고민한 적이 없었는데 항공사에 취업하고 싶어 했던 친구는 그렇게 한 걸음씩 노력하고 있다는 것이 피부로 느껴졌기 때문이다.

여행을 마치고 집으로 돌아와서 깊이 생각했다.

'지금 내 자리에서 남들에게 떳떳하게 말할 수 있고 부모님께도 자랑스러운 딸이 될 수 있는 방법은 무엇일까?'

공무원 준비생이 250만 명인 지금도 마찬가지겠지만 14년 전에도 공무원 시험 경쟁률이 치열했었다. 그만큼 사회적으로 인정받는 직업이었기에 나도 공무원 시험을 준비했다. 결과적으로 두 번의 시험이 실패로 끝났지만 얻은 것은 인생을 허투루 살아서는 안 되겠다는 마음가짐이었다.

알코올중독자에서 노숙자로, 다시 노숙자에서 두부공장 사장으로 재기한 사람이 있다. 알코올중독으로 가족과 삶의 모든 것을 잃은 채 살아가던 김동남 씨는 노숙인 쉼터 시설장님의 믿음 덕분에 두부공장 사장으로 재기할 수 있었다. 노숙인 시절 술을 끊겠다던 반복된 거짓말에도 끊임없이 믿어 주며 두부를 만들어 보지 않겠냐는 제안을 했다는 것이다. 죽음의 문턱에서 인간답게 살아보겠다는 마음으로 새로운 인생을 선택했다는 김동남 씨는 숱한 시련을 이기고 재기에 성공했다. 그리고 지금은 예전의 자신처럼 소외되고 생활이 어려운 사람들이 일할 수 있는 사회적 기업으로 성장시켰다.

《그러니까 당신도 살아》의 저자 오히라 미쓰요는 학창시절 왕따를 당해 할복자살을 시도했고 비행청소년이 되었다. 열여섯이라는 어린 나이에 야쿠자의 아내가 되었다. 하지만 얼마 못 가서 이혼을 하고 클럽에서 호스티스로 일하며 살아가고 있었다. 그러던 중 클럽에서 우연히 아빠 친구를 만나게 되면서 설교를 듣게 되었다. 학창시절 왕따를 시킨 친구들에게 복수하는 길은 보란 듯이 꿋꿋하게 일어서는 것이라는 말 한마디로, 현재 비행청소년 갱생에 힘쓰는 변호사가 되었다.

인생의 나락으로 떨어졌다가 자신을 믿어준 사람의 한마디 말로 인해 원래 있던 위치보다 더 높은 곳으로 올라갔던 사람들의 이야기다. 김동남 사장님이나 오히라 미쓰요 변호사 곁에 믿어 주고 이끌어 주는 사람이 없었다면 인생이 어떻게 달라졌을까? 언제 누구를 만나느냐는 인생의 중요한 전환점이 될 수도 있다는 것을 시사한다. 가정의 불화 또는 평탄치 않은 학교생활로 인해 방황하는 학생들과 사회에서 낙오자로 힘들게 살아가고 있는 사람들에게 다시 일어설 수 있는 용기를 주는 동기부여가가 되고 싶다.

나는 24세에 농협에 처음 입사해서 카드 발급과 보험영업 업무를 배정받았다. 매달 실적 압박은 오지만 상품을 추진하는 방법을 몰랐다. 그리고 남들에게 아쉬운 말을 하는 것도 쉽지 않아 하루하루 가슴 졸이며 지냈던 적이 있었다. 그때 상사가 회사에서 무섭기로 소문난 지점장님이었는데 내 실적표를 보시더니 "잘할 것 같은데 왜 안 하지?"라고 말씀하셨다. 지점장님은 무심코 던진 말이었는지 몰라도 "나도 잘할 수 있구나, 나의 잠재 가능성을 보시는 분이 있구나."라는 번쩍거리는 깨달음이 있었다. 그때부터였다. 배정받는 목표는 어떻게든 채우려고 노력했다. 카드상품의 장단점을 공부해서 발급 가능한 고객 리스트를 작성하고 실적을 올려서 목표를 달성할 수 있었다.

보험수수료 실적을 달성하기 위해서 회사게시판에 올라온 상품 동영상을 다운받아 퇴근 후 공부를 했다. 상품의 내용을 요약해서 적어 보고 프린트해서 목표를 잊지 않도록 내 방 벽면에 붙여 출퇴근 시 보면서 스스로에게 상기시켰다. 주말에는 농협 최고 세일즈맨이 개인적으로 주최하는 교육에 비용을 내고 왕복 3시간이 소요되는 거리도 마다하지 않고 찾아가서 배웠다. 내방하는 고객님의 상황에 맞게 권유한 결과 어렵지 않게 목표를 달성해서 급여만큼 보험 권유비를 받았던 적이 있다.

고객에게 상품을 권유하고 성사되었을 때의 쾌감은 말로 표현할 수 없을 만큼 보람 있고 스스로가 자랑스럽게 느껴졌다. 거절 당했을 때의 실망감도 있었지만 실적 때문에 하루하루 가슴 졸이며 일할 때보다 힘들지만 노력해서 목표 달성이라는 좋은 결과를 얻으니 직장생활이 재밌어졌다. 지점장님의 한마디 말로 답답했던 직장이 즐거운 일터로 바뀐 것이다.

중학교 3학년 때 두발단속이 있었지만 머리를 노란색으로 염색하고 장발로 기르고 다니며 수업시간에는 늘 잠만 자던 같은 반 남학생이 있었다. 친구관계도 좋지 않아 늘 혼자 다니고 항상 무표정한 얼굴을 하고 있던 반항적인 친구였다. 그 친구는 담임선생님의 계속된 지적에도 꿈적하지 않았다. 하지만 몇 개월 동안 포기하지 않고 끊임없이 부드러운 음성으로 타이르시던 선생님 말씀에 어느 순간 반응하기 시작했다. 졸업할 즈음엔 단정한 옷차림으로 등교하고 수업시간에는 바른 자세를 유지하고 표정도 한결 밝아진 모범생으로 변해 있었다. 표정과 성격 모두 밝아진 모습으로 변한 친구가 너무 신기했다. 그 친구를 좋은 방향으로 변하게 만든 선생님이 정말 대단하시다는 생각이 들었다.

이렇듯 나도 내 인생에서의 경험으로 누군가의 인생에 선한 영향을 미치는 사람이 되고 싶다. 현재 상황이 힘들고 어려운 사람들에게 살아갈 힘과 용기를 주는 동기부여가가 되어 전 세계를 다니며 강연하는 모습을 그려 본다.

부모님 은혜에 보답하기

내가 성장하고 결혼하기 전까지 살았던 곳은 면 단위 지역이다. 초등학교 저학년 때 그림그리기를 좋아했었는데 살던 곳에는 미술학원이 없었다. 그래서 어머니는 버스를 타고 40분을 가야 하는 읍에 있는 미술학원까지 나를 데리고 가서 교육을 시키셨다. 초등학교 1학년 때였는데 처음 한두 번은 어머니가 직접 데려다 주셨고 그 이후로는 나 혼자 버스를 타고 다녔다. 버스정류장에 내려서 5분 정도 걸어서 학원에 도착했던 기억이 난다. 지금 생각해 보니 어린 나를 혼자 버스에 태우고 학원에 보내셨던 어머니가 대단하시다는 생각이 든다.

어머니는 우리 삼남매를 매우 독립적으로 키우셨다. 초등학교

2학년 때 다녔던 주산학원과 5학년 때 다녔던 컴퓨터 학원 등 내가 배우고 싶어 했던 학원은 모두 직접 가서 수강 등록을 하게 하셨다. 아버지와 같이 가게를 운영하셨던 어머니는 시간적 여유가 많아 나와 함께 가서 등록을 해 주셔도 되었지만 독립심을 길러 주기 위해 혼자 가서 설명 듣고 학원 등록을 하게 하셨던 것이다.

동생들도 마찬가지였다. 두 살 터울의 남동생은 초등학교 5학년 때부터 테니스를 취미가 아닌 선수로서 배우기 시작했다. 그때부터 우리 가족과는 떨어져서 숙소생활을 하며 지냈다. 동생은 부모님의 직접적인 보호에서 벗어나 혼자 생활하게 되면서부터 또래 친구들보다 일찍 철이 들었다.

어머니가 우리 삼남매의 독립심과 자립심을 길러 주셨다면 아버지는 다양한 체험으로 교육시키셨다. 그때 학교 친구들은 한 번도 가보지 못했던 공룡박물관을 수차례 가서 체험학습을 했다. 겨울이면 눈썰매장을, 여름이면 바닷가나 계곡을 가는 등 가족과 함께 갈 수 있는 여행을 또래 친구들보다 많이 다녔다. 그래서 어린 시절을 떠올리면 우리 가족이 함께했던 좋은 추억이 떠오르고 흐뭇한 미소가 지어진다. 부모님은 풍족한 가정형편은 아니었지만 삼남매를 잘 키우기 위해 노력하셨고 그런 점을 알기에 부모님이 자랑스럽고 존경스럽다.

초등학교 때 수업이 끝나고 갑작스레 비가 오는 날이면 친구들은 우산이 없어 집으로 돌아가는 것을 걱정했다. 하지만 나의 어머니는 어김없이 교문 밖에서 우산을 들고 서 계셨다. 어린 마음에 친구들과 비를 맞으며 장난치고 싶어서 어머니가 우산을 준비해 온 것을 싫어했던 기억이 난다.

누구나 그렇지만 나도 부모님을 생각하면 가슴이 뭉클해지고 눈시울이 붉어진다. 나는 중학교 2학년에 올라가면서 사춘기가 시작되었다. 중학교 1학년 때까지는 학교 성적이 상위권이었고 아주 활발했던 소녀였다. 하지만 사춘기를 겪으면서 얼굴에 여드름이 나기 시작하더니 성격이 많이 예민해지고 무엇을 하든 부정적인 생각이 들면서부터 성적이 많이 떨어졌다. 투정 부리고 짜증 부리던 나의 성격을 어머니는 화도 한 번 내지 않으시고 이해해 주시면서 묵묵히 참아 주셨다.

하루는 학원 수업이 끝나고 집에 갔는데 어머니가 담임선생님과 심각하게 말씀을 나누고 계셨다. 어머니의 표정이 좋지 않아 나에 대한 걱정스런 이야기일 거라 짐작했다. 내가 어머니의 마음을 많이 아프게 하고 있구나 하는 생각이 들면서 차츰 사춘기의 예민함이 줄어들었다. 우여곡절을 겪은 끝에 사춘기는 1년쯤 겪다가 끝이 났다. 지금 생각해도 그 시절의 나는 부모님께 불효자였다. 살아가면서 효도를 많이 해야겠다는 생각이 든다.

《시경》의 내용 중 "아버님 나를 낳으시고, 어머님 나를 기르셨네. 애틋하고도 애틋한 우리 부모님이여! 나를 낳아 기르느라 애쓰셨다네. 그 큰 은혜를 갚으려고 해도 하늘처럼 높고 높아 끝이 없다네."라는 구절이 있다. 부모님의 높고 높은 은혜를 어찌 다 갚을 수 있을까?

중국 초나라에 노래자라는 효자가 있었다. 효심이 지극해 나이 칠십이 되어서도 어버이를 기쁘게 해 드리기 위해 색동옷을 입고 재롱을 부렸다고 한다. 나는 과연 부모님에게 효성 깊은 딸인가? 스스로에게 반문해 본다. 자식이라는 이유로 부모님의 보호 아래 응석부리고 투정 부릴 줄만 알았던 나는 결혼을 하고 출산을 하게 되면서 부모님의 마음을 조금이나마 헤아릴 수 있었다.

응애응애 울음소리 나면 배고파서 그럴까, 아니면 어디가 불편해서 그럴까, 말 못하는 갓난아기가 얼마나 괴로울까 하는 생각에 안쓰럽다. 엉금엉금 기어 다니게 되면 갑자기 쿵 하고 부딪히지 않을까 전전긍긍하게 되고, 아장아장 걸음마를 시작할 땐 넘어져서 다치지 않을까 노심초사하게 되는 것이 부모 마음이리라.

옹알이를 하며 눈 마주치며 방긋 웃어 주고 아장아장 걸음마를 시작할 때 부모님을 향해 걸어가는 모습을 보이며 기쁨을 줬던 것이 벌써 효도를 다 한 것이나 마찬가지라고 부모님은 말씀하셨다. 우리 삼남매를 남부럽지 않게 키우기 위해 좋은 옷 입히고 좋은 음식 먹이셨던 부모님의 은혜에 보답하고 싶다. 그리고 나 또한 훗날 자녀에게 "어머니, 저를 바르게 키워 주셔서 감사합니다."라는 말을 듣는 부모가 되고 싶다.

나는 스물두 살에 호주로 워킹홀리데이를 가기 위해 1년 동안 준비한 적이 있다. 영어학원에 다닐 형편이 안 되어 새벽 6시에 하는 EBS 영어교육방송을 청취하며 영어공부를 했다. 경비를 마련하기 위해서 학교 도서관 사서 밑에서 조수로 일하는 근로 장학생을 1년간 하면서 번 돈을 생활비로 쓰고 200만 원을 모았다. 100만 원은 호주행 왕복 티켓을 끊었고 나머지 100만 원 중 10만 원은 혹시 모를 사고에 대비하기 위해 워킹홀리데이 단기성 보험에 가입했다. 그리고 남은 돈 90만 원으로 워킹홀리데이를 떠났다.

호주 전역을 여행하기 위하여 호주에 도착하자마자 아르바이트를 시작했다. 새벽 4시에 일어나서 피자가게 청소를 하고 오전부터 오후까지 초밥가게에서 판매를 했다. 피자가게 청소는 가게가 끝나는 밤 10시 이후부터 장사가 시작되는 다음날 오전 9시 전까지 내가 원하는 시간에 가서 청소를 끝내기만 하면 되었다. 밤에 거리를 다니는 것이 무서워서 밤 시간 대신 새벽시간을 택해서 청소를 했다. 그리고 오전 7시부터 초밥가게에 일하러 가야 했기 때문에 새벽 4시에 일어나서 피자가게 청소를 했던 것이다

초밥가게에는 오전 7시에 출근해서 초밥을 만들어서 진열을 했고 그날 판매할 음료를 음료판매처에 전화를 걸어 주문을 했다. 오전부터 오후까지 초밥을 판매하는 일을 했다. 타지에서 아르바이트를 하며 열심히 생활했다. 가 보지 못한 곳을 여행하겠다는 목표가 있고 한국에서 해 보지 못했던 경험을 호주에서 해 본다고 생각하니 일하는 것이 힘들게 느껴지지 않고 즐거웠다.

같은 워킹홀리데이 비자로 와 있던 한국인 중에는 나와는 반대로 부모님이 보내 주시는 용돈으로 편하게 생활하며 여행 다니던 청년들도 많았다. 그런데 이상하게도 그들이 부럽다거나 나의 부모님이 원망스럽다는 생각은 들지 않았다. 오히려 내가 힘들게 노동을 할수록 부모님에 대한 감사한 마음이 더욱 커져만 갔다. 나는 먹고 자고 입는 것 모두 하나부터 열까지 내가 스스로 해결하고 책임져야 했다. 그러다 보니 그동안 부모님의 보호 아래 안락한 보금자리에서 편하게 성장해 왔고 큰 어려움 없이 나를 키워 주신 점에 대한 감사한 마음이 들었던 것이다.

"효자가 부모님을 섬길 때는 이렇게 한다. 거처하실 때는 공경을 다하고 봉양할 때는 즐겁게 해 드리고, 병 드셨을 때는 마음 깊이 슬퍼하고, 제사 지낼 때는 엄숙하게 해야 한다."

공자의 말이다. 부모님을 공경하고 섬기는 것으로 어찌 부모님께 받은 은혜를 다 갚을 수 있을까. 풍수지탄(風樹之嘆)이라는 사자성어의 뜻은 부모에게 효도를 다하려고 생각할 때에는 이미 돌아가셔서 그 뜻을 이룰 수 없다는 뜻이다. 건강하신 모습으로 나의 뒤에서 든든한 지원군이 되어 주시는 부모님의 은혜에 다 보답할 수는 없겠지만 부모님의 노후를 든든하게 책임지는 살림밑천 맏딸이 되려고 한다.

자녀 네 명을 낳아
바른 인성으로 양육하기

어렸을 적 나는 명절이 싫었다. 명절이 끝나고 학교에 등교하면 친구들은 사촌들과 즐겁게 놀았던 이야기를 하곤 했지만 나는 딱히 할 말이 없었기 때문이다. 1남 5녀 중 한 명이었던 아버지는 남자형제가 없어 명절은 늘 할머니, 할아버지 그리고 우리 가족만 모여 적적하게 보냈다. 어머니도 그렇게 보내는 명절이 좋지만은 않으셨는지 우리 삼남매에게 배우자를 고를 때는 가족이 많은 배우자를 만나 결혼하라고 늘 말씀하시곤 했다. 그런데 나의 배우자도 지금과 같은 핵가족 유형에 맞는 1남 1녀 중 장남이라서 결혼 후의 명절도 변함없이 부모님과 한적하게 명절을 보내고 있다.

나는 2남 1녀 중 장녀다. 어렸을 때는 부모님이 나보다 동생들을 더 많이 챙기신다는 생각에 동생들을 미워했던 적이 있었다. 두 살 터울의 남동생들은 나보다 부모님의 손길이 더 필요했기에 그렇다는 것을 철이 들고 나서야 이해하게 되었다. 어린 시절 동생과 같은 방을 썼는데 의견 차이로 다투기도 많이 했다. 친구들은 언니, 오빠 아니면 기껏해야 한 명의 동생이 있었지만 나에게는 두 명의 남동생이 있어서 내가 받을 부모님의 사랑을 모조리 빼앗기는 것만 같아서 싫었다. 어린 마음에 동생들만 없었으면 내가 좋아하는 옷과 신발 그리고 인형이나 장난감도 더 많이 살 수 있을 것이라고 생각했다.

그런데 커 갈수록 내가 처한 상황이나 부모님께는 쉽게 말하지 못할 고민에 대해서 의논할 상대가 두 명이나 있다는 것이 든든하게 느껴졌다. 지금은 다정하게 동생들을 챙겨 주지 못한 것에 대해 미안한 마음이 든다. 그래서 나는 자녀를 네 명 낳아 서로 의지하며 살아가는 형제로 키우고 싶다.

법정스님은 이런 말씀을 하셨다.

"낳기만 한다면 누군들 못하겠습니까. 제대로 기르고 가르쳐야 하기 때문에 어머니의 얼굴에 주름살이 지고 근심걱정이 그칠 날 없겠지요. 어머니는 당초부터 어머니로서 존재하는 것이 아니라 자식을 낳아 기르는 과정에서 어머니가 됩니다. 한 사람의 어진 어머니는 백 사람의 교사에 견줄 만하다고 합니다."

매스컴에서는 연신 학교폭력으로 사회적 문제가 된 이야기나 미성년자가 범죄를 일으켜 구속된 이야기가 심심찮게 흘러나온다. 인격 형성이 되는 가장 기초적인 곳인 가정에서 올바른 교육이 이뤄졌다면 어땠을까.

신배화 작가는 그녀의 저서 《결국 인성이 이긴다》에서 "아이는 부모의 뒷모습을 보며 자란다. 따라서 부모는 평소에 아이에게 바른 인성을 실천하는 모습을 자주 보여 주어야 한다. 그래야 아이도 자연스럽게 무엇이 옳고 그른지 배우게 된다. 아이의 바른 인성이 언젠가는 당연히 형성될 것이라는 생각을 버리고 바른 인성이 형성되도록 곁에서 본보기가 되어야 한다."라고 했다.

바른 인성으로 자녀에게 모범을 보이고 함께 실천하며 깨닫게 해 주는 것이 현명한 부모라고 한다. 자녀를 낳는 것만이 아니라 사회의 한 구성원으로서 모범적인 사람이 되도록 자녀의 본보기가 되는 부모가 되고 싶다. 형제자매가 많고 대가족을 이루고 살고 있는 아이일수록 타인의 생각에 공감할 수 있는 능력이 뛰어나고 이견을 조율하는 것에 익숙하다고 한다. 미래에 태어날 나의 네 명의 자녀가 이런 환경 속에서 성장하게 된다면 더할 나위 없이 좋겠다는 생각이 든다.

나는 첫 아이를 임신했을 때 부모 욕심에 똑똑한 아이로 키우고 싶어 태교에 힘썼던 적이 있다. 아빠의 음성으로 동화책을 읽으면 나지막한 저음의 목소리에 태아가 반응한다고 해서 남편이 매일 밤 동화책을 읽어 주었다. 그리고 손가락을 많이 사용할수록 태아의 두뇌가 발달한다는 말을 듣고 직장에서는 일거리를 만들어서라도 손을 많이 사용하려고 노력했다. 그리고 체력이 약한 나의 유전자를 물려받지 않게 하기 위해 평소 차를 타고 다니던 출퇴근 거리를 걸어 다니며 일부러라도 몸을 움직이며 운동을 했다.

그런데 아이가 태어나고 다음날 신생아실에서 호출이 왔다. 딸아이의 심장에서 잡음이 들리니 퇴원하면 대학병원에 가서 심장초음파를 찍어 보라고 했다. 가슴이 덜컹했다. 열 달 뱃속에 품으며 몸조심하고 좋은 것만 보고 좋은 음식만 골라 먹었건만 딸의 건강을 지켜 주지 못한 내 자신이 원망스러웠다.

퇴원 후 대학병원에서 심장초음파를 찍어 본 결과 여자 아이일 경우 태어날 때 심장이 다 단히지 않아서 심장 잡음이 들리는 경우가 종종 있고 커 갈수록 좋아진다는 이야기를 들었다. 안도의 한숨을 내쉰 것도 잠시, 의사선생님은 바로 또 다른 문제에 대해 말씀하셨다. 내 딸의 경우 심장 잡음이 나는 것이 문제가 아니라 심장판막이 좁아서 성장할수록 정상적으로 돌아오지 않으면 시술이나 수술을 해야 한다고 말씀하셨다. 수술을 해야 될 수도 있다는 말에 겁이 나서 하염없이 눈물만 흘렸다. 경과를 보기 위해 6개월에 한 번씩 병원에 가서 검사를 받아야 한다.

딸의 건강에 문제가 있다는 말에 만감이 교차하며 많은 생각이 들었다. 자녀를 똑똑하고 공부 잘하는 아이로 키우는 것은 나에게는 아무런 의미가 없다. 공부하라고 다그치며 한 가지라도 더 배우게 하는 것보다는 자녀와 많은 시간을 같이하며 도란도란 이야기 나누고 좋은 경험을 해 주기 위해 여행을 자주 다닐 것이다. 그리고 스스럼없이 고민거리도 나눌 수 있는 다정한 엄마가 되겠노라 다짐했다.

아이를 낳는 것이 쉬운 일이 아니지만 키우는 것은 그보다 몇 배 더 힘들다는 것을 안다. 현재 갓 백일이 지난 딸 하나를 키우는 것도 사실 어렵고 힘이 든다. 아이를 낳고 키우는 것이 모든 것을 처음 겪고 있는 과정이기에 서툴고 어렵기만 하다. 어머니의 도움을 받고 있지만 울고 칭얼거릴 때 어르고 달래는 것이 어렵고 한밤중에 수유하는 일과 먹이고 트림을 시키는 일, 목욕시키는 일 등 어느 것 하나 쉬운 일이 없다. 지금은 육아휴직 중이라 하루 종일 아이만 돌보고 있지만 휴직이 끝난 1년 후엔 워킹맘이 되어 있을 것이기에 지금보다도 더 힘들 것이라고 예상한다.

친정 동네에 자녀를 다섯 명 둔 이웃이 있다. 어머니께 다자녀를 둔 아주머니는 아이를 키우느라 고생이 많으시겠다고 말씀드렸더니 어머니는. 오히려 아니라고 하셨다. 이유는 큰아이가 둘째 동생을 돌보고 그 동생이 또 아래 동생을 돌보기 때문에 오히려 시너지 효과가 나서 다자녀를 키우는 것이 그렇게 힘들지 않다는 것이었다. 그분은 남편이 형제자매가 없어서 외롭게 자랐기 때문에 자녀를 많이 낳았다고 한다. 나는 그 반대로 형제가 많아 좋은 점이 있다는 것을 잘 알기에 자녀를 많이 낳고 싶은 것이다.

연예인 남보라는 13남매 중 장녀다. 인간극장에 13남매가 겪는 좌충우돌의 내용으로 출연을 했었는데 남보라는 처음 아기 귀저기를 갈아본 때가 유치원 때라고 한다. 그리고 13남매라 오히려 심심하지 않고 사람들이 많아서 집이 따뜻하다고 한다. 그러면서 동생들을 키우고 공부시키는 것을 오빠와 둘이서 해야 하지 않겠냐고 이야기했다고 한다.

언니, 오빠가 도움을 주는 부분이 있지만 부모 역시 한 아이를 키우는 것에 책임감을 느끼고 올바르게 양육해야 하는 힘든 과정이 있다. 그럼에도 불구하고 내가 자녀를 많이 낳고 싶은 것은 하하 호호 웃음소리가 넘쳐나고 오순도순 화목한 가정을 만들고 싶기 때문이다. 그리고 매일 밤 우리 딸이 건강하고 바른 사람으로 자라게 해 달라고 기도하며 잠든다. 나는 꼭 네 명의 자녀를 낳아 바른 인성으로 자랄 수 있도록 최선을 다해서 키울 것이다.

100평대 펜트하우스에서
가족과 행복하게 살기

IMF를 기점으로 우리 집 형편은 백팔십도로 달라졌다. 내가 중학교 1학년 때였는데 IMF가 시작되면서 부모님이 운영하시던 가게가 문을 닫게 되었다. 그 여파로 한창 예민해질 시기에 좁은 집으로 이사해 다섯 식구가 살게 되었다. 부모님의 힘든 상황을 알기에 내 방을 갖고 싶다고 떼를 쓸 수가 없었다. 초등학교에 다닐 때는 가족끼리 외식도 자주 하고 철이 바뀔 때마다 백화점에 가서 쇼핑도 하곤 했었다. 부모님은 우리 삼남매에게 신발과 옷도 늘 브랜드 제품으로 사주셨고 책가방과 학용품도 남부럽지 않게 좋은 것만 사주셨다.

붓글씨를 배울 때였는데 친구들은 동네 문방구에서 붓글씨를 쓰는 데 필요한 재료를 샀지만 어머니는 시내에 가서 좋은 것으로 사 주셨다. 그렇게 초등학교 때까지는 좋은 옷 입고 좋은 음식을 먹고 좋은 물건을 쓰면서 살았었다. 그런데 중학교에 입학하고 어느 날 뉴스에서 IMF가 시작되었다며 부도 맞은 기업과 폐업한 가게가 속출하고 있다는 보도를 했다. 그러더니 우리 집 가세마저 기울기 시작했던 것이다.

좁은 집에서 다섯 식구가 산다는 것을 친구들이 아는 것이 부끄럽고 창피했지만 현실은 그 상황을 벗어날 방법이 없었다. 집이 좁아서 친구들을 집에 데려와서 같이 놀 수도 없었고 나만의 공간인 내 방을 갖고 아기자기하고 예쁘게 꾸미고 싶었지만 그럴 수도 없었다. 하지만 부모님은 현재 텃밭을 일구시며 여유롭게 전원주택에서 살고 계신다.

법륜 스님은 "옛날 기억 중에서도 행복했던 기억보다 고생했던 기억, 상처 입은 기억이 오래 남습니다."라고 하셨다. 그래서인지 다섯 식구가 좁은 집에서 살았던 그 이후로는 나만의 공간, 나만의 방, 내 물건에 대한 소유욕이 강해졌다. 지금도 내 잠자리는 넓어야 하고 내가 앉아서 책을 읽거나 공부를 하는 책상은 큼직해야 한다. 그래서 나의 배우자와 앞으로 낳게 될 네 명의 자녀와 같이 공부할 수 있는 공부방을 만들고 각자의 방을 하나씩 가질 수 있는 100평대의 펜트하우스에서 살 것이다.

남편과 나는 회사에서 사내 커플로 만나 결혼했다. 서로에게 호감을 갖고 있던 찰나에 워크숍으로 등산을 가게 되었다. 하산을 하다가 남편이 그만 발목을 접질러서 골절로 수술을 하게 되었다. 3주간 입원하고 3개월간 깁스를 했었다. 다친 남편을 보살피고 싶다는 생각이 들면서부터 서로에 대한 호감은 사랑으로 발전하고 결혼을 하게 되었다.

연애할 때 다정했다가 결혼해서 무뚝뚝한 남자로 변하는 사람, 그리고 연애할 때와 같이 결혼 후에도 변함없이 다정한 사람이 있다. 내 남편은 후자로, 연애 때보다도 결혼 후에 더 다정한 사람이다. 자신보다 더 나를 아껴 주고 또 위해 주는 마음이 느껴진다. 자신의 배고픔보다 내 끼니를 더 챙겨 주고 자신의 잠자리보다 내 잠자리에 더 신경 써 주는 고마운 사람이다.

여자는 오랜 시간 동안 가장 많이 보아온 남자가 아버지이기 때문에 배우자를 고를 때 은연중에 아버지를 닮은 사람으로 고른다고 한다. 남편이 아버지처럼 나에게 자상하게 대해 주니 늘 고맙다는 생각이 든다. 이렇게 자상한 나의 남편과 행복한 가정을 이어나가며 넓고 탁 트인 전망을 자랑하는 100평대의 펜트하우스에서 살 것이다.

어머니가 결혼하던 그 시절에는 방 한 칸의 셋방살이부터 시작하는 부부가 대부분이었다고 한다. 남편이 벌어온 돈으로 시장에서 장보는 반찬값을 아껴서 월세방에서 전셋집을 얻고 그 전셋집에서 집을 사는 과정을 겪으셨다고 하셨다. 내가 어릴 때만 해도 시골 우리 동네 친구들 중에서 자기 방을 가지고 있는 친구는 거의 없었다. 다들 언니, 오빠, 동생과 같이 방을 사용했다. 주위 친구들 모두가 그렇게 살아가니 이상할 것도 없었고 지극히 평범한 삶이었다. 그런데 지금은 시대가 많이 변했다. 부모와 자식 사이라도 각자의 공간에서 서로의 사생활이 존중되어야 하는 시대다. 이런 시대에 예전처럼 좁은 공간에서 오순도순 살아야 한다는 것은 불행한 일이 아닐 수 없다. 그래서 나는 나의 자녀에게 서로의 사생활을 존중할 수 있는 넓고 안락한 공간을 마련해 줄 것이다.

법륜 스님의 저서 《스님의 주례사》에는 이런 구절이 있다.

"오르기 어려운 절벽을 맞닥뜨렸을 때 어리석은 사람은 거기서 좌절하고 절망합니다. 지혜로운 사람은 여기까지 온 것만으로도 기뻐하며 되돌아가든지, 아니면 어떻게 하면 절벽을 올라갈 수 있을까를 연구합니다."

가정형편이 어려웠던 시절부터 나는 상처받고 불행하다는 생각 대신 성공하고 싶다는 생각을 늘 해왔다. 그때부터 성공학 책을 읽으며 책 읽기에 재미를 붙였다.

친구의 이모 이야기다. 농사를 짓던 친구의 외가댁은 이모가 학생이었던 시절 가정형편이 어려워 2남 3녀 모두 공부를 시킬 수 없었다고 한다. 그럼에도 불구하고 친구의 이모는 공부가 하고 싶어서 친구의 외할아버지께 대학교에 보내달라고 했다. 외할아버지는 공부시킬 형편이 안 된다며 이모가 보고 있던 교과서를 모두 찢어 버렸다고 한다. 친구의 이모는 그런 상황에도 굴하지 않고 자신이 원하는 공부를 어렵게 마치고 교사가 되어 현재는 윤택한 삶을 살고 있다. 힘들고 어려웠던 가정형편이었지만 포기하지 않고 자신의 꿈을 위해서 어떤 장애물에도 굴하지 않았던 친구의 이모 이야기다. 주위를 둘러보면 가난했던 과거가 있었지만 꿈과 희망을 안고 멋지게 성공한 사람들이 많다.

토크쇼 진행자 오프라 윈프리는 사생아로 태어나 외할머니 밑에서 자랐다. 미성년자의 나이에 미혼모가 되었지만 2주 후에 아이가 죽는 불행을 겪었다. 성인이 되어서는 남다른 끼로 인해 토크쇼 진행자로 성공하며 전 세계적으로 유명한 여성이 되었다. 그녀가 불우했던 어린 시절의 상처를 껴안고 평생을 희망 없이 하루하루 끼니를 때우며 살아갔다면 우리가 알고 있는 오프라 윈프리는 이 세상에 없을 것이다.

세상에는 사고 싶은 물건을 마음껏 사고, 먹고 싶은 음식을 마음껏 먹고 좋은 집에서 살고 있는 부자들이 많다. 반면에 하루하루 끼니를 걱정할 정도로 힘들게 사는 사람도 많이 있다. 불우한 가정에서 태어나 힘들게 살았고 성장과정에서도 문제아로 취급받았던 브라이언 트레이시가 동기부여가로 성공했듯이 역경과 고난을 이기고 성공한 사람은 더 많다.

중학교 1학년 때 도시에서 전학을 온 친구가 있었다. 친구 아버지가 사업하기 위해 투자를 했다가 사기를 당해 전 재산을 몽땅 잃고 시골로 전학을 온 친구였다. 친구 아버지는 가족의 생계를 책임지기 위해 장사를 시작했고 생활비를 한 푼이라도 더 벌기 위해 농사도 지으셨다. 그렇게 몇 년을 열심히 일하고 돈을 모으시더니 지금은 많은 재산을 일군 자산가가 되셨다.

누구나 희망을 갖고 하면 된다는 믿음으로 일을 한다면 행복과 부가 찾아오지 않을까 생각된다. 성공한다는 믿음을 갖고 100평대의 펜트하우스에서 윤택하고 행복하게 살아가는 행복한 우리 가정을 그려 본다.

미혼모, 미혼부를 위한
후원단체 설립하기

아이를 낳고 50일쯤 되어 친정에서 산후조리를 하고 있을 때였다. TV프로그램에서 베이비박스에 관한 방송을 보았다. 베이비박스는 아이를 키울 수 없는 부모가 아이를 위험한 장소가 아닌 안전하게 보호할 수 있는 곳에 놓고 가라고 한 교회에서 만든 것이었다. 6년간 이곳을 거쳐간 아이는 980명이나 된다고 한다.

그곳에 버려지는 아이들의 부모에겐 많은 사연이 있었다. 미성년자의 나이에 남자친구와 하룻밤을 보냈다가 덜컥 아이가 생겨서 낳았지만 키울 수가 없어서 베이비박스에 놓고 간 소녀도 있었다. 그리고 20대 초반의 나이에 남자친구와 하룻밤을 보내 아이가 태어났지만 낳지 말자고 만류하는 남자친구의 의견을 뒤로한 채 낳고 도저히 키울 자신이 없어서 아이를 놓고 간 미혼모도 있었다.

가장 기억에 남았던 장면은 20대 초반의 한 여성이었는데 서로 호감을 가지고 만나던 남자와 하룻밤을 지낸 뒤 임신을 하게 되었다. 상대방 남자에게 임신을 했다고 알리자 그날 이후로 그 남자와 연락이 끊어졌다고 한다. 여성은 엄연한 생명체인 아이를 지울 수가 없어서 아이를 낳겠다는 힘든 결정을 내렸다.

그렇지만 현실은 녹록지 않았다. 고아였던 그 여성은 당장 아이와 같이 거처할 곳이 없었기 때문에 베이비박스가 설치되어 있던 교회에 도와달라고 연락을 했다. 교회의 목사는 그 여성의 사연을 접하고 산부인과에 가서 직접 퇴원을 시켜 주고 아이와 여성을 교회의 숙소로 데리고 왔다. 목사는 여성에게 미역국을 직접 끓여 주었다. 그 여성은 퇴원하자마자 그렇게 쉬는 것도 잠시, 출산하기 직전까지 일하고 있던 생산직 일터로 향했다. 친구에게 신분증을 빌려 준 것이 잘못되어 3,000만 원의 빚이 생겼고 그것을 갚아 나가는 것도 벅차다고 했다. 하루라도 일을 손에서 놓을 수가 없는 형편이라는 것이다.

출산의 경험을 불과 며칠 전에 겪었던 나로서는 그 상황이 너무 안타까웠다. 출산의 고통을 겪으면서 온몸의 뼈와 관절이 흐트러져 있어서 모든 신체 기간이 정상으로 회복되려면 최소한 백일은 지나야 한다고 한다. 그런데 생계를 위해서 출산 직후부터 바로 일터로 나가야 하는 그 여성의 사연을 보며 정말 많이 울었다.

무엇보다 출산 후 호르몬의 변화로 우울증을 겪는 여성이 많다고 한다. 그래서 가족과 친구들이나 주위 사람들에게 따뜻한 보살핌을 받아야 하는 시기가 바로 출산 직후다. 그렇게 힘든 과정을 겪고도 누구에게도 축복받지 못한 그 여성의 운명이 안타까웠다. 이 세상에 태어난 이유만으로도 사랑받아야 할 아기는 또 어떤가. 아기가 태어나면 먹이고 입히고 재우는 것만이 잘 키우는 것이 아니다. 태어난 직후부터 기간을 두고 몇 차례 예방접종을 하고 영유아 건강 검진을 해야 한다.

갓난아기를 산모 혼자서 데리고 병원에 가기 위해서는 정말 많은 에너지가 필요하다. 몸이 정상으로 회복되지 않아 아이를 데리고 혼자 병원에 다니는 일은 사실상 거의 불가능한 일이다. 그래서 배우자나 옆에서 도와줄 사람이 절실히 필요하다. 그런데 미혼모는 이 힘든 과정을 모두 혼자서 직접 해결해야 할 것이다. 하루 종일 혼자서 아이를 돌보는 것도 많은 에너지가 소모되는 일인데 생계까지 책임져야 한다면 하루하루 살아가는 것이 얼마나 힘에 부칠까.

나는 결혼하고 아이를 낳기 전까지는 미혼모에 관한 이야기를 접한 적이 있어도 그들의 힘든 사연에 공감이 가지 않았다. 그리고 사실 관심도 없었다. 그런데 내가 출산을 하고 아이를 키우는 입장에서 같은 상황이 되어 보니 그들의 안타까운 사연이 가슴에 절실히 와 닿았다.

　그래서 나는 미혼모와 미혼부를 위한 후원단체를 설립해서 그들이 행복하게 아이를 키울 수 있는 환경을 만들어 주어야겠다는 생각을 했다. 사랑받아야 할 귀한 존재인 아이들이 부모의 곁에서 행복하게 자랄 수 있는 환경 말이다. 아이를 키우다 보면 하루 종일 육아에 지쳐 있다가도 아이가 나를 보며 방긋방긋 웃을 때는 지쳐 있던 심신이 눈 녹듯 녹아내린다. 그리고 커가는 아이와 사진을 보며 추억하는 날이 올 것이다. "이때쯤에 넌 옹알이를 시작했고 또 이때쯤엔 뒤집기를 시작했어. 그리고 이때쯤엔 걸음마를 시작했지."라고 말이다.

　미혼모와 미혼부가 아이를 키우며 생계를 책임지기 힘들어서 아이를 보육기관에 맡기는 경우가 허다하다. 그렇게 되면 그 아이는 자신의 성장과정을 대체 누구와 추억할 수 있단 말인가? 나는 이런 안타까운 일들이 사진에 발생하지 않도록 그들을 돕고 싶다. 혼자서 아이를 키우고 있는 미혼모와 미혼부를 보며 "당신, 참 훌륭한 부모입니다."라고 응원하고 싶다.

　울산에 있는 미혼모 생활시설 물푸레복지재단에서 펴낸《나는 미혼모다》라는 책에 이런 구절이 있다.

"많은 미혼 엄마들이 경제적인 능력이 부족한 것이 현실이다.

요즘은 사회적으로 미혼모들에게 혜택을 최대한 주려고 하지만 도움을 받는 미혼모들보다 그렇지 못한 미혼모들이 더 많은 것 같다. 미혼모들에게 더욱 경제적인 혜택이 주어진다면 좋을 텐데. 아이를 양육할 수 있는 보조금 지원과 주거 공간 공급, 직업훈련, 물품 지원 등 자립할 수 있을 때까지 이런 것들이 보장된다면 좋을 것 같다."

현재 미혼모의 현실이다. 한 미혼모는 결혼을 해서 아이를 가진 것이라면 축복을 받을 텐데 그렇지 못해서 욕먹을 일이라며 부모님께 비밀로 하고 아이를 낳았다고 한다. 처음부터 아이를 낳겠다고 말했다면 낳지 못하게 했을 것이라고 한다. 그렇지만 낳은 후에 말한다면 아이를 낳은 상태이기 때문에 부모님이 알더라도 덜 혼날 것이라며 자신이 지켜야 할 비밀이라고 한다. 미혼모나 미혼부는 아이를 혼자서 힘들게 키우는 일뿐만 아니라 사회적 편견에도 맞서야 한다.

그리고 어떤 미혼모는 뱃속에서 꿈틀대는 아기가 좋은지도 모르겠고 아무 대책 없이 아이가 생긴 것이 좋지만은 않았다고 한다. 그러면서 더 나은 환경과 더 좋은 엄마에게서 태어나지 못하는 아이에게 미안하다는 말을 했다. 나는 미혼모와 미혼부가 편안한 주거 공간에서 마음 편하게 아이를 키울 수 있는 환경을 만들 것이다. 또 그들이 경제적으로도 자립할 수 있는 직업훈련이 연계

될 수 있도록 도울 것이다.

우리나라와는 반대로 프랑스에서는 혼외 자녀가 절반이 넘지만 그들은 사회적 편견과 경제적 어려움 없이 자녀를 키울 수 있다고 한다. 출산과 양육에 주어지는 가족수당이 결혼여부와 관계없이 지원되고 더군다나 한 부모 가정에는 별도의 수당까지 지급되기 때문이다.

우리나라는 미혼모와 미혼부가 자녀를 키우기 쉽지 않다. 나는 미혼모, 미혼부를 위한 후원단체를 설립해서 홀로서기를 하려는 그들을 보듬고 도움을 줄 것이다. 나의 꿈이 반드시 이루어지기를 희망한다.

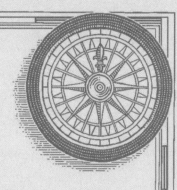

PART 6

전 세계에서 알아주는
비즈니스 콘텐츠
전문가 되기

· 안 재 범 ·

안재범 비즈니스 콘텐츠 컨설턴트, 책 쓰는 회계사

EY한영회계법인, SBS콘텐츠허브 재무팀장을 거친 후 지금은 삼덕회계법인 소속 회계사로서 여러 금융기관 및 미디어 기업을 대상으로 회계를 포함한 다양한 경영 자문을 제공하고 있다. 또한 비즈니스 콘텐츠 연구소 대표로서 비즈니스 글쓰기, 빅데이터 분석, 비즈니스 인텔리전스 등 다양한 분야에 관심을 가지고, 어떻게 하면 효율적이고 생산적인 비즈니스 콘텐츠로 사람들에게 긍정적인 도움을 줄 수 있을지 고민한다.

E-mail jaebeom.an@bizcontentslab.com   Blog www.bizcontentslab.com

최고의 긱 컨설턴트로 거듭나기

처음 개업을 했을 때 사업모델을 어떻게 끌고 나가야 할지 고민이 많았다. 그런데 다행히 금융권 쪽에 한국 채택 국제회계기준 제1109호 도입으로 인해 시스템 변경에 대한 금융기관의 요구가 많아졌다. '빅 포'라고 불리는 대형 회계법인에 속해 있지 않다면 사실 금융권 프로젝트를 수행할 기회가 거의 없다. 개인 사무소를 하거나 작은 회계법인으로 들어가게 될 경우에는 금융기관에서 발주하는 프로젝트에 참여하기가 사실 매우 힘들다. 금융기관은 회계처리의 복잡성도 높고, 시스템 구축 시 안정성도 중요하기 때문에 주로 대형 회계법인에 제안 요청을 하기 때문이다.

하지만 나는 예전에 금융기관에서 여러 프로젝트를 잘 마무리한 경험 덕분에 예전에 함께 일했던 곳에서 프로젝트 베이스로 일하자는 요청이 들어와서 좋은 기회를 잡았다. 개업 후 프로젝트 베이스로 첫 프로젝트는 부산에서 12월에 시작했다. 첫 번째 개인저서를 쓰고 있는 도중에 들어온 것이어서 고민이 없진 않았지만, 프로젝트를 하면서 관련 사례를 계속 수집할 수 있는 기회라 생각하고 부산으로 내려갔다. 그렇게 시작한 프로젝트가 7월 말에 성공적으로 마무리되었다.

클라이언트와 함께 일했던 회계법인 쪽 사람들도 나의 성과에 만족했다. 부산 프로젝트의 성과가 좋다 보니 그 이후로는 줄줄이 기회가 왔다. 오늘도 선릉역에서 프로젝트를 수행하고 있고, 이 프로젝트가 끝나면 또 다른 프로젝트가 대기 중이다.

컨설팅을 하게 될 경우 일정에 맞춰 클라이언트의 요구사항에 잘 대응해야 한다. 그러기 위해 프로젝트 기간 동안에는 스트레스는 물론 야근도 많이 해야 한다. 회계법인에 있을 때도 동일한 프로젝트를 수행한 경험이 있는데, 왜 시금은 다르게 느껴졌을지 의문이 생겼다. 내가 생각하는 나의 강점은 세부적인 방법론 구성에서부터 문서작업, 경영진 대응까지 도맡아 해낸다는 것이다. 그렇다 보니 모든 프로젝트 내용이 내 머리 안에 들어가 있어서 일하기 편하다. 그래서 이슈가 생길 경우 바로바로 대응이 가능하게된 것이고, 클라이언트의 만족도도 높아지지 않았을까 싶다. 또한 기업에서 컨설팅을 받을 필요가 있는 분야에 대해 적절하게 대응

할 수 있는 경험과 지식이 있기 때문에 시장에서 나 같은 사람을 찾는 것이다.

2016년 10월 7일 〈한국경제신문〉에서 7일자에 실린 〈파이낸셜 타임스〉 기사를 인용하여 긱 컨설턴트에 대해 소개했다. 외국에는 이렇게 특정 조직에 속하지 않고, 홀로 여러 기업을 대상으로 프로젝트 베이스로 컨설팅을 제공하는 사람을 긱(gig) 컨설턴트라고 칭한다. 정규직 일자리 대신 기업과 프로젝트 단위로 계약을 맺어 서비스를 제공하는 '긱 이코노미'가 전문 컨설팅 영역으로까지 확대되고 있다고 언급했다. 영국 통계청에 따르면 영국 내 17만 5,000명의 컨설턴트 중 5만 5,000명 정도가 기업에 소속되지 않는 독립 컨설턴트라고 한다. 독립 컨설턴트의 장점은 자유롭게 자신의 스케줄을 조정할 수 있어 다양한 경험을 쌓거나 일과 가정의 균형을 유지할 수 있다는 데 있다. 물론 일이 계속 있는 것이 아니기 때문에 수입이 불안정할 수 있지만, 긱 컨설턴트들과 고객들 사이를 연결해 줄 수 있는 온라인 사이트도 생겨나 이런 부분을 많이 보완하고 있다고 전했다.

우리나라에서도 이런 시장이 기업을 상대로 하는 독립 컨설턴트들이 조금씩 등장하고 있다. 지금 1인 지식 창업하는 사람들도 많이 생겨나고 있는데 이 역시 긱 컨설턴트라고 볼 수 있다. 이런 긱 컨설턴트 입장에서 지속적으로 수익을 창출하기 위해선 시장의 트렌드에 맞춰 자신의 콘텐츠인 컨설팅 내용을 계속 업그레이드시켜야 한다. 지속적으로 자기계발을 해야 한다는 의미다.

이번에는 회계기준 변경이라는 이벤트로 인해 프로젝트 기회가 있었지만 앞으로도 이런 기회가 있을지는 미지수다. 수요가 계속 변할 것이기 때문에 수요자가 원하는 분야에 대해 선제적으로 대응해 나가야 시장에서 필요로 하는 사람으로 남을 수 있다. 그러다 보니 지금 현재 프로젝트가 많이 밀려들어 바쁘지만, 앞으로 어떤 아이템으로 수익을 낼 것인지에 대해 끊임없이 고민하고 있다.

독립 컨설턴트로 활동을 계속하기 위해서는 고객에게 다른 컨설팅 회사에서 할 수 없는 독창적인 가치를 지닌 컨설팅을 제공해 줄 수 있어야 한다. 다행히 어느 조직에 속하지 않고 혼자 컨설턴트로서 활동하다 보니 앞으로 뭐를 하고 싶은지에 대한 선택의 폭이 매우 넓다. 다양한 분야에 관심이 많다 보니 이것저것 공부하는 재미도 있어서 만족한다.

회계사 합격 이전 나는 IT 쪽에 굉장히 관심을 많이 가졌다. 대학교 졸업 후 IT 쪽으로 본격적으로 공부하기 위해 원하는 대학원에 진학했고, 대학원 2년을 매우 즐겁게 보냈던 기억이 아직도 선명하다. 회계사 합격 후 회계감사도 수행했지만 다행히 경력의 대부분은 금융권 시스템 구축 프로젝트로 보내면서 IT와의 접점은 계속 이어갔다. 과거에 대학원에서 공부한 기간이 버려지지 않고 잘 써먹을 수 있어서 뿌듯했다.

이제는 내가 원하는 대로 방향 설정이 가능해졌기에 좀 더 기
술적인 부분까지 파고들고 싶어졌다. 늦은 나이에 뭔가 새로운 것
을 시작하기 부담될 수 있지만, 일단 배워두면 써먹을 수 있을 것
이다. 회계법인에 입사했을 때 대학원에서 배운 내용을 적용할 수
있을 것이라고 생각하지도 못했으니까 말이다.

조직생활 10년 동안 그래도 이전에 내가 배워왔던 회계와 IT
에 대해 알고 있는 지식을 이용해왔다고 생각했다. 금융권에서 시
스템 구축 프로젝트를 잘 수행했었고, 일반 회사에서도 정교한 콘
텐츠별 재무정보 생성을 위해 재무정보 시스템 구축에 주도하기
도 했다. 보통 대학교 시절의 전공과 무관한 업무들을 수행하는
것이 많은데 대학교 전공인 회계·재무와 대학원 전공인 IT 지식
양 축을 무기삼아 배운 것을 충분히 활용해 온 것에 만족한다.

그런데 여기에 요즘 한 가지 새로운 경쟁력은 찾았다. 사실 업
무를 수행하는 과정을 봤을 때 파워포인트로 제안서를 작성하는
시간이라든지 엑셀이나 워드로 기획서나 보고서를 만들고 검토
하는 시간도 적지 않았다. 실제 업무를 수행함에 있어서 매우 중
요한 일임에도 불구하고, 나는 단지 문서화하는 행정업무 정도로
생각했다. 10년이라는 짧지 않은 시간 동안 해왔으니 전문가가 될
경험 수준에 올라왔지만, 내가 스스로 범위를 한정시키는 바람에

그 가치를 인지하지 못했다.

〈한책협〉에서 진행하는 〈7주 책 쓰기 과정〉에 등록하게 되면 첫 주에 보통 책을 쓰기 위한 주제를 정하게 되는데, 김태광 대표 코치는 내가 제시한 여러 주제 중 의외의 주제를 권했다. 그때 당시에는 이 주제를 어떻게 쓸까 고민이 많았다. 그런데 김태광 대표 코치는 자신의 경험에서 사례를 뽑아 쓰면 된다고 팁을 주었다. 이 조언이 지금까지의 나의 관점을 송두리째 바꿔 놓는 촌철살인과 같은 말이었다. 관점을 바꾸고 나니 원고를 쓰는 것이 한결 편해졌다. 10여 년의 경험이 어디 가지 않았다. 그리고 첫 번째 개인저서 원고를 계속 쓰면서 그 이유를 이해할 수 있었다. 제안서나 보고서를 만들면서 힘들어서 떠오르기 싫었던 시간이 책 쓰기를 통해 힐링과 동시에 나의 새로운 경쟁력으로 다시 태어나는 과정이 된 것이다.

고수와 하수의 차이는 통찰력에 있다는 말이 있는데, A4 용지 두세 장에 걸친 내 삶의 이력을 읽어 보고 그동안의 노하우가 쌓여 자연스럽게 축적된 날카로운 통찰력으로 본인 스스로도 생각하지 못한 주제를 제시했다. 그리고 그 주제가 나한테는 지금까지 살아온 모든 나의 경력을 융합할 수 있는 화룡점정이 된 것이다. 나의 모든 잠재된 지식과 경험, 노하우를 끄집어내어 새롭고 강력한 경쟁력을 가진 나만의 콘텐츠를 가지게 된 것이다. 제대로 된 고수를 만난 결과이지 않을까 싶다.

이제는 물꼬를 텄으니 더 판을 키울 생각을 하고 있다. 금융권 프로젝트를 하면서 빅데이터 분석을 통해 차주의 부실 징후를 사전에 파악할 수 있는 분석 모델을 만드는 것을 접해 보기도 했다. 그리고 예전에 나는 드라마나 예능 프로그램별로 매출이 얼마 나왔고, 관련 비용이 얼마가 발생했는지 손익 데이터를 집계하여 비즈니스 인텔리전스 기술을 통해 임원진에게 주기적으로 내용이 자동으로 업데이트되는 전자상황판을 만들어 빠른 의사 결정을 지원한 적이 있다. 업무를 수행함에 있어서 빅데이터 분석을 통한 보다 정교한 자료를 제공할 수 있고, 복잡한 내용을 비즈니스 인텔리전스를 통한 정보로 한눈에 보여 줄 수 있겠다는 생각이 들었다.

첫 번째 책으로 기획·제안·보고에 대한 주제로 책을 쓰고 출판을 기다리고 있다. 두 번째 책도 이와 연관된 주제로 준비 중이다. 이 훌륭한 주제에 기존에 내가 가지고 있던 회계·재무 지식과 빅데이터 분석 방법, 비즈니스 인텔리전스 기술 등 IT 기술은 좀 더 연구해서 접목하면 또 다른 새로운 컨설팅 영역을 만들 수 있다고 생각한다. 결국은 장기적으로 나는 비즈니스 콘텐츠에 대해 연구하고 가치 있는 비즈니스 콘텐츠 생성 및 조언을 통해 고객에게 좀 더 쉽게 업무를 추진할 수 있는 토대를 제공해 줄 수 있을 것이라는 확신을 가지게 되었다.

또 한 가지 중요한 점이 있다. 스스로 연구해서 훌륭한 콘텐츠를 만들었다 하더라도 다른 고객들에게 어필할 수 있어야 한다. 프리랜서 개발자들을 구할 때 온라인 사이트를 통해 연결되는 것이 보편화되고 있지만, 아직까지 우리나라에서는 긱 컨설턴트와 고객과 연결시켜주는 플랫폼이 많지 않은 것으로 알고 있다. 그러면 긱 컨설턴트로서 고객과 접할 수 있는 자신만의 플랫폼을 만들어야 한다. 그런 채널로 아주 유용한 것이 책과 블로그, 그리고 카페라 생각한다. 책과 블로그, 카페를 통해 고객들과 스킨십을 유지하면서 지속적으로 새로운 가치 있는 정보를 제공한다면 여러 초일류 글로벌 기업에서 먼저 나를 찾을 수 있도록 채널을 만들 수 있을 것이라 본다.

회사를 그만둘 때만 해도 어떻게 해야 하나 막막했다. 그런데 2016년에 〈한책협〉에서 책을 써서 1인 지식 창업으로 성공할 수 있는 노하우를 접하게 되면서 길이 보이기 시작했다. 제일 기쁜 부분은 내가 새로운 출발을 시작하기 위해 고수를 제대로 만나 과거의 경험과 단절되지 않으면서 노하우를 그대로 끌고 갈 수 있는 주제를 잡았다는 점이다. 이제 나는 전 세계에서 알아주는 비즈니스 콘텐츠 전문가를 목표로 새로운 지식창업을 위해 첫발을 디뎠다. 앞으로 펼쳐질 흥미진진한 미래를 볼 수 있게 되어 벌써부터 행복하다.

디지털 노마드족이 되어 해외에서 즐겁게 일하기

지금까지 나는 다른 사람들이 살아가는 삶의 방식에 따라 살아왔다. 거의 10년 동안 번듯한 직장을 다니며 평범하게 살아왔다. 하지만 왠지 모르는 공허함을 계속 안고 살아왔다. 어느 순간 앞으로도 계속 이렇게 마음 한구석에 허지한 느낌으로 평번하게 살아야 하는지 반문해봤다. 다른 사람이 생각하는 삶이 꼭 나에게 맞는 삶은 아니지 않을까 싶다.

회사를 그만둬야겠다고 생각했을 때 그때 나의 상황은 경제적으로 안정적일 수 있었을지 모르겠지만, 정신적으로나 육체적으로 하루하루 버티기 쉽지 않았다. 나의 건강에도 빨간 불이 들어왔고, 나의 가족도 심리적으로 힘든 시기였다. 그러다 보니 서로 상처가 되는 말이 오고 갔다. 이대로 가다가는 큰일 나겠다 싶었다.

일단 내려놔야 할 듯해서 회사에 이야기하고 인수인계 후 집에서 가족과 시간을 보냈다. 주위에서 걱정이 많았다. 아내와 아이들을 퇴근 후 짧은 시간 동안에 만나고 있기 때문에 만약에 하루 종일 붙어 있을 경우 서로 불편해서 싸울 일이 많지 않겠냐는 것이었다. 그럴 수 있는 가능성이 없지는 않겠지만, 일단 내 몸부터 추슬러야 하다 보니 그런 이야기가 귀에 잘 안 들어왔다.

회사에 출근하지 않게 된 후 아내의 도움을 받아 식단부터 개선했다. 혈압이 워낙 높아 체중부터 줄여야 살 수 있었기 때문이다. 탄수화물 섭취는 거의 하지 않고 단백질 위주로 식단을 조절했다. 그 결과로 20kg 가까이 체중 감량에 성공할 수 있었다. 몸이 일단 가벼우니 생각도 긍정적으로 변했고, 뭔가 이뤘다는 희열을 느낄 수 있었다.

몸이 어느 정도 정상으로 돌아오니 수위를 둘러볼 수 있는 여유가 생겼다. 10년 동안 다녀왔던 조직에 나가지 않게 되자 처음에는 굉장히 낯설게 느껴졌다. 아침에 일어날 때마다 기분이 상쾌했다. 월요병이라는 것이 없어졌기 때문이다. 그렇다고 늘어질 수 없었다. 아이들을 어린이집에 등원시켜야 하다 보니 아침부터 정신이 없었다. 등원 전쟁을 벌이고 난 다음 집에 와서 아이들이 벌여둔 장난감들을 정리하면 어느덧 점심시간이 되었다. 아내와 점심을 먹은 후 느긋하게 커피 한잔 하고 난 다음에는 다시 아이들 하원을 시킬 시간이 되었다. 그러면 또 애들 데려와 놀아 주고 저녁 먹고 하면 하루가 갔다. 시간 참 금방 갔다. 몸은 힘들었어도 행복했다. 지금 내가 선택한 삶을 살고 있기 때문이다.

조직에 속해 있을 때는 내가 할 수 있는 일이 많지 않았다. 그래서 스트레스를 많이 받아 쉬고 싶거나 힘든 일이 있으면 나는 혼자 일본으로 여행을 가곤 했다. 아무래도 어릴 때의 기억이 있어서 심적으로 편한 느낌을 가지고 있어서다. 일본과 홍콩에서 오랜 시간 거주했던 경험 덕분이다. 그런데 홍콩에 혼자 여행 갔을 때는 그런 느낌을 가지지 못했다. 왜 일본에서의 느낌이 편하게 다가왔던 것인지 의문이 생겼다.

어릴 때의 기억을 떠올려 보면 '통제'라는 것이 없었다는 것을 깨달았다. 워낙 천방지축으로 내가 하고 싶은 대로 행동하고 표현하다 보니 부모님은 애를 많이 먹었다고 말씀하신다. 하지만 나는 너무 좋았던 기억만 가득했다. 그래서 내가 위로를 받고 싶으면 예전에 그런 좋은 기억을 소환하고 싶어서 자주 찾았던 것이라는 깨달았다. 이 점을 알게 된 순간 나는 앞으로 통제를 받는다면 행복하게 살기가 힘들 것이라 느꼈고, 우리 아이들도 부모의 통제 속에 자라는 것이 아니라 자신들이 하고 싶고, 표현하고 싶은 대로 살도록 해 주는 것이 좋겠다는 결론을 얻게 되었다.

나는 다른 회계사들처럼 개업해서 비슷한 사업모델로 운영하고 싶지 않았다. 만약에 개업하고 다른 클라이언트를 확보하기 위해 끊임없이 노력해야 한다면 조직에서 나와 사업을 한다 하더라도 결국 환경에서 자유롭다고 볼 수 없었다. 다른 방식으로 개척하고 싶었다. 예전에는 단순히 경제적으로 안정적인 삶을 살 수 있는 직업이 무엇인지에 대해 고민했다. 이제는 뭔가 새로운 사업 아이템을 구상하기 전에 나는 앞으로 어떤 삶을 살고 싶은지에 대한 해답부터 먼저 얻고 싶었다. 나의 삶에 가해지는 통제를 최소화하는 것이 내가 행복할 수 있는 길이기 때문이기에 그 삶을 현실화시키기 위해 가능한 사업이 뭔지를 찾아보게 되었다.

아내와 2년 가까운 시간 동안 육아에 같이 전념하면서 아이들과의 시간이 매우 중요하다는 것을 느꼈다. 회사에 다닐 때는 우리 아이들이 하루하루 성장해 가는 모습을 보지 못했다. 아이들과 매일 붙어 있으면서 달라지는 모습을 옆에서 지켜볼 수 있는 시간이 너무 소중하게 다가왔다. 아이들은 어릴 때 많은 관심과 사랑을 받고 커야 잘 성장할 수 있다고 한다. 그러다 보니 나는 아이들이 어릴 때만이라도 최대한 오랫동안 함께 지내기를 원했다.

그렇다고 나의 삶과 아내의 삶까지 포기하고 싶지는 않다. 자유롭게 어디론가 떠나고 싶다면 언제든지 떠나고 싶었다. 그러면서 생활을 위해서는 경제적인 부분도 해결을 해야 한다. 이런 삶을 살기 위해 어떤 일을 할 수 있을지 고민하기 시작했다. 이것이 내가 관심 있어 하는 분야에 대한 가치 있는 지식을 제공하는 업을 삼아야겠다는 결론을 내게 된 배경이다.

회계법인에서는 연차가 어느 정도 쌓이기 전까지는 자기 자리가 없다. 업무 특성상 고객사에 나가서 일하는 것이 많고, 팀 단위로 작업을 해야 하기 때문에 개인 자리보다는 회의실에서 함께 모여 작업하는 경우가 훨씬 많다. 그러다 보니 노트북 하나만 달랑 들고 어디서든 일하는 것이 익숙한 편이다. 지금도 개업 후 프로젝트 사이트에서 일하는 시간이 대부분이다 보니 사무실에 들어갈 일이 없다. 다행히 원래 돌아다니는 것을 좋아하다 보니 이런 생활이 힘들지는 않다.

요즘은 IT 기술이 많이 발전하면서 사무실이라는 공간에 얽매일 필요가 없어졌다. 노트북과 휴대전화만 있으면 언제 어디서든 내가 일할 수 있는 기본적인 환경을 갖출 수 있다. 그리고 스타트업들이 많이 생기는 추세라 사무실 공유 서비스를 제공하는 업체들이 많이 생겼다. 그중 글로벌 네트워크를 가진 규모가 큰 업체들도 서울에 진출해 있다. 세계 최대인 위워크와 리저스, 더이그젝큐티브센터 같은 회사들이 서울의 주요 거점에 사무실을 이용할 수 있도록 서비스를 제공하고 있다.

특히 위워크 같은 경우에는 많은 스타트업들이 입주해 있고,

관련 세미나들이 많이 열리다 보니 다양한 정보를 접할 수 있는 이벤트가 많다. 이런 좋은 세션들을 통해 최신 트렌드로 업데이트하거나 나의 지식으로 소화해 새로운 정보 생성의 원천으로도 이용할 수 있어서 지루할 틈이 없어서 좋다.

이런 회사들의 전 세계에 깔려 있는 지점들을 이용한다면 어디서든 편하게 업무를 볼 수 있기 때문에 디지털 노마드로 살아갈 수 있는 환경은 충분히 구성되어 있다고 본다. 물론 사람들과 직접 대면하면서 끊임없이 교류를 해야 하는 업이라면 지금 살고 있는 도시를 벗어나서 일하기는 쉽지 않다. 하지만 사람을 만나야하는 시간도 내가 정할 수 있다면 문제가 되지 않을 것이다.

언제 어디서든 일할 수 있는 하드웨어적인 환경은 이미 갖춰져 있다. 이제는 어떤 사업을 하면 이런 좋은 환경을 이용해서 원하는 삶을 살 수 있는지만 결정하면 되는 것이다. 다행히 나는 어려운 내용을 다른 사람에게 알기 쉽게 전달하는 것을 좋아한다는 것을 알게 되었다. 다른 사람이 나로 인해 새로운 사실을 깨닫는 표정을 보는 것이 가장 큰 희열이라 생각한다. 다른 사람에게 가치 있는 정보를 제공하는 것은 내가 제일 잘할 수 있는 분야이고 관심 있는 분야이기도 하지만, 내가 원하는 삶에 가장 잘 어울리는 분야이기 때문에 선택하는 것이 어렵지 않았다.

만약 나 혼자서 생각했다면 머릿속에서 구체적으로 그림을 그릴 수 있었을까 싶다. 다른 사람들이 1인 지식 창업을 해서 성공적인 삶을 살고 있는 것을 보면서 시각화를 했기 때문에 나도 이런 삶을 꿈꿀 수 있는 것이라 생각한다. 만약에 내 주위에 힘들어도 조직생활을 하면서 힘겹게 사는 사람들만 있었다면 이러지 못했을 것이다. 내가 원하는 삶을 찾아 책을 보면서 많은 영향을 받게 되었고, 그런 사람들을 찾아가 영향을 받고 싶었던 것도 나도 느끼지 못하는 무의식중에 통제에서 벗어나 자유롭게 살고 싶은 욕구에서 출발하지 않았을까 싶다. 다행이 나는 그런 롤 모델들을 자주 만날 수 있어서 엄청난 행운을 가졌다고 생각한다.

이제 나는 지금까지 나의 삶을 통제해 온 것들을 뿌리치고 내가 원하는 삶을 위해 주도적으로 준비하기 시작했다. 언제 어디서든 일할 수 있는 환경을 충분히 활용해서 돈을 벌 수 있는 사업 아이템을 구상하는 중인 지금 매우 즐겁다. 그리고 앞으로 내 눈앞에 벌어질 삶을 맞이하는 것에 대해 매우 설렌다. 이렇게 기쁜 마음으로 하루하루를 살고 있으니 이미 나는 원하는 삶을 살고 있다.

가족의 이름을 딴
빌딩 5개 세우기

결혼 전에는 나는 다른 사람들의 눈을 많이 의식하며 살았고, 대접받는 것을 좋아했다. 그러다 보니 다른 사람들에게 식사를 대접할 때는 비싼 곳에서 대접해야 한다고 생각했다. 보이는 것도 중요하다고 생각해 사용하는 개인용품도 주로 비싸고 고급스러운 것을 선호했다. 여행 갈 때도 제대로 대접받고 싶은 마음에 비싼 호텔에서 주로 투숙했다. 사고 싶은 것을 사고, 가고 싶은 곳에 갔다. 또 취향도 깔끔하고 고급스러운 것을 좋아하는데 돈은 좋아하지 않았다. 돈을 모으는 것은 싫어했다. 궂은일을 싫어하는 양반처럼 생각했다. 다른 사람들에게 대접받고 무시당하지 않기 위해 소비한다는 해괴한 논리로 돈을 썼다. 지금 생각하면 참 한심한 생각이다. 스스로에 대한 자존감이 없어서 다른 사람이 나를 어떻게 생각하는지가 중요했고, 어떻게 보이는지가 중요했다.

이런 소비형태가 결혼할 때까지 계속 이어졌다. 그때 우리 부부는 일본 동경으로 신혼여행을 2주 동안 갔다 왔다. 나는 평소에도 좋은 호텔에서 숙박하는 것을 선호한다. 혼자 일본으로 여행 갈 때는 신주쿠 워싱턴 호텔이나 신주쿠 프린스 호텔에 주로 묵었다. 하지만 신혼여행이다 보니 아내에게 좋은 기억을 주고 싶어서 급을 높여 세를리안 타워 도큐 호텔의 전망 좋은 방을 예약했다. 아내가 굉장히 넓고 깨끗한 방을 보고 탄성을 질렀을 때 나의 선택에 만족하는 것 같아 뿌듯했다.

또 항공권도 비즈니스석으로 예약했다. 물론 그동안 착실하게 적립한 항공사 마일리지의 덕을 톡톡히 봐서 그리 큰돈을 들이지 않았지만 아내에게 좋은 기억을 주고 싶다는 핑계로 예약했다. 그리고 도쿄에서 신나게 쇼핑하며 돌아다녔다. 신용카드로 엄청 긁었다. 뒷감당은 생각도 하지 않고, 아내에게 좋은 기억을 주고 싶다는 논리로 지출한 것이다. 신혼여행 갔다 오고 난 다음에 아내가 내 마이너스 통장 잔액을 보고 기겁했다. 통장 잔고에 마이너스가 맨 앞에 붙은 적지 않는 금액이 찍혀 있었던 것이다.

그런 후 아내와 경제관에 대해 논의하기 시작했다. 앞으로 오랫동안 함께 살 사이인데 경제관념이 다를 경우 계속 부딪힐 수 있기 때문에 어느 정도 합의가 이뤄져야 한다고 봤다. 아내는 그냥 돈이 좋다고 했지만, 나는 나의 소비행태에 대해 논리적으로 설명하려고 했다. 나는 모든 일은 이성적으로 판단하고 의사 결정해야 한다고 생각하고 감정에 의해 움직이는 것을 매우 경계했었다. 그러다 보니 그냥 돈이 좋다고 이야기하는 아내의 생각이 쉽게 받아들여지지 않았다. 경제관에서부터 시작된 이야기는 사고방식의 차이까지 범위가 확대되었다.

나는 어릴 적부터 주위에서 욱하는 성질 때문에 일을 그르칠 수 있으니 항상 참으라는 이야기를 많이 들었다. 그리고 부모님에게 원하는 것이 있으면 왜 하고 싶은지를 논리적으로 설득하도록 훈련을 받아 왔다. 그러다 보니 자연스럽게 내 감정을 억누르게 되고, 내 마음이 움직이는 대로 살아가는 것이 아니라 모든 일을 할 때 나름의 근거를 찾으려고 내가 스스로 납득할 만한 논리를 만들려고 애를 썼다.

그런 점이 회사에서 업무를 수행할 때는 굉장한 장점으로 나타났다. 감정에 휩쓸리지 않고, 논리적으로 의사 결정을 하니 주위에서 인정을 많이 받았다. 하지만 개인적으로는 나의 가슴이 움직이는 일에 대해 숨기게 되었다. 감정을 누르고 논리에 의지하다 보니 내 자신을 사랑하는 것조차 잊어버리게 되는 것 같았다. 내면의 소리를 외면하고 감정을 누르다 보니 삶이 스트레스로 가득 차기 시작했다. 그렇게 스트레스가 쌓이면 소비하거나 여행하는 것으로 해소하려고 했던 것이다.

아내는 나에게 그냥 돈 쓰는 것을 좋아한다고 솔직히 인정하라고 말했다. 돈을 쓸 수밖에 없는 핑계를 대지 말고, 돈 쓰는 것을 좋아한다고 인정하면 심적으로 편안해질 것이라 조언했다. 결국 솔직하게 나 자신을 바라보라는 이야기였다. 아내의 말을 듣는 순간 한 방 맞은 느낌이었다. 온갖 논리를 갖다 붙여 외부적인 요인에 의지하다 보니 내가 돈이 없는 것이 항상 불만이었다. 매번 나로 인한 것이 아니라 외부 환경을 탓하기 일쑤였다. 하지만 굉장히 비겁한 생각이었다. 자존감을 가지고 나의 감정을 솔직하게 바라봐야 내가 내 삶을 주도할 수 있었던 것이다. 지금까지 욱하는 성질 때문에 이성적으로 판단해야 한다고 생각했던 것이 오히려 울타리에 갇힌 호랑이가 야생의 성질을 죽이는 것처럼 나를 옥죄고 있었던 것이다.

그래서 내가 소비를 정당화하는 논리로 다른 사람의 눈을 의식한다든지 다른 사람이 편하게 하기 위해서라든지 이성적인 논리를 붙여서 정당화하지 않고, 감정적으로 나는 돈 쓰는 것을 좋아한다고 솔직하게 인정하게 되었다. 솔직하게 내가 돈 쓰는 것을 좋아한다고 인정하는 순간 이상하게 마음이 편해졌다. '내가 돈을 쓰는 것을 좋아하니 내가 좋아하는 것을 하기 위해 돈을 모아야지'라고 생각의 전환이 이루어지게 되었다.

이제는 나의 내면을 조금씩 들여다보기 시작했다. 그리고 감정이 움직이는 대로 살아 보려고 노력하기 시작했다. 물론 굉장히 오랜 시간 동안 굳어진 삶의 방식인 만큼 한순간 바뀌지는 않을 것이다. 그렇기 때문에 더욱 의도적으로라도 내 감정에 귀 기울이려고 한다. 그러자 조금씩 행복한 느낌이 찾아보는 거 같았다. 조직에서 벗어나 새로운 일을 시작하는 것도 그렇고, 책을 쓰고 싶다고 시작한 것도 그렇게 시작된 것이다. 예전에 하고 싶었던 프로그래밍도 시작하게 되고, 외국어도 다시 공부하게 되었다.

돈을 좋아한다고 인정하는 순간 풍족한 삶을 살고 싶다는 생각이 들었다. 자연스레 돈을 모으는 데 관심을 가지게 되었다. 꾸준히 경제신문도 읽고 돈의 흐름을 지켜보기 시작했다. 하지만 일단 내가 나중에 어떤 것을 원하는지 큰 그림부터 그리기 시작했다.

돈을 모으는 데는 여러 가지 재테크 방법이 있다. 나는 주식 매매보다는 부동산을 보러 다니는 것을 좋아한다. 돌아다니는 것을 좋아하다 보니 예쁜 건물들이 있으면 눈이 가게 된다. 그리고 인테리어에도 관심이 있어서 홍콩 W호텔과 같은 부티크 호텔처럼 세련되게 건물을 꾸며 보고 싶다. 기왕에 내가 관심 있고 좋아하는 분야로 돈을 모은다면 즐겁지 않을까? 물론 우리나라에서는 부동산이나 주식 매매로 빠르게 돈을 불릴 수 있다. 그냥 내가 건물 보러 다니는 것을 좋아하니까 부동산에 관심을 가지는 것이 솔직한 생각이다.

그런데 부동산에 관심 있다는 것은 내가 돈을 좋아하기 때문에 시작한 것이다. 결국 내가 돈을 쓰고 싶기 때문에 관심 있다는 이야기이니 빠른 시간 내에 기하급수적으로 부를 축적해야 한다. 다 늙은 후에 돈을 쓰지 못하는 시점에 마련해 봐야 의미 없으니 말이다. 그래서 꾸준히 돈을 모으고 공부를 하기 시작했다. 생각보다 재미있다. 그리고 가끔 건물의 등기부등본에 내 이름이 기재된 것을 보면서 흐뭇한 표정을 짓는 나를 상상하기도 한다. 나중에 건물을 한 채 두 채 사 모으기 시작하면 재미있을 것 같다. 그래서 강남 도산대로에 빌딩을 사서 내가 원하는 방향대로 꾸며보고 싶다. 기왕 크게 생각하는 거 예쁜 빌딩을 다섯 채 사서 우리 가족 이름을 따서 지으면 뿌듯하지 않을까 싶다.

온 가족이 매년 대륙별로
한 달 동안 체류하기

나는 세 아이의 아빠다. 그것도 모두 남자 아이다. 엄청난 자랑이고 축복이라 생각하지만, 남자 아이 셋을 키우는 것은 만만치 않은 일이라는 것에 누구나 동감할 것이다. 솔직히 많이 힘들다. 하지만 그만큼 나와 아내의 인생에 커다란 영향을 미쳤다. 나는 아이가 태어나기 전에는 아무 생각이 없었다. 그냥 하루하루 아내와 즐겁게 살 생각뿐이었다. 하지만 아이들이 태어난 이후 앞으로 어떻게 우리 가족을 올바르게 이끌어 나가야 할지 고민을 많이 하게 되었다. 우리 아이들이 잘 자랄 수 있도록 하기 위해 우리 가족은 어떻게 해야 할 것인가에 대해 끊임없이 생각해 봤다.

앞으로 어떻게 살 것인지에 대해 고민할 때 다른 사람들은 어떻게 지내고 있는지 둘러봤다. 현재 기준으로 볼 때 우리 아이들이 사회에서 제 역할을 하기 위해서는 어느 정도 정해진 코스가 있고, 그 코스에 진입하기 위해 엄청난 경쟁을 뚫어야 한다. 나의 삶 역시 그런 정해진 코스를 따라 중학교 때부터 경쟁의 반복이었다. 그런 경쟁을 헤쳐 나와 운 좋게 지금까지 왔지만, 그 과정이 너무나 힘들었다. 지금은 그보다 더한 듯하다.

솔직히 우리나라에서 아이를 키우는 것은 쉽지 않다. 주거비와 교육비가 감당하기 힘들 정도로 많이 들어가기 때문이다. 그렇지만 우리 부부의 노후도 생각해야 하는 만큼 소득 전부를 아이들의 교육비에 투자하고 싶지 않다. 돈도 돈이지만, 우리 아이들까지 그 경쟁의 소용돌이에 밀어 넣어야 할 것인지 의문이 들었다. 설사 엄청난 돈을 투자해 그 경쟁에서 이겼다고 한들 그래도 힘든 것이 현실이다.

물론 전적으로 본인의 선택으로 공부를 하겠다면 당연히 내가 할 수 있는 범위 내에서는 지원해 줘야 한다고 본다. 이런 선택을 하기 위해서는 적어도 본인의 성향, 본인이 좋아하는 것을 알아야 한다.

내가 잘하는 것이 무엇인지, 좋아하는 것이 무엇인지에 대한 답을 얻는 것은 쉬운 일이 아니다. 나는 내가 잘하는 것이 무엇이고, 좋아하는 것이 무엇인지를 너무 늦게 알았다. 자기 자신에 대해 깨닫는 과정을 거쳐 어느 순간 알게 되었는데, 너무 많은 것을 이루고 난 다음에야 알게 되었다. 만약에 내가 좀 더 일찍 알았더라면 삶을 허비하지 않았을 것이라 생각한다.

그러면 내가 왜 이제야 자신의 성향을 알았을까? 돌이켜보면 내가 원해서 살아온 삶이 아니라 다른 사람이 살아온 삶을 살아서 아닐까 생각한다. 물론 지금까지 내가 이뤄온 성과는 나의 노력으로 만들어진 것이기 때문에 소중한 자산이다. 그리고 그런 성과에 대해 감사하고 만족한다. 하지만 이제는 내가 원하는 대로 삶을 이끌어 가면 행복하게 인생을 즐길 수 있을 것이라 믿는다. 그래서 지금 행복을 온 몸으로 느끼고 있는 것이다.

이런 순간이 오기까지 나의 내면에는 온갖 복잡한 생각들이 가득했었다. 이정표 없는 길을 하염없이 헤매는 느낌을 안고 살아왔다. 너무나 길고 고통스러웠던 시간이었다. 적어도 우리 아이들은 이런 시간을 줄여 빨리 행복을 만끽하게 해 주고 싶다. 그래서 어떻게 하면 시간을 줄일 수 있을지 고민해 봤다.

지금까지 나는 다른 사람들의 기준에 맞추며 살아왔다. 나른 사람들이 정해 놓은 길을 따라 온 것이고, 나의 판단이 들어갈 여지가 많지 않았다. 살아오면서 경험한 것들이 정해진 환경에서 얻은 것들이다 보니 이를 근거로 새로운 시야를 바라보는 것이 쉽지 않았다. 지금 우리가 살아가고 있는 삶의 방식이 일반적일 수 있겠지만, 본인에게 최적화된 것이라고 생각하지 않는다. 틀 안에 갇혀 있다기보다 틀 바깥세상을 접해 보지 않다 보니 생각도 갇혀 버린 것이다.

　나는 어린 시절을 아버지의 회사 일 때문에 7년 동안 해외에서 보냈다. 해외에 있는 동안 주말에 어린이 야구단에 가입해 중견수를 보기도 하고, 다른 나라에서 온 친구들의 집에 놀러가 그 나라의 풍습이나 예절을 잠깐이라도 접해 보기도 했다. 가족끼리 여행도 많이 다녔다. 보다 넓은 세상이 있고, 다양한 삶의 방식이 있다. 그 당시 나에게는 매일 새롭고 신기한 경험의 연속이었다. 그러다가 한국으로 돌아와 다른 사람들과 비슷한 생활을 하면서 경쟁 속에서 살다 보니 그런 경험들이 차츰 잊혀 갔다. 틀에 가둬진 나의 경험 범위 내에서 찾아보다 보니 갑갑함을 느끼지 않았을까 생각해 본다.

　최근 홍콩에서 친하게 지낸 가족의 근황을 들었다. 나랑 나이가 비슷한 친구는 지금도 훨씬 다이내믹하게 살고 있다고 했다. 생각하는 방식 자체가 달랐다. 훨씬 넓은 세상을 보고 자신이 원하는 방향으로 주도적으로 살아오다 보니 자신의 인생을 훨씬 값지게 쓰는 것 같다는 생각이 들었다. 나보다 자신의 삶에 대해 고민하는 데 허비하는 시간이 적었다.

　예전에 아버지한테 홍콩에서 영주권을 얻어 계속 살 생각도 했었다는 이야기를 들었다. 그 이야기를 들었을 때 만약에 내가 계속 홍콩에 있었으면 어떤 삶이 펼쳐졌을지 궁금했다. 적어도 지금보다는 훨씬 다양한 경험을 하지 않았을까 싶다.

나는 우리 아이들이 다양한 경험을 겪은 후 좋아하는 것을 하며 자신의 인생을 주도적으로 살기를 소망한다. 나는 부모로서 아이들이 자신의 진로나 인생을 선택할 때 도움이 될 수 있도록 좀 더 많은 경험을 하게 해 줄 것이다. 우리 아이들이 지금 살고 있는 여기가 세상의 전부라고 느끼게 하고 싶지 않다. 본인이 직접 겪어 보고 느껴 본 후 그것을 바탕으로 제일 좋아하는 것을 찾을 수 있었으면 하는 것이 내 바람이다.

아내도 대학교에 입학하기 전까지 해외에서 살았다. 아내에게 있어 제일 부러운 점은 다양한 경험을 했다는 점이다. 여러 나라를 돌아다녀 보고, 암벽 등반도 열심히 했고, 다이빙도 마스터 자격까지 획득했다. 그리고 일본에 혼자서 한 달 동안 살면서 그 나라 사람들의 생활 방식을 몸에 익혔다. 결혼하면서 나 역시 아내와 다양한 경험을 공유해 보고 싶었다.

아이들 교육관에 대해 논의할 때 아내도 적극적으로 호응을 해 주었다. 지금에서야 말하지만 아내는 결혼 후에는 결혼 전에 해 왔던 일들을 하기 어렵고 현실에 묶여 지내게 된다는 점에서 매우 두려웠다고 한다. 하지만 현실에 순응하면서 사는 것이 아니라 우리가 원하는 삶을 주도적으로 만들어간다는 것에 안심이 되었다고 한다.

간혹 지인들과 우리 가족의 삶에 대해 이야기를 하다 보면 이런 말을 듣는다. 아이들은 다양한 경험을 시켜 본다 하더라도 스스로 선택을 못하고 부모가 원하는 방향으로 선택할 수밖에 없다는 것이다. 그리고 그런 선택 후 만약에 힘들어지게 될 경우 부모를 탓하게 될 것이라고 한다. 맞다. 그럴 가능성이 충분히 있다. 우리 부부가 아이들을 위해서 방향을 잡았지만, 그랬다가 친구들과의 관계 맺는 것이 어려워질 수 있지 않겠냐고 걱정도 된다. 이런 방향이 아이들에게 오히려 스트레스로 다가올 수 있다.

일단 우리 부부는 시도라도 해 볼 것이다. 먼저 겪어 보고 난 다음에 그때 가서 다시 생각하고 싶다. 한 번이라도 해 보고 그런 경험을 하고 난 후에 또 생각이 바뀐다면 그때 다시 생각해 보고 지금은 일단 우리가 원하는 방향으로 가는 것이 맞을 듯하다. 한 달 동안 가족끼리 모여 지내면서 서로 의사소통할 수 있는 공감대가 형성된다면 그것만으로도 충분한 소득이라 보기 때문이다.

그리고 아이들이 행복하기 위해서는 부모가 행복해야 한다고 생각한다. 우리 부부가 현실의 무게에 힘들어하고 행복해하지 않는다면, 가족 분위기도 좋을 리 없다. 그리고 그런 불만이 육아에도 악영향을 끼칠 수 있기 때문에 우리 부부가 행복해야 한다고 생각한다. 그렇기 때문에 더더욱 우리 부부가 원하는 삶을 살아야 한다고 믿는다.

이 희망사항을 이루기 위해서는 미리 준비해야 할 것이 많다. 대륙별로 한 달씩, 그것도 다섯 가족이 함께 생활한다면 비용이 많이 들 것이다. 특히 비행기 값은 어마어마할 것이다. 어차피 여기서 생활하나 해외에서 생활하나 생활비는 마찬가지일 것이다. 미리 계획을 세우도 예산을 짠 후 그에 맞는 자금을 어느 정도 모아두면 되지 않을까 싶다. 또한 내가 해외에 있어도 수익을 창출할 수 있는 시스템을 구성해야 한다. 온라인으로도 업무를 수행할 수 있는 나만의 킬러 아이템을 찾아 사업화해야 해외에서 한 달 동안 생활하는 데 크게 지장이 없을 것이다.

그리고 우리 가족이 해외에서 불편함이 없으려면 의사소통에 문제가 없어야 하는 만큼 영어와 일본어를 다시 공부할 것이다. 회계법인에 근무할 때부터 영어에 대한 중요성은 익히 들었다. 한창 일할 때는 어느 정도 영어 구사가 가능해서 회계법인에서 보내주는 해외연수 프로그램에 신청하기도 했다. 회계법인에서 벗어난 후에는 영어를 쓸 일이 거의 없으니 공부하기가 싫었다. 내가 절실하게 원한 상태가 아니었기 때문에 굳이 할 필요성을 못 느꼈다. 계속 감을 유지하기 위한 노력을 하지 않다 보니 영어 실력도 거의 사라진 듯하다.

그러나 요즘은 빅데이터나 IT 프로그래밍과 관련해서 최신 자료와 트렌드를 인터넷으로 접할 수 있다. 해외에서 생활하는 데는 의사소통이 필수적이다 보니 내 속에서부터 영어에 대한 필요성이 절실하게 우러나오게 되었다. 아내는 영어 실력이 원어민 수준이기 때문에 별 불편함이 없겠지만, 그렇다고 아내가 모든 의사소통을 도맡아 하면 피곤할 테니 나도 준비를 해야 할 것이다.

아직 막내가 아주 어린 만큼 지금 당장 한 도시에서 생활하기는 사실 좀 무리다. 다른 사람들과 마찬가지로 시설이 잘 갖춰진 리조트가 유리할 것이다. 우리 부부는 가능하면 가까운 시일 내에 스타트를 끊으려고 한다. 일단 저질러 보는 것이다. 한 군데씩 돌아다니면서 흥미로운 경험을 접해 보고 싶다. 나중에 아이들이 발리에서 서핑하며 재미있어 하는 표정을 보고 싶고 유럽의 작은 성을 통째로 빌려 살아보고 싶다. 땅 위에 있는 세상이 전부가 아니라 다이빙을 배워 바다 속에도 넓디넓은 세상이 있다는 것을 보여 주고 싶다. 이런 결정이 우리 아이들에게 스스로 커나갈 수 있는 자양분이 되었으면 좋겠다.

강연·컨설팅·인세 수입
연 100억 원 달성하기

어떤 분야가 돈벌이가 좋다는 이야기를 듣고 마냥 쫓아가서 일한다면 금세 피곤해질 것이다. 정말 내가 좋아하는 것을 찾아 그 분야의 고수가 되어야 한다고 본다. 그렇게 된 경우 만들어낼 수 있는 콘텐츠는 다른 사람들이 가치가 높다고 판단하고 기꺼이 지불할 것이기 때문이다. 그래서 예전부터 나는 무엇을 잘하고 좋아하는지 오랫동안 되뇌어왔다.

사실 나는 여러 분야에 관심이 많다. 그런데 그 관심이 오래가지 않는다는 것이 나의 단점이다. 뭔가를 진득하게 붙어서 한 적이 별로 없다. 그러다 보니 취미를 붙일 만한 잡기가 없다. 대학교 다닐 때 친구들은 당구장에 살기도 했는데, 나는 좀 치다가 잘

안 되니까 그냥 포기했다. 한때 PC방에서 게임하는 것이 유행인 적이 있었다. 그때도 몇 번 해 보고 금방 지루해져서 안 하게 되었다. 그리 잘하는 편이 아니다 보니 재미를 못 붙였던 것 같다. 아이들과 함께 지내는 시간이 많다 보니 골프도 시작하지 않았다. 그래서 지금도 취미가 뭐냐는 질문에 선뜻 답하기가 어렵다.

예전에 친구의 아버지를 보면서 참 부럽다고 생각한 것이 있다. 친구 아버지의 취미는 사진 촬영이었다. 그러다 보니 우리 가족과 친구의 가족이 함께 나들이를 가거나 여행을 갈 때 항상 사진을 찍어 사진을 나눠 주시곤 했다. 이 분의 직업은 방송국 촬영 기사였다. 그래서 간혹 다큐멘터리 같은 것을 찍으러 해외로도 많이 나가셨다. 지금은 현업에서 물러났지만, 관련 분야에서 아직도 일하고 계신다고 전해 들었다. 내가 제일 부러워했던 점은 취미가 특기가 되고 그 특기가 직업이 된 점이다. 물론 취미가 돈벌이가 되면 더 이상 취미가 아니게 되는 경우도 있지만, 적어도 자기가 좋아하는 분야를 업으로 삼아서 좋겠다고 생각했다. 그러다 보니 내가 좋아하는 것이 무엇인지에 대해 알아보려고 매달렸다.

우연히 내가 무엇을 잘하고 좋아하는지 알게 된 계기가 있었다. 고시 공부를 하는 수험생들 사이에서 회자되는 말 중에 "합격하기 위해선 단권화해야 한다."라는 말이 있다. 회계사 시험도 마찬가지다. 내가 회계사 시험을 공부할 때 여러 책을 펼쳐 놓고 비교해가면서 공부하다가 실패한 적이 있었다. 회계사 시험에 붙기 위해 공부하는 것이니 회계학을 연구하는 것이 아니다. 그런데 대학원에서 공부한 습관 그대로 시험 준비를 하다 보니 시험 점수가 좋지 않았다. 2차 시험에서 불합격한 뒤로 잘 보지 않는 책들은 과감히 버리고 단권화를 진행했다. 각 과목당 수험서를 한 권으로 하되, 그 책에 없지만 이해하는 데 도움이 되는 내용들을 포스트잇에 작성해서 책에 붙였다. 한정된 공간에 핵심적인 내용을 기재하려다 보니 어떻게 하면 잘 정리할 수 있을지 고민하게 된 것이다.

그러던 중 회계감사라는 과목을 공부하면서 서브노트를 만들게 되었다. 회계감사의 경우 암기해야 할 양이 많은데 그것을 좀 쉽게 암기하기 위해 한눈에 볼 수 있도록 도식화하고 정리해서 볼 필요가 있었기 때문이다. 그렇게 만들어 놓은 서브노트를 주위 친구들이 하나둘 복사해서 가져가기 시작했다. 그게 입소문이 났고, 복사집 주인이 자기에게 팔라고까지 했다. 물론 팔지는 않았지만, 나름 깔끔하게 정리한 것이 다른 사람에게 보기 좋게 내용을 전달할 수 있다는 점에 뿌듯했다.

수험생 시절 단권화를 위해 핵심 키워드를 뽑고 도식화하기 위해 고민했던 나름의 노하우가 회계법인에서 파워포인트로 각종 방법론이나 제안 내용을 구성할 때 빛을 발하게 되었다. 이런 작업을 하면서 알기 쉽게 잘 정리했다는 이야기를 들으며 능력을 인정받았을 때 너무나 행복했다. 그러다 보니 그런 이야기를 또 듣고 싶어서 계속 고민하고 계속 발전시키려고 노력하게 되었다. 그러면서 나는 복잡하고 어려운 내용을 다른 사람들이 알기 쉽게 정리해서 보여 주는 것을 좋아한다는 것을 깨달았다.

어떻게 보면 책 쓰기도 그런 것과 비슷하다고 본다. 도식화를 할 것이냐, 아니면 글로 표현할 것이냐의 차이일 뿐이지, 어떻게 표현하면 상대방이 알기 쉽게 이해할 수 있는가에 대한 고민은 동일하기 때문이다. 그래서 요즘 들어 책 쓰는 것에 매우 큰 희열을 느끼며 원고를 한 줄 한 줄 채워가고 있다. 때론 그 고민이 고통스러울 수도 있다. 그런데 재미있는 것은 다른 분야에 금방 싫증내는 내가 책 쓰기만은 꾸준히 하고 있다는 것이다.

어느 순간 알기 쉽게 정리해서 표현하는 것이 꼭 지면으로 할 필요는 없겠다는 것도 깨달았다. 내가 회사 재무팀장으로 있었을 때 주거래 카드사로부터 '고객사 관점에서 본 카드사와의 파트너십'이라는 주제로 강연 요청을 받았다. 그때 회사의 법인영업본부 본부장 및 직원을 대상으로 법인영업이 왜 어려운지, 우리 회사가 어떻게 카드 회사와 파트너십을 이루게 되었는지, 카드 회사에 대한 고객사 입장에서의 느낌에 대해 공유하는 자리였다.

회계법인에 근무할 때 금융기관을 대상으로 법인 영업을 한 경험과 회사 재무팀장으로서 금융기관으로부터 서비스를 받는 입장에서의 경험이 동시에 있다 보니 서로의 입장을 잘 이해하고 있었다. 내가 양쪽 상황 모두 잘 알고 있으니 상대방의 입장에 맞춰 알기 쉽게 이야기할 수 있었다. 이런 강연 역시 단지 전달하는 방식이 다를 뿐 복잡한 내용을 알기 쉽게 상대방에게 전달한다는 일과 동일한 것이라 생각이 들었다.

회계사로서 컨설팅 프로젝트를 진행할 때 솔직히 힘들다. 특히 임원진을 상대로 보고할 때는 더 그렇다. 하지만 이때도 이상하게 나는 그런 긴장감을 즐겼다. 우리가 해 온 프로젝트의 성과를 임원진에게 잘 설명할 수 있도록 자료를 만들고 발표 준비를 하는 과정이 즐거웠다. 지금 생각해 보니 이 역시도 상대방이 잘 이해할 수 있도록 내용을 전달하는 것과 맥을 같이 하는 것이다.

지금까지 나의 삶을 뒤돌아보니 내가 좋아하는 것이 무엇인지에 대해 고민을 했지만, 은연중에 내가 좋아하는 것을 하고 있었던 것이다. 그리고 여기저기에 관심이 있지만, 오랫동안 *끈기*를 가지고 파고들지 못한 단점도 다른 사람에게 어떻게 알려줄 수 있는지의 관점으로 보게 되니 많이 개선되었다.

이제는 지식의 가치로 평가받는 시대이니 만큼 고객에게 얼마나 유용하고 파급력을 가진 지식을 전달할 수 있는지가 중요하다. 지금 많은 기업이나 개인에게 자신의 지식을 전파하는 메신저들은 계속된 지식 전달과 동시에 다양한 사례들을 접할 기회가 많게 되고 이것이 다시 자신의 노하우로 쌓여 다른 사람이 범접하기 힘든 진입장벽이 생기게 된다. 이런 진입장벽이 세워지게 되면 수익을 벌어들이는 속도가 더욱 빨라질 것이라 본다.

살면서 겪는 경험은 개개인마다 다르다. 그런 경험에 근거해서 다른 사람에게 가치 있는 정보로 가공할 수만 있다면 이런 메신저의 삶을 실현할 수 있다. 또 실제 그런 삶을 통해 빠르게 부를 축석하는 케이스가 많아지고 있다. 게다가 다른 사람의 인생을 보다 윤택하게 만들어 줄 수 있는 메신저의 삶은 보람을 많이 느낄 수 있다. 경제적으로 여유가 생기면서 보람을 느낄 수 있는 직업이 얼마나 있을까? 그리 많지 않을 것이다. 이제는 이 지식사업가의 삶이 눈앞에 보이는 내 미래가 되었다.

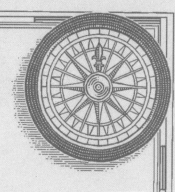

PART 7

꿈과 희망을 주는
동기부여 베스트셀러
작가 되기

· 이 순 희 ·

이순희 양성평등원 외래교수, '월드 스카프' 대표, 스카프 코디 전문 강사, 스카프 개발 디자이너, 자기계발 작가, 동기부여가

남편의 사업부도로 38세부터 동대문에서 장사를 시작해 논현동에 건물을 소유하기까지 많은 우여곡절을 겪었다. 초등학교 졸업이라는 콤플렉스를 깨기 위해 환갑 넘어 시작한 공부로 대학원 석사까지 패스하는 극적인 인생을 살아왔다. 인생 역전 드라마의 주인공으로, 많은 사람들에게 희망을 주고 '꿈은 꾸는 사람만 이룰 수 있다'라는 확신으로 동기부여를 주는 공감 멘토로 활동 중이다. 현재 동대문 시장에서 쌓은 경험과 노하우를 다룬 개인저서를 준비 중이며, 이어서 아름다움을 만드는 스카프 연출법에 대해서도 집필 중이다.

E-mail sumisa@hanmail.net   Blog sumisa4.blog.me

꿈과 희망을 주는
동기부여 베스트셀러 작가 되기

나의 부모님은 함경북도 길주에서 결혼하시고 남한으로 내려 오셨다. 스무 살의 어린 나이에 내려오신 부모님에게 일가친척 하나 없는 남한에서의 삶은 고행 그 자체였다. 5남매를 낳으신 엄마는 행상으로 우리를 키우셨다. 아이들 다섯이라 시끄럽다고 셋방도 안 주는 경우가 많았다. 그래도 다니다 보면 얻을 수 있는 방이 있었기에 간신히 살아왔다.

우리는 끼니를 굶는 날이 더 많았다. 끼니라고 해 봐야 국수, 보리밥, 아니면 시래기죽이 전부였다. 그 지겨운 기억에 나는 국수, 보리밥, 죽은 아무리 소문난 맛집이라고 해도 안 먹는다. 돈을 주고는 절대 사 먹지 않는다. 요즘은 건강식으로 잡곡을 섞어 먹는 정도다.

　나는 초등학교를 졸업하자마자 생계를 위해 봉제공장에 취직했다. 그때부터 끼니를 거르는 일은 없었다. 당시는 노동 집약적 산업, 특히 봉제 산업이 발달해서 초등학교를 졸업한 고사리 같은 손길을 더욱 필요로 하는 시대였다. 또한 맏딸은 살림밑천이라고 동생들을 먹여 살리는 것이 당연한 일이라 여겼다. 나 역시 힘들게 고생해서 동생들을 벌어 먹이고, 그것을 보람으로 생각하며 일했다. 오히려 무엇을 더 해 줘야 동생들이 행복하게 살 수 있을까, 하는 희생정신이 가득했다. 요즘 같은 세상에서 동생들 공부를 시키라고 한다면 아마 난리가 날 것이다. 그렇게 희생하며 살았기에 우리 동생들은 지금도 언니라면 끔찍이 생각한다.

　나는 결혼하고 10년 동안 남편의 두 번의 부도로 사글세를 살면서 우울증에 빠지게 되었다. 처음에는 부모를 원망하고 남편을 원망했다. 나중에는 스스로를 자책하며 나는 왜 이리 빅복한 팔자로 태어났을까, 하는 생각이 들었다. 가난하게 태어나 어려서부터 굶다시피 하며 학교를 다니고 초등학교를 졸업한 후에는 봉제공장, 스웨터공장, 양은그릇공장 등으로 식구들 생계를 위해서 뛰어 다녔다. 결혼 후에는 부도나 맞는 못난 남편을 만나 이 고생을 하나 싶었다. 나의 사주팔자는 어떻게 생겼기에 이렇게도 지지리도 못살까 하는 마음에 실오라기 같은 희망도 없었다. 아침에는 눈뜨는 것조차 무서웠다. 차라리 이대로 영원히 잠이 들어버렸으면 좋겠다는 생각마저 들었다.

세 아이들의 까르르 웃는 소리에 눈을 떴다. 그 위로 예수님의 십자가와 성모님의 인자한 모습이 나를 지켜보고 계셨다.

"그래, 나에게는 하느님이라는 빽이 있었지. 하느님, 저를 살려주세요. 성모님 저를 도와주세요!"

못난 팔자로 태어났다면 내 팔자 내가 고쳐 보자고 마음먹었다. 나는 아직 젊어서 무엇이든 할 수 있다고 생각했다. 정신을 차리니 자신감이 생겼다. 이 가난의 지겨움을 대물림할 수는 없다고 다짐했다. 화장을 곱게 하고 립스틱을 짙게 바르고 입꼬리를 올리고 미소 띤 얼굴로 '나는 할 수 있다'는 자신감을 갖고 무작정 길을 나섰다.

"하느님, 저에게 우리 아이들 세 끼 먹일 수 있는 길을 열어 주세요!"

남영동에서 서울역으로 가는 굴다리가 지나던 중이었다. 옆 골목으로 고개를 돌렸을 때 설렁탕집 벽에 붙은 종이가 눈에 들어 왔다. '아줌마 구함'이라는 문구가 쓰여 있었다. 나는 그날부터 설렁탕집에서 카운터를 보고 탁자도 닦으며 직장생활을 시작했다. 아이들 밥걱정은 덜어서 마음이 편했다.

몇 달을 지내다 보니 설렁탕 냄새에 머리가 아파서 다닐 수가 없었다. 두 번째 직업은 동네에서 자그마한 가게를 얻어 시작한 아동복 장사였다. 장사는 잘되어 우리 식구들 마음 편하게 밥을 먹을 수가 있게 되었다. 이렇게 장사가 잘되면 자그마한 집을 살 수는 있겠다는 마음으로 열심히 했다.

마음에 여유가 생기니 남편의 초라한 모습이 눈에 들어 왔다. 남편은 오전에 내려와 셔터 문을 올려 주고 저녁에 내려와 셔터를 내려 주는 영락없는 셔터맨이 되어 있었다. 저 초라한 뒷모습이 또한 나의 모습인 것을 깨달았다. '그래, 남편과 함께 일할 수 있는 넓은 곳으로 가자'라는 생각으로 다음 날 부동산에 가게를 내 놓았다. 며칠 만에 가게를 넘겨 주고 남편 손을 잡고 동대문으로 향했다.

어떤 계획이나 전략도 없이 남편과 함께 일할 수 있을 것이라는 생각으로 무작정 동대문 시장에 뛰어들었다. 당시 동대문 시장에는 장사한다고 신고하는 곳도 없었고 건물주에게 한 달 임대료만 주면 아무 물건이나 팔 수 있었다. 그렇기에 장사 경험도 없는 사람들이 뛰어드는 곳이었다. 나는 장사할 줄도 모르고 경험도 없어서 무엇으로 어떻게 해야 할지 고민이 많았다. 전략을 짜다가 고민 끝에 몸소 실전에서 부딪혀 보기로 했다. 내가 손님이 되어 다니면서 판매원들의 행동을 파악하기로 했다. 고쳐야 할 점, 본 받아야 할 점으로 나누어 분석하며 장사를 익혔다.

빚을 얻어 시작한 장사는 매일 쪼들렸다. 그러나 나의 궁상맞은 모습을 보여 주기 싫었다. 매일같이 입꼬리를 올리며 웃는 모습으로 고객과 대화를 하며 즐거운 표정을 지으면 "장사가 잘되나 봐요?"라고 묻는 경우가 많았다. 그러면 나는 무조건 "네, 잘됩니다."라고 대답했다. 그래야만 잘되는 줄 알고 돈도 빌려줄 것이 아닌가? 나의 친절한 모습에 고객은 차츰 늘기 시작했다.

나는 장사를 하면서 다음과 같은 10가지 철학을 세웠다.

1. 유행을 좇지 말고 유행을 만들어라.
2. 손님을 친구로 만들어라.
3. 나를 먼저 가꾸어라.
4. 긍정적 마인드를 가져라.
5. 남편을 최고로 모셔라.
6. 물건을 팔려고 하지 말고 가치를 팔아라.
7. 고객의 취향을 먼저 파악하라.
8. 항상 고객이 들어온다는 생각으로 준비하라.
9. 사지 않는 고객에게 더욱 친절하라.
10. 늘 지식을 습득하고 공부하라.

한때는 청천벽력 같은 IMF도 맞았다. 그러나 나는 할 수 있다는 긍지로 다시 일어설 수 있었다. 30년 가까운 시간을 열정을 다해 살았다. 환갑을 넘긴 나이에 논현동에 작은 건물을 사서 집을 새로 짓고 일하지 않아도 먹고살 돈은 나왔다. 나는 가치 있는 인생을 살고 싶었다. 평생 열등감을 느끼며 살아왔기에 평생소원인 공부를 하고 싶었다. 모두가 나를 말렸다. 엄마만이 나의 든든한 지원군이었다.

나는 할 수 있다는 긍지를 가지고 돌진해서 중·고등학교 검정고시를 1년 만에 합격했다. 대학 4년, 대학원 2년 반까지 공부를 시작한 지 8년 만에 석사학위를 패스해 2017년 8월에 졸업했다. 세상에 어찌 이런 일이 나에게 생기는지 지금 생각해도 꿈만 같다. 이게 꿈이라면 깨어나지 않기를 바랄 뿐이다.

나는 할 수 있다는 자신감으로 고난과 시련을 극복하고 이겨낸 경험들을 책에 담아 불우한 환경에 있는 사람들에게 꿈과 희망을 주고 싶다. 나의 메시지를 통해 성공할 수 있도록 동기부여를 해 주는 유능한 작가가 될 것이다. 그리하여 나의 글에 공감하며 새로운 꿈에 도전하고 삶을 변화시켜 더 좋은 세상으로 새로이 태어나는 사람들이 많아졌으면 좋겠다.

나에게 가난, 배고픔, 멸시, 고난, 증오, 미움, 굴욕, 열등감이 없었다면 오늘의 내가 없었을 것이다. 나는 이것들과 당당히 맞서 싸웠다. 때로는 죽을 각오로 싸우고 또 싸웠다. 그들은 결국 두 손 두 발 다 들고 백기를 들고 물러났다. 나에게 평화의 메시지가 전달된 듯하다. 나는 반드시 꿈과 희망을 주는 동기부여 베스트셀러 작가가 될 것이다.

대한민국 최고의
성공학 강사 되기

2017년 1월, 교보문고를 찾았다. 베스트셀러 1위가 진열되어 있는 선반 앞에 섰다. 나는 올해 안으로 틀림없이 이 자리를 차지하고 말 것이라는 각오를 하고 한 컷을 찍었다. 베스트셀러 작가가 되는 것이 올해 나의 확고한 목표다. 우선 교보문고에서 촬영한 사진을 편집했다. 2017년 상반기 베스트셀러 1위 자리에 나의 사진을 넣고 '이순희 작가 베스트셀러 1위'라고 적었다. 그리고 그 아래에는 '꿈은 이루어진다'라고 써 넣었다.

편집이 완성된 사진을 벽에 붙여 놓고 아침, 저녁으로 "이순희, 베스트셀러 작가가 되어 대한민국 최고의 성공학 강사 되기. 파이팅!"을 7개월째 외치고 있다. 나의 꿈은 서서히 이루어지고 있음

이 나의 촉으로 감지되고 있다. 올해 안으로 분명히 내가 쓴 책이
베스트셀러가 될 것이다.

동대문 시장에서 일할 때 단체 여행을 갈 기회가 많았다. 저녁
이면 모여 앉아 살아온 이야기로 꽃을 피웠다. 그중에서 나이가
제일 많았던 나는 남편과 함께하는 직장에서의 아내의 역할이나
고객에게 해야 할 여러 가지 상황 등 살아온 이야기를 하며 밤을
지새웠다. 저녁이면 사람들이 "교수님, 어서 오세요. 오늘밤에도
재미있는 강의 들려주세요." 하며 내 이야기에 귀 기울였다. 그때
부터 나는 사람들에게 호감을 많이 얻었다.

그때 나의 최종학력은 초등학교 졸업이었다. 그런데도 그들은
나의 이야기에 귀를 기울이고 감탄하며 함께 웃고 울며 공감했다.
이제 생각해 보니 강의를 잘해서가 아니라 진솔하고 올곧게 살아
온 나의 인생을 믿어 주었던 것이다. 항상 긍정적인 사고방식으로
살아왔기에 남의 눈에 좋게 보인 것 같다.

꿈을 꾸었다. 모교인 서울과학기술대학교 강당에서 강의하는
꿈이 너무나 생생했다. 내가 책을 써서 베스트셀러 작가가 되어
유명인사가 되면 우리 학교에서 초빙할 수도 있겠구나 하는 생각
이 들었다. 또 학생 수천 명이 모인 자리에서 명강의를 해서 박수
갈채를 받으며 단상을 내려오는 당당한 나의 모습을 상상해 본

다. 꿈만 같은 이야기지만 현실에서 가능하다는 느낌을 받았다.

대학원에 입학하기 위해 면접을 볼 때의 일이다. 최승욱 교수님께서 나에게 질문하셨다.

"대학원에서 공부하기가 생각보다 쉽지가 않습니다. 그 연세에 따라 오실 수 있겠습니까?"

"네, 저는 목숨을 다해 공부할 것입니다."

대학원에 입학해서 첫 수업시간 PPT 발표가 끝났을 때 최승욱 교수님께서 말씀하셨다.

"30년 전에 학교에 들어오셨더라면 우리 학교가 난리 날 뻔했습니다."

그렇게 울고 웃는 학교생활의 연속이었다. 남들이 한 번 노력할 때 나는 열 번을 노력했고 남들이 열 번 노력하면 나는 백 번을 노력했다. 열심히 노력한 끝에 다섯 학기 동안 장학금을 세 번이나 받을 수 있었다. 나 자신이 자랑스러웠다. 남편도 흐뭇해했다. 등록금을 내 주는 사위들에게도 자랑스러운 장모가 된 것 같아 흐뭇함을 금할 길이 없었다.

이렇게 만감이 교차되며 우리 대학교에서의 첫 강의는 어떤 주제를 하면 좋을까 생각해 보았다. 생각만 해도 가슴이 떨려왔다. 우리나라를 짊어지고 나갈 젊은이들에게 꿈과 희망을 전달하고 싶다. 시련을 어떻게 이겨 나가며 꿈을 어떻게 이루어 나갈 것인가에 대해 그들과 함께 공감할 수 있는 주제를 생각해 본다. 요즘 학생들의 얼굴에서는 밝고 화사한 모습을 좀처럼 볼 수가 없었던 것 같다. 동변상련이라고 내가 논문 쓰기가 힘들어 남들도 그렇게 보이는 것이 아닌가 하는 생각도 든다.

내가 졸업한 과학기술대학교의 예전 이름은 서울산업대학교다. 국립이어서 등록금이 다른 학교의 절반 수준이다. 그래서 어려운 집안의 학생들이 많이 다닌다. 힘든 환경에서 어렵게 공부하는 학생들에게 굳은 신념만 있으면 어떠한 난관도 뚫고 나갈 수 있다고 동기부여해 주고 싶다. 한없이 뻗어 나갈 수 있는 젊은이들의 마음을 열어 함께 공감하며 스스로 생각하고 지혜와 통찰을 건네줄 수 있는 진정성 있는 강의를 하고 싶다.

나의 바로 아래 동생의 둘째 딸은 서울에 있는 대학에 전부 떨어졌다. 그 당시는 대학에 들어가기가 가장 힘들었던 시기였다. 충청도에 있는 모대학교 예비 합격자 명단 100위에 등록되어 있었다. 다 포기하고 있었는데 대학교 신입생 모집이 끝나갈 즈음 학교에서 전화가 왔다. 합격이라고 등록하라고 연락이 온 것이다. 그렇게 대학생이 되어 학교를 졸업하게 되었다. 어느 날 조카가 말했다.

"이모, 1등으로 학교에 들어가나 꼴등으로 들어가나 졸업하고 나면 다 똑같아. 우리 집은 못 살지만 신랑감은 똑똑한 사람을 데려올 거야."

자신감이 넘치는 긍정적인 마인드가 말한 대로 이루어지게 해 줄 것이라는 확신을 주었다. 조카는 결국 치과 의사와 결혼해서 아들, 딸을 낳아 행복한 가정을 이루며 살고 있다. 그뿐만이 아니다. 영어유치원을 경영하는 원장으로 당당한 커리어우먼이 되어 사회에서도 성공한 여성이 되어 있다. 꼴등의 열등감은 잊어버리고 대학을 졸업했다는 자신감과 긍정적인 사고방식이 불러온 쾌거인 것이다.

제부는 공무원으로 일하며 여유로운 형편이 아니었다. 동생은 자식들을 잘 키우기 위해 식당을 운영하면서 대학원까지 공부시켰다. 학교가 일찍 끝나면 엄마를 위해 심부름도 잘하는 딸이었다. 그렇게 어려움 속에서도 긍정의 힘을 가지고 살아가니 무엇이든 원하는 대로 바라는 대로 하고 싶은 대로 되는 것이다.

사람들은 나의 이력을 보며 어떻게 그 나이에 공부를 할 수 있냐고 훌륭하다며 감탄한다. 누구든지 나의 환경이 되면 나처럼 할 수 있지 않았을까 생각해 본다. 요즘 세상에 초등학교만 졸업한 사람은 흔하지 않을 것이다. 부끄럽기도 하지만 우선 알파벳도 모르니 길가에 간판 하나 못 읽어 답답하기 짝이 없을 때도 있었다. 나이는 숫자에 불과하다고 생각한다. 나는 내가 하고 싶은 것이 있으면 그곳이 어디든지 당당하게 찾아간다. 가끔 의아한 눈으로 나를 바라보는 곳도 있다.

책을 쓰기 위해 찾아간 〈한책협〉의 김태광 대표 코치는 내가 나이 제한에 걸린다며 고개를 갸우뚱하며 고민했다. 제한 나이보다 열 살이나 많았기 때문이다. 나는 나의 이력을 모아 전부 들고 갔다.

"저 오늘 〈한책협〉에 입학시켜 주지 않으면 여기를 떠나지 않을 겁니다."

나의 간절함에 등록이 결정되어 책 쓰기 수업이 시작되었다. 나이 먹는 것도 서러운데 나이가 많아 문제가 되는 것이 속상했다. 그러나 생각해 보니 이러한 이유도 이해가 되었다. 어른이라는 이유로, 나이를 먹었다는 이유로 유세를 부리고 잘 따라오지 못하는 사람들이 많을 것이기 때문이다. 내가 이해해야 한다는 결론을 내렸다. 그러면서 나는 결심했다. 열심히 노력해서 보란 듯이 책을 쓰고 한국에서 잘 나가는 베스트셀러 작가가 되겠다고 말이다. 또한 대한민국 최고의 성공학 강사가 되어 나이가 들어도 얼마든지 성공할 수 있고 꿈과 희망을 잃지 않고 살아갈 수 있다는 것을 사람들에게 보여 줄 것이다.

나는 명강사가 되기 위한 방법을 정리해 보았다. 말을 잘하는 사람이 아닌 보통 사람으로서 삶의 진정성과 내가 느끼고 살아온 삶의 노하우를 전달하며 함께 공감할 것이다. 행복하게 건강을 지키며 즐겁게 살아가는 건강 지키기 노하우와 행복한 가정을 이끌어가는 행복의 노하우는 그냥 얻어지는 것이 아니다. 죽을 때까지 치열하게 노력하며 전략을 짜야 하며 때로는 연기를 잘하는 연기파 배우도 되어야 한다.

우리가 살아가야 하는 여러 장르의 인생 이야기도 들려주며 함께 웃고 울며 인생의 마술사 같은 대한민국의 최고의 성공학 강사가 되고 싶다. 꾸준히 지속적으로 노력하지 않으면 명강사가 될 수 없다. 더 많은 지혜를 얻기 위해 노력을 게을리하지 하지 않을 것이다. 나는 돌아올 힘을 남기지 않고 전진한다. 대한민국 최고의 성공학 강사가 되기 위해서 말이다.

아름답게 살아가기 위한 부부의 대화법 멘토 되기

부부가 평생 싸우지 않고 살아간다는 것은 매우 힘든 일이다. 결혼 초 세상에 둘도 없는 내 사랑이었건만 세월의 흐름 속에서 사랑과 미움이 교차되며 사랑이라는 설렘은 서서히 사라지고 있다. 연애할 때 찍은 빛바랜 흑백사진처럼 사랑의 감정도 어느새 사라져간다.

우리 부부는 아이들이 출가하고 없기에 단둘이 살아가고 있다. 나는 늦은 나이지만 지금 학교를 다니고 있다. 다른 학생들은 중·고등학교를 6년 다니지만 나는 검정고시 공부를 했기에 보통 2~3년 걸려 하는 공부를 1년 안에 끝냈다. 대학에 들어가니 다른 학생들을 따라가기가 버거웠다. 대학 1학년에 입학하면서 모자라는 학습 보충을 위해 저녁이면 학원으로 늦은 밤까지 공부하러 다녔다.

남편은 짜증을 내며 심통을 부리기 시작했다. 나도 화를 냈다. 조금만 참아주면 될 것을 뒤늦게 공부하는 마누라 좀 도와주면 어떻냐며 화를 냈다. 서로 말을 안 하고 있으니 갑갑했다. '이혼하고 내가 하고 싶은 공부를 실컷 할까?'라는 생각도 해 보았다. '그렇게 되면 남들이 어떻게 생각할까? 과연 잘했다고 할까?' 한참 생각해 보았다. 공부도 좋지만 환갑이 넘어 공부하려고 이혼했다고 하면 다들 미쳤다고 할 것이다. 나 역시도 무슨 영광을 얻겠다고 이혼까지 하면서 공부는 해서 무엇 하나 하는 생각이 들었다. 그래서 작전을 바꾸었다.

2학년 겨울 방학이 되었다. 나는 모든 외출을 삼갔다. 오로지 남편을 위해 삼시 세끼 밥을 차려 주며 독서로 방학을 보냈다. 저녁을 먹을 때 남편의 비위를 맞추는 말을 했다.

"당신 옆에 있으니 이렇게 편안하고 좋은걸."

그랬더니 남편이 달라졌다.

"여보, 된장찌개에 감자를 넣으니까 맛이 있네."

남편은 이런 말을 하며 행복해했다. 항상 넣는 감자이건만 나의 말 한마디에 감성의 자극을 받아 감자의 맛을 저렇게 다르게 느낄 수가 있구나 하는 생각을 갖게 했다. 내가 공부에 미쳐 남편의 외로움을 볼 수가 없었구나 하며 반성하는 마음이 들었다.

베란다를 내다보던 남편이 나를 불렀다.

"여보, 이리 좀 와 봐. 저 달빛 좀 봐. 달빛이 너무 아름다워."

밖을 내다보았다. 휘영청 밝은 보름달이 얇은 구름에 걸려 있었다. 보통 때도 볼 수 있는 달이었다.

"여보, 당신 지금 너무 행복한가 보다. 내가 옆에서 보필하니 너무 행복해 보이네."

남편은 멋쩍은 듯 그렇다고 했다. 그동안 내가 남편한테 무관심 했구나 반성하게 되었다.

나는 대학을 졸업하면서 대학원에 가고 싶었다. 대학원에서는 어떤 학문을 공부하는지 너무 궁금했다. 알아본 결과, 전공과목을 살린다고 했다. 나는 35년이라는 세월을 스카프사업에 전념했다. 스카프에 대해서 더 깊은 공부를 하고 싶었다. 대학원을 다니게 된다면 공부하려는 나의 목적을 달성하기 위해 남편을 정성을 다해 모셔야겠다는 생각을 했다. 어느 날 남편의 의중을 떠 보았다.

"여보, 나 대학원에 가고 싶은데 당신 생각은 어때요?"

"이제 그만하지!"

돌아오는 건 남편의 퉁명스러운 대답이었다. 대들고 싶었지만 꾹 참았다. 일보 전진을 위한 일보 후퇴하기로 했다.

"알았어요, 당신이 원한다면 대학원 포기할게요."

나는 아주 부드럽게 대답했다. 남편은 흐뭇한 표정을 지으며 안도의 한숨을 쉬고 있었다. 우선 안도의 한숨을 쉬게 한 다음 작전을 짜기로 마음을 굳혔다. 남편은 다음 날 식구들의 의사를 묻는 가족회의를 했다.

"너희들은 엄마가 대학원에 가는 것에 대해서 어떻게 생각하는지 의사를 말해 보아라."

첫째 사위는 "아버님, 저는 어머님이 자랑스럽습니다. 저는 찬성입니다."라고 말했다. 둘째 사위는 "저도 찬성입니다. 훌륭한 어머님이 자랑스럽습니다."라고 대답했다. 아들 역시 "아빠, 우리가 못한 공부를 엄마가 하시겠다는데 왜 반대하세요? 저는 무조건 찬성입니다."라고 말하는 것이 아닌가. 남편은 어이없어했다.

"공부하라는 자식들은 안 하고 하지 말라는 엄마가 저렇게 공부에 미쳐 있으니, 나 원 참!"

첫째 사위는 "아버님, 어머님이 저렇게 원하시는데 우리 모두 찬성입니다. 어머님 등록금은 우리 두 사위가 책임지겠습니다. 아버님두 찬성하시지요?"라고 말했다. 남편은 "너희들이 어머니를 그렇게 생각한다면 나도 찬성이다. 만장일치로 통과다. 탕탕탕!"이라고 말하며 결국 허락해 주었다.

이렇게 해서 나는 남편으로부터 대학원에 가는 것에 대한 동의를 얻었다. 나중에 작은 딸이 나한테 물었다.

"엄마는 평생을 힘들게 돈을 벌었는데 공부하고 싶으면 하면 되지. 왜 아빠한테 동의를 구하는 거야?"

나는 대답했다.

"우리가 살아가는 데는 순리가 있듯이 가정에서도 마찬가지야. 가정의 행복을 위해 어떤 문제를 혼자서 독단적으로 결정하는 것보다는 서로가 의논하고 양보와 타협을 하며 가족으로서의 자존감도 지켜 주며 살아간다면 이보다 더 큰 행복이 어디 있겠니?"

나는 대학원을 마치기 위해 남편에게 최선을 다하기로 했다. 최선의 서비스로 나의 목적을 달성하기로 했다. 처음에는 말이 잘 안 나왔다. 부부 간의 좋은 대화법도 연습이 필요하며 계획이 필요했다. 항상 단정한 머리와 몸가짐, 최대한의 부드럽고 상냥한 목소리, 미소 띤 얼굴을 했다. 연애할 때가 생각났다.

'그래, 연애 때와 같은 감정으로 시작하자.'

아침이면 식사가 끝나고 과일과 커피를 마시며 일상이 시작된다. 남편은 커피, 크림, 설탕의 3박자 커피를 좋아한다. 그리고 따끈한 미각을 즐긴다. 날씨가 추운 겨울이라 커피 잔에 커피를 타면 따끈한 맛은 사라지고 그냥 따뜻한 정도다. 우선 팔팔 끓는 물을 커피 잔에 부어 잔을 뜨겁게 덥힌다. 커피를 타고 난 다음 마지막으로 손잡이에 따끈한 물을 부어 주면 손잡이가 따끈하게 데워진다. 부드러운 목소리로 "여보, 커피 잔의 손잡이도 따끈하게 데웠어. 나의 손길처럼 잡아 봐요."라고 건네주었다. 남편은 검지가 커피 손잡이 구멍으로 들어가는 순간 따뜻한 감성을 느끼며

"오, 따끈하니 좋네."라며 행복해했다.

"여보, 오늘 하루도 행복하게 시작합시다. 건배!"

커피 잔을 마주치며 즐겁고 행복한 하루가 시작된다. 이렇게 감성적인 마음으로 남편에게 서비스는 하는 것도 연습이 필요하며 하다 보면 습관이 되어 아무렇지도 않게 하게 된다. 남편이 친구를 만나러 가기 위해 외출 준비를 하며 옷매무새를 가다듬고 있을 때 "여보! 당신은 왜 나이가 들어 갈수록 젊었을 때보다 더 멋지게 변하지? 아주 멋진데."라고 말하면 남편은 흐뭇해하며 "당신이 멋진 옷을 사다 주어서 멋쟁이가 되었나?"라고 말한다. 친구를 만나러 가는 남편의 발걸음이 가볍다. 남편의 뒷모습이 마냥 행복해 보인다.

나는 외국에 다녀 올 때 남편의 선물로 향수를 자주 사온다. 줄 때도 그냥 주는 게 아니라 감성을 자극해야 한다.

"여보, 나이를 먹을수록 깨끗해야 해요. 몸에서는 향기로운 냄새가 나야 해요. 당신을 위해 고급 향수를 사왔으니 자수 뿌리고 다녀요."

자신을 위해 무언가를 생각해 준다는 자체가 남편의 자존감을 높여 준다. 친구들 사이에서도 자존감을 지키며 기죽지 않는 당당한 남편으로 살아가게 하는 거라 생각한다.

"여보, 당신이 있기에 내가 공부할 맛도 나고 살아갈 수 있는 힘이 되는 거야. 당신, 아프면 안 돼. 나는 당신이 없으면 밤에 무서워서 싫어."

감기 몸살로 누워있는 남편 옆에서 한마디 해 주었다. 미소를 지으며 약을 먹는 남편은 다음 날 아침에 사랑이 담긴 나의 속삭임에 약발이 더 잘 받았는지 아무 일 없었다는 듯이 거뜬히 일어났다.

하루는 TV를 보고 있는데 노인들의 일상이 나왔다. 어느 한쪽을 먼저 저 세상으로 보낸 다음 홀로 지내는 쓸쓸한 모습의 노인들이었다.

"여보, 나는 당신과 한날한시에 함께 이 세상을 떠났으면 좋겠어."

그러자 남편은 "그렇게만 된다면 얼마나 좋겠어? 그게 그렇게 쉬운 일은 아니지."라며 흐뭇한 미소를 짓고 있었다.

"여보, 나는 죽어서 다시 태어나도 당신을 또 만날 거야. 예전에는 다시는 안 만난다고 했는데 오래 살아 보니 당신만 한 사람도 없는걸?"

내가 공부하느라 힘들다며 설거지와 청소기를 도맡아 해 주는 남편은 이제는 세탁기까지 돌린다.

"당신, 대학원 졸업하고 박사 공부도 하고 싶으면 해. 열심히 공부하다가 갑자기 그만두면 당신 우울증 걸릴까 염려스러워."

대학원에 갈 때와 백팔십도 달라진 남편을 보며 부부의 사랑 대화가 얼마나 중요한가를 새삼 느끼게 되었다. 처음에는 공부하기 위한, 목적을 달성하기 위한 수단이었지만 과정을 거치면서 진정한 부부 사이의 행복을 알게 되었다. 때로는 하얀 거짓말처럼 상대방의 기분 전환을 위해 마음에 없는 말도 했다. 그러나 진정 살아가는 데 무엇이 필요한가를 느끼게 해 주었다.

한 나라가 행복하려면 가정이 행복해야 하고, 부부가 행복해야 한다. 그 속에서 행복한 아이들이 탄생하고 자라면서 행복한 사회가 되지 않을까 생각해 본다. 나는 아름답게 살아가기 위한 부부의 대화법 멘토가 되어 대한민국의 많은 부부들에게 도움을 주고 싶다.

엄마에게 제대로 된 효도하기

나는 엄마와 35년을 함께 살았다. 엄마는 생활 전선에 뛰어든 나를 대신해서 우리 아이들 셋을 키워 주셨다. 나는 어릴 때부터 엄마와 함께 고생하며 의지해 온 5남매 중 큰딸이다. 남편 대신 평생을 함께하고 의지하며 자식들을 위해 희생적으로 살아오셨다. 엄마와 나 사이에는 단 한 번의 다툼도 없었다. 엄마 또한 나와 함께 살면서 불평 한 번 없으셨다. 우리 아이들을 키워 주시면서 힘들었다거나 "내가 너희들 때문에 고생이다."라는 공치사를 한 적이 없으셨다. 다만 "내가 너희들 때문에 편하게 산다."라고 말씀하셨다. 나는 엄마의 의사를 항상 존중하며 불편 없이 지내시게 해 드리는 것이 엄마에 대한 효도라고 생각하며 살아왔다

"장사가 잘될 때 돈을 모아라. 항상 잘되는 것은 아니란다."라 시며 안전하게 모은 다음 넉넉할 때 쓰도록 해야 한다고 우리에게 살아가는 지혜를 주시곤 하셨다. 나는 엄마에게 늘 공손하게 대 하고 불편한 점은 없으신지 신경 쓰며 편하게 해 드렸다. 하루는 엄마가 말씀하셨다.

"너는 내가 죽었을 때 울지 않아도 돼."

"왜요?"

"너는 나한테 할 만큼 했어."

엄마의 이 한마디에 가슴이 뭉클했다. 지금껏 엄마에게 무엇 을 해 드렸나 하는 생각해 보았다. 돈 벌기에 여념이 없어서 집안 살림은 모두 엄마한테 맡겨 놓았다. 반찬이라든가 살림살이는 신 경 쓸 겨를이 없었다. 나는 돈 버는 것에만 몰두했다. 어느 분야 든 몰두하지 않으면 성공할 수가 없다는 것을 알기에 살림은 전 혀 신경 쓰지 못했다. 엄마한테 어쩌다 밥이며 반찬을 해 드리면 맛있게 드셨다. 짜면 물을 부어 드시고 싱거우면 소금을 넣어 잡 수셨다.

얼마 전 엄마를 위해 밥을 해 드렸다. 따끈따끈한 맛있는 밥을 해 드리기 위해 쌀을 씻어 냄비에 밥을 지어 드렸다. 엄마는 밥을 드시고는 "맛있게 잘 먹었다." 하시며 방으로 들어 가셨다.

당시 딸이 할머니를 뵈러 아이들을 데리고 집에 와 있었다. 할 머니가 드시고 남은 밥을 아이들 먹이려고 한 숟갈 먹어 본 딸이 깜짝 놀라며 말했다.

"엄마, 밥이 설익었는데?"

맛을 본 나는 말이 안 나왔다. 딸이 힘들게 해 준 성의가 고마워 설익은 밥을 아무 내색하지 않고 잡수시는 모습에 숙연해지며 가슴이 아려왔다. 엄마는 사위에게 늘 "임 서방, 자네 덕에 내가 편하게 잘 살고 있네, 고맙네."라고 말씀하신다. 엄마의 너그러운 마음씨에 우리 가족은 늘 행복을 누리며 살았다.

엄마는 5남매 중 큰딸인 나와 늦은 나이에 막내로 낳은 귀한 아들밖에 모르신다. 나는 어려서 너무 착하고 말도 잘 못했다고 한다. 그런데 가운데 세 딸들은 동네가 시끄러울 정도로 헤집고 다녔다고 한다. 내가 매를 맞고 울고 들어오면 동생들이 가서 난리를 피웠다. 나와 어린 막내 남동생은 늘 보호 대상이었다.

어느 해 여름 우리 식구는 콘도를 빌려 여행을 갔다. 엄마가 새벽에 일어나 보니 나와 셋째가 거실에서 자는데 셋째가 혼자서 이불을 덮고 자고 있었다고 한다. 동생은 자는데 누가 이불을 벗겨 가기에 벌써 일어날 시간이 되었나 하며 눈을 떠 보니 엄마가 이불을 끌어다 나한테 덮어 주었다고 한다. 어깨에 바람이 들어갈까 봐 꼭꼭 누르면서 말이다. 동생은 잠결에 내 곁에 달라붙어 이불 속으로 들어가 함께 잤다고 한다. 아침에 일어난 동생은 "엄마, 어떻게 그럴 수가 있어요?"라며 엄마한테 서운하다고 이야기했더니 엄마는 "내가 그랬니? 아무 생각 없이 우리 큰딸이 춥겠다고 생각하고 덮어 주었는데 같이 잤으면 됐지. 뭘 그래!"라고 말씀하셨다. "엄마, 그래도 그렇지. 너무한 거 아냐?"라며 우리 모두 웃고 넘어 갔다. 어려서부터 나는 이렇게 엄마와 동생들의 보살핌으로 살아왔다.

어느 날 동대문 시장에서 일이 끝나고 집에 왔다. 백화점에서 비싸게 사온 접시가 화분받침으로 깔려 있었다. 순간 화가 났다. 하지만 꾹 참았다. 저녁을 먹은 다음 엄마가 방에 들어가시기를 기다렸다. 엄마가 방으로 들어가신 후 다른 접시를 꺼내 엄마 모르게 바꾸어 놓았다. 내가 참기를 잘했다고 생각했다. 접시가 뭐가 그리 중요하다고, 안 보실 때 살짝 바꾸어 놓으면 아무 일 없다는 듯 조용한 것을….

나는 무료한 엄마를 위해 우리 집 옥상에 화단을 만들어 놓았다. 엄마가 좋아하는 꽃과 내가 좋아하는 꽃이 따로 있다. 엄마가 좋아하는 꽃은 싱싱하게 잘 자라고 있었다. 하지만 내가 사다 놓은 꽃은 잘 피지도 않았다. 꽃도 사랑을 받으면 행복을 느끼며 잘 자란다는 것을 느낄 수가 있었다.

며칠 후 옥상에 꽃을 보러 올라갔다. 나의 꽃은 다 뽑혀 쓰레기통에 들어가 있었다. 엄마가 사랑하는 꽃들은 활짝 피어 있었다. 내가 보기에는 예쁘지도 않은 꽃을 엄마는 정성을 들이며 키우신다. 엄마 몸에서 태어났건만 엄마와 내가 꽃 취향이 이렇게 다르구나 하는 생각이 들었다. 그다음부터 나는 꽃 가꾸는 것을 포기했다. 별것 아닌 것 같은데 기분 상하는 일이 생길 것 같았다. 하늘에 해가 하나이듯 집안일을 하는 사람이 둘이면 당연히 시끄러울 것 같았다. 엄마가 혼자서 편안하게 가꾸시도록 해 드렸다.

나는 엄마한테 말대꾸 한 번 없이 엄마가 원하는 것이면 무엇이든 해 드리려고 노력하는 딸이다. 맛있는 음식이나 보약보다 부모의 말을 잘 들어 주고 따뜻한 말 한마디라도 진실하게 해 드렸을 때 마음이 좋으셨던 것 같다. 자식은 부모의 뒤통수를 보며 자란다고 했다. 우리 5남매는 엄마의 희생과 베풂을 보며 자랐다. 덕분에 엄마한테 잘하며 항상 주위 사람들에게 베풀고 희생과 봉사로 사랑을 주고받으며 즐겁고 행복한 나날을 보내고 있다. 엄마에게서 받은 좋은 유전자 덕분이라 생각한다.

엄마는 우리 집에서 평생을 살다시피 하셨는데 작년에 내가 척추수술을 하게 되면서 아들 집으로 내려 가셨다. 엄마는 복이 많으셔서 예쁜 며느리를 보셨다. 마음씨 또한 천사다. 올케는 "이제부터 제가 모실게요. 걱정 마세요."라며 남동생과 함께 모시고 내려갔다. 엄마는 처음으로 며느리한테 삼시세끼 따끈한 밥상을 받으시며 미안해하셨다.

엄마가 올 여름 우리 집에 올라 오셨다. 큰딸이 보고 싶고 증손주들도 보고 싶으셨기 때문이다. 다른 해에 비해 올 여름은 더욱 무더웠다. 우리 집은 아파트가 아닌 개인주택인 데다 4층 맨 위층이다. 햇볕이 위에서 내려 쬐고 사방 벽이 열기로 가득해 한여름에는 열대야 현상으로 무더움에 잠을 설친다. 나는 엄마의 봉양으로 목에 땀띠가 빨갛게 돋아났다. 땀이 많은 나는 땀이 비 오듯 흘렀다. 어느 날 남동생한테서 전화가 왔다.

"엄마, 지낼만 하세요?"

"더워서 못 살겠다."

"엄마, 더운데 왜 거기서 고생하세요? 빨리 내려오세요. 여기는 시원해요."

"오냐, 알았다. 내려가마."

엄마는 가시면서 "너도 이제 칠십이야. 네 몸 관리하기도 힘들 텐데, 나 이제 가면 다시 안 올께."라고 말씀하셨다.

"진정한 효란 무엇입니까?"라는 제자의 물음에 공자는 "부모는 사식이 아프시 않기를 바랄 뿐이나."라고 말했다. 신성한 효노란 자신의 몸을 건강히 돌보는 것이 아닌가 생각해 본다. 엄마가 살아계시는 동안 제대로 된 효도를 해 드리고 싶다. 건강하게 오래오래 사시길 간절히 바란다.

살아생전 책 50권 쓰기

"대표님, 책 쓰세요!"

"네? 제가요?"

나는 조정육 교수님의 뜻밖에 말씀에 깜짝 놀랐다. 교수님을 만난 것은 대학 1학년 때였다. 그때 우리 학교에 동양학 강의를 하러 오셨다. 30권 정도의 책을 쓰신 분이셨다. 자그마하신 분이 당차고 당당해 보였다. 그 당시 나는 우리 반 대표를 맡고 있었다. 어느 날 나를 점심식사에 초대해 주셨다. 식사자리에서 교수님의 갑작스러운 말씀에 당황할 수밖에 없었다.

"책은 학식과 덕망을 쌓으신 분들이 쓰는 것 아닌가요?"

"아니요, 대표님은 사업 성공과 늦은 나이에 열심히 공부하는 모습에서 희로애락의 살아온 스토리가 많을 것 같습니다. 꼭 책을 쓰셔야 합니다."

"그러면 글쓰기를 배워야 할까요?"

"아니요. 절대 배우지 마세요! 인위적인 기교의 글은 진정성이 없습니다. 진정성이 들어 있는 나만의 글을 쓰세요."

나는 그날 밤 한잠도 이룰 수가 없었다. 육십 평생을 장사하며 무지렁이로 살아온 내가 책이라니, 언감생심 꿈도 꾸지 못했다. 그래도 교수님의 말씀을 듣고 가능하지 않을까 하는 실오라기 같은 희망이 생겼다.

며칠 후 교수님의 만나자는 연락을 받고 광화문의 한 찻집에 들어갔다. 훤칠한 키의 중후한 남자 분과 함께 앉아 계셨다.

"인사드리세요. 출판사 사장님입니다."

"네, 안녕하세요? 이순희라고 합니다."

나에게 책 쓰기에 대한 경각심을 확실하게 심어 주기 위해 일부러 출판사 사장을 모시고 소개시켜 주시려고 불렀던 것이었다. 그날 밤 또 다시 잠을 이룰 수가 없었다. 정말 내가 책을 쓸 수 있을까 하는 의구심이 생겼다. 그 후 교수님은 블로그를 운영하면 만나줄 수 있다고 하셔서 나는 바로 블로그를 개설했다. 일기 형식의 글을 메일로 주고받으며 교수님께서는 내게 훌륭한 작가의 소질이 있다며 격려해 주셨다. 그때부터 나는 매일 일기 쓰듯 글은 썼으나 공부에 매달리게 되어 작가의 꿈은 조금 미루어졌다.

대학과 대학원에 다니며 모자라는 공부를 하면서 많은 굴욕과 창피도 당했지만 즐겁고 행복한 날도 있었다. 또한 교수님들의 격려와 배려로 보람된 날도 많았다. 영어 시험 패스와 논문 패스는 그렇게 좋아하던 공부를 놓고 싶은 충동을 일으킬 만큼 힘이 들었다. 힘든 만큼 이겨 냈을 때의 희열은 어디에도 비할 데가 없었다. 나는 늦은 나이에 공부하면서 여러 가지 힘들고 어려운 고비를 넘기며 살았다. 가장 고마운 것은 그 이야기를 나의 책을 통해 생생하게 담을 수 있다는 사실이다. 생각만 해도 행복하다.

드디어 어렵고 힘들었던 석사 논문을 패스했다. 그 기쁨은 천하를 얻은 듯한 이루 말할 수 없는 기분이었다. 지도교수님께서 석사 논문 패스의 확인 도장을 찍어 주시는 순간, 흐르는 눈물을 막을 수가 없었다.

"수고 많으셨어요."

"교수님, 그동안 무식한 저를 지도해 주셔서 감사합니다."

흐르는 눈물을 닦으며 인사를 드리고 나왔다. 화장실 안에 들어가 참았던 설움과 감격의 눈물을 펑펑 쏟아냈다. 화장실에서 나와 거울을 보며 스스로에게 말했다.

"순희야, 고생했어. 고맙다. 다음 목표는 책 쓰기다. 글을 써서 나의 가치를 한번 높여 보자. 알았지? 파이팅!"

이제부터는 책 쓰기다. 현장에서 보고 듣고 느끼고 깨달았던 부분들을 말해 주고 싶다. 꿈을 잃은 사람들에게 귀감이 되고 꿈과 희망을 주는 동기부여가 될 수 있는 책을 쓸 것이다. 그러기 위해서는 좋은 책을 많이 읽어야 한다. 다른 사람들은 어떻게 표현했는지 살펴보고 부족한 것이 있으며 채울 것이다. 좋은 점들은 배워하며 사회에 기여할 수 있는 글을 쓸 것이다.

'책 쓰기'라는 확실한 목표가 설정되었다. 책을 보는 시각과 마음가짐도 달라졌다. 책을 읽으니 글자 하나하나가 예사롭지 않게 보였다. 한 대목 한 대목이 책 쓰기에 필요한 문장이 많았다. 전에 보았던 책도 또 다른 의미로 느껴지고 있었다. 〈한책협〉의 김태광 대표 코치는《버킷리스트10》에서 책을 써야 하는 이유에 대해 이렇게 말했다.

"자신의 지식과 경험을 담아 책을 펴내는 것도 사회적 공헌에 속한다. 책에 자신의 지식과 경험, 인생의 깨달음, 노하우를 고스란히 담게 된다. 독자는 저자에게서 현재 자신이 겪고 있는 시행착오에 대한 조언을 구할 수 있다."

책을 잘 쓰는 사람들은 보통 2,000~3,000권 이상의 책을 읽었다고 한다. 하루에 한 권을 읽어도 한 달이면 30권, 1년이면 360권, 10년을 읽었을 때 3,600권이다. 그 정도는 읽어야 책 쓰기 도사가 될 수 있는 것이다. 이틀에 한 권을 읽어도 20년이나 걸린다. 나는 오랜 세월을 책 읽기로 보낼 시간이 없다. 지금부터 차근차근 시작하자고 다짐했다. 남들이 책을 읽을 때 나는 실전에서 열심히 살았으니 살아 있는 깨달음으로 책 쓰기에 도전해 보자는 마음이 생겼다.

책 쓰기에 도전하면서 나는 마음가짐을 굳게 가져야 했다. 나와의 약속을 했다. 첫째, 가급적이면 사람들과 만날 약속은 하지 않는다. 둘째, 꼭 필요한 자리에만 참석한다. 셋째, 하루 5시간 이상 잠을 자지 않는다.

책 쓰기를 위해 영양가 있는 풍부한 재료와 감칠맛 나는 여러 가지 양념을 준비했다. 담을 수 있는 그릇도 준비되었다. 문제는 이 재료를 어떤 비율로 어떻게 버무려야 맛있는 음식을 만들 수 있는지 도무지 감을 잡을 수 없었다.

명품의 음식을 만들기 위해서 명인을 찾아야 했다. 인터넷 검색을 하면서 명인을 찾기 시작했다. 〈한책협〉의 책 쓰기 코치는 명인일 거라는 확신이 들었다. 엄청난 가격을 자신만만하게 써 놓은 사람이라면 나의 느낌이 맞을 거라는 생각으로 등록했다. 그리하여 책 쓰기에 도전하고 시작하게 되었다. 역시 나의 판단은 틀리지 않았다. 사람 보는 나의 눈도 명품이었다. 특히 등록하고 첫 수업부터 나는 이미 베스트작가 반열에 올라 있었다. 〈책 쓰기 과정〉은 나에게 자신감의 희열을 느끼게 하며 성공에 확신을 주었다.

책 쓰기 수업 전에 예습 삼아 공동저서 쓰기에 도전했다. 첫 번째 꼭지를 써서 첨삭을 받았다. 첫 번째 나의 글쓰기가 시작되었다. 잘 쓴 것 같은 느낌이었다. 그러나 김태광 대표 코치의 첨삭 후 빨간 펜으로 틀린 곳을 체크했다. 이렇게 틀린 부분이 많을 줄은 몰랐다. 두 번째, 세 번째 첨삭원고가 메일로 왔다. 연습도 하지 않고 더 좋아지려는 생각은 오산이었다. 다음 꼭지들은 지난번보다 빨간 펜이 더 많았다. 네 번째, 다섯 번째 꼭지는 김태광 대표 코치의 피드백을 복사해 옆에 놓고 하나씩 짚어가며 잘못된 곳을 찾아가면서 썼다. 군더더기를 없애라고 하는데 무슨 뜻인지 이해가 되지 않아 인터넷으로 찾았다. 확실한 개념을 알고 싶어서였다.

군더더기를 없애기 위해서 불필요한 부사를 찾아내 지웠다. 혼자 생각하기에 멋있어 보이는 말, 내가 생각할 때 아까워서 쑤셔 넣은 단어들을 지웠다. 두 단어의 느낌을 주는 불필요한 조사를 지웠을 때 한 단어로 읽히며 부드러운 문맥을 느낄 수가 있었다. 무엇이든 연구하며 노력하지 않으면 아무것도 이룰 수가 없다는 것을 다시 한 번 상기시키는 공부였다. 이번에는 빨간 펜이 줄어들 수 있겠다는 확신이 들었다. 노력의 결실을 기대하며 마지막 원고를 메일로 보낸다.

이렇게 매일 노력하며 책을 쓸 준비를 한다면 50권 정도의 책은 얼마든지 쓸 수가 있을 것이다. 나는 죽는 순간까지 꾸준히 책을 써서 베스트셀러 50권을 쓰는 작가가 될 것이다.

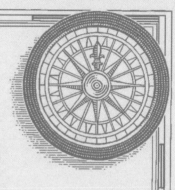

PART 8

자동 수입
파이프라인 완성하고
평화로운 일상 즐기기

· 안 경 옥 ·

안경옥 교육청 학습코칭지원강사, 자기계발 작가, 강연가, 동기부여가

교육학 석사를 졸업하고 전국의 중·고등학교에서 자기주도학습&진로교육 강사로 활동했다. 인터넷
중독, 학교폭력, 자살 예방교육 등 학교현장에서 학생들을 위한 교육에 15년째 몸담고 있다. 현재 아산
교육청에서 학습코칭지원강사로 일하면서 6년째 학교로 파견 나가고 있다. 교육경험을 바탕으로 집필
한 학습코칭 관련 개인저서가 출간될 예정이다.

E-mail an7734@hanmail.net   Blog blog.naver.com/am7734
C.P 010·8768·7734

한류 베스트셀러
대형 작가 되기

세상에는 참 다양한 직업이 존재한다. 내 주변만 보아도 교사, 회사원, 인테리어기술자, 요리사, 운전기사, 과외교사, 개인사업자 등 매우 다양하다. 이들에게도 또 다른 직업에 대한 꿈이 있을까? 가끔 의문을 가져 본다. 아마 대부분이 제2의 직업을 꿈꾸고 있을 것이다. 현재의 직업에 만족하고 있는 사람이 얼마나 될까? 생계적인 문제 때문에 자신의 만족도를 따지는 건 호사라 생각하며 거의 무시한 채 일을 할 것이다.

나 역시 학생들을 가르치는 일을 15년 넘게 해 왔다. 가만히 생각해 보면 참 오랫동안 한 길을 걸어왔다는 생각에 스스로 대단하게 여겨진다. 처음 나에게 가르치는 직업이 주어졌을 땐 하늘을 나는 것처럼 기뻤다. 아무것도 할 줄 모르는 고졸 출신의 주부였던 내가 선생님 소리를 들어가며 학교라는 무대에서 활약을 펼치게 된 건 그야말로 꿈을 이룬 것이었다.

그로부터 세월이 많이 흐른 뒤 분당의 E고등학교에서 하루 종일 진로강의를 하게 되었다. 수업을 하던 중 비전로드맵을 작성하기로 했다. 나는 학생들에게 미래에 갖고 싶은 직업을 생각해 보고 작성할 것을 요청하였다. 그런데 대부분의 학생들은 미래의 직업을 이야기하면 너무 힘들어했다. 꿈과 미래의 직업을 너무 현실 가능한 것만, 즉 현실적으로만 접근하려고 했기 때문에 쉽게 직업을 선택하지 못했다. 그래서 나의 이야기를 들려주었다.

현재 나의 직업은 강사지만 몇 년 뒤에는 박완서 같은 작가가 되어서 노후를 멋지게 지낼 것이라고 이야기해 주었다. 순간 나 역시 스스로에게 깜짝 놀랐다. 작가라는 직업은 마음속에만 꽁꽁 숨겨두고 아련하게 오랫동안 꿈꿔 왔던 것이다. 부끄러워서 절대 입 밖에 내지 못했던 나만의 비밀스러운 미래의 직업이었다. 왜냐하면 나는 글쓰기에 소질이 있는 것도 아니고 인증된 뭔가가 없기 때문에 내심 자신이 없었다. 문학적인 감성을 타고나지 않았기 때문이었다. 책도 자기계발서 위주로만 읽었고 소설은 그다지 많이 읽는 편이 아니었다. 작가로서의 자격이 한참 미달이라 평가하고 있었기에 감히 작가가 되는 것은 꿈같은 일이라 여겼던 것이다. 그런 내가 많은 학생들 앞에서 공개적으로 작가가 되는 것이 꿈이라고 선포한 것이다.

'말하는 대로 상상하는 대로'라고 했던가. 그때 이후로 나는 작가가 꿈이라는 말을 간혹 내뱉는다. 마음속으로 그렇게 간절히 꿈꾸었던 작가가 지금은 현실이 되어 가고 있다. 나는 작가 지망생이고 작가 수업을 받고 있다. 지금 이 순간도 작가로서 글을 쓰고 있다. 세상 속으로 나의 글이 처음으로 탄생하려고 배앓이를 하고 있다. 아주 기쁜 마음으로 기꺼이 진통을 겪고 있다.

지금 내 나이는 40대 끝자락에 와 있다. 작가가 되기에는 늦은 감이 있다. 작가 수업을 들으면서 진작 시작했다면, 한창 좋은 나이인 30대 초반에 했으면 얼마나 좋았을까 후회된다. 그래서 박완서 씨를 떠올리면 위안이 된다. 그녀도 40대에 작가로 입문했다. 세상과 이별할 때까지 글 쓰는 일을 멈추지 않았을 것이다. 그녀는 참 멋있는 사람이다. 대부분 50대는 직업의 세계에서 발을 뺄 시기다. 그러나 박완서 씨는 고령의 나이까지 세상에 영향력을 끼치는 글을 쓰며 경제활동을 멈추지 않았다. 얼마나 멋진가!

작가로서 나의 롤 모델이 된 또 한 사람이 있다. 나의 스승이자 작가 선배인 〈한책협〉의 김태광 대표 코치다. 그는 20대부터 죽기 살기로 글을 써 왔고 20년 동안 200여 권의 저서를 냈다. 거의 한 달에 한 권씩 책을 썼다고 봐야 한다. 사람이 이렇게까지도 할 수 있구나, 감탄할 따름이다.

나는 김태광 대표 코치를 보며 죽기 살기로 하면 되고 사람에게 한계가 없다는 것을 깨달았다. 정말이지 안 해서 못하는 것이지 못 해서 못하는 게 아니다. 절박함과 간절함, 이 두 가지면 결코 못 해낼 일이 없는 것 같다.

나도 김태광 대표 코치와 똑같은 사람이기에 베스트셀러 작가가 되기로 결심했다. 하나 차이가 있다면 상황의 차이다. 하지만 그런 상황도 간절함에 따라서 상황을 무색하게 만들 수 있다. 한국에서만 알아봐 주는 우물 안 작가가 아니라 세계를 울리는 한류작가가 될 것이다. 작가는 나의 마지막 직업이고 마지막 희망이다. 간절히 하고 싶고 이루고 싶은 가슴 뛰는 직업이다. 김태광 대표 코치가 200권을 썼다면 나도 할 수 있는 것이다. 처음엔 속도가 느리겠지만 글 쓰는 일을 놓지 않을 것이다. 내가 살아 있는 날까지 저서는 500권을 쓰는 것이 목표다. 지금부터 평생 동안 하루도 거르지 않고 마치 일기를 쓰듯이 쓸 것이다.

목표 500권의 저서, 결코 쉽지 않을 것이다. 그러나 나는 글 쓰는 것을 천직으로 여기며 살 것이고 글을 쓸 때가 가장 행복하다고 생각하며 쓸 것이다. 이왕 작가로의 길을 걷는다면 작가의 세계에서 모두가 인정해 주는 대형 작가가 될 것이다. 발표되는 책마다 베스트셀러, 스테디셀러가 될 수 있도록 말이다. 그렇게 해서 나에게는 대형 작가 안경옥이라는 타이틀이 꼭 따라다닐 것이다.

어릴 적 우리 집은 큰집과 나란히 붙어 있었다. 사촌언니들과 늘 같이 생활하며 붙어살다시피 했는데 언니는 늘 그날 읽었던 소설책 이야기를 들려주었다. 언니 무릎을 베고 이야기를 듣거나 부엌 부뚜막과 툇마루에 앉아서 이야기를 듣곤 했다. 소설책 이야기가 그렇게 재미있을 수가 없었다. 아마 사촌언니는 동생한테 이야기를 들려주는 재미로 책을 더 읽었을 것이다. 유전적으로 귀가 좀 어두운 장애가 있었으나 책 읽기 만큼은 영특할 정도로 그렇게나 좋아했다. 그때 당시 그 많은 소설책들을 어떻게 구했는지 궁금하다. 요즘처럼 도서관이 가까이 있는 것도 아니고 워낙 깊은 산골이라 교통편도 거의 없어서 시내에 나가는 일은 엄두도 못 냈다. 사촌언니는 그 정도로 책을 좋아했다.

그 많은 책들 속 작가들은 그렇게 이름을 날렸고 문학 소년소녀의 가슴에 생생하게 살아 있다. 작가라는 그 이름만큼은 영원히 죽지 않는다. 몇 세대에 걸쳐 사람들의 입에 오르내리며 끊임없이 문학 속에 존재한다. 나는 그런 사람이 되고 싶다. 이름 없는 사람으로 잠시 왔다가 사라지는 그런 평범함이 아니라 내가 있었다고, 내가 이런 발자국을 남겼노라고 강하게 나의 흔적을 남기고 싶다.

많은 저서를 남기기까지는 엄청난 인내가 필요할 것이다. 새로운 책을 쓸 때마다 긴장된 스케줄에 나의 생체리듬을 맡겨야 할지도 모른다. 그리고 나 자신에게도 엄격한 생활을 요구하는 날이 자주 있을 것이다. 그러나 대형 작가인 나에게는 억압이라 여겨지는 것들이 일상에서 몸에 맞춰진 의상처럼 전혀 불편함을 못 느낄 것이다. 그런 생활을 원했고 대형 작가로서의 삶을 늘 꿈꿔 왔기 때문이다. 대형 작가로 살다보면 책 쓰는 일이 얼마나 큰 즐거움으로 자리 잡을지 기대도 된다. 일반인들에게는 책 한 권 쓰는 것이 1년을 매달려 고심해야 할 과제이지만 대형 작가인 나에게는 아주 간단한 일이 될 것이다. 단 며칠만 집중하면 한 권을 뚝딱 써 낼 정도로 쉬운 일이 될 것이다. 한류 베스트셀러 대형 작가 안경옥이 탄생할 그날을 꿈꾼다.

인기 명품 강연가&1인 기업 성공 컨설턴트 되기

현재 나는 학교 교육현장에서 강의를 하는 강사다. 강사는 강의를 듣는 대상에게 교육적이면서 인생에 선한 영향력을 미칠 수 있는 안내자가 되어야 한다. 그런 면에서 나는 늘 절도 있는 생활방식으로 항상 모범이 되고자 노력한다.

세월이 참 빠르다. 벌써 강사로 일한 지 15년째다. 15년 전 그때가 떠오른다. 내가 맡았던 첫 강의는 도서관에서 유아들을 대상으로 그림책 동화반에서 책을 읽어 주는 일이었다. 유아를 대상으로 책을 읽어 준다니, 별 볼일 없는 일이라고 생각하겠지만 주부 딱지를 떼고 처음 시작하는 일로 내게는 엄청 대단한 일이었다. 아무 이름이 없던 내가 선생님이라는 칭호를 갖게 된 것이니 말이다.

도서관에서 동화책을 읽어 주면서 내겐 하나의 경력이 생기게 되었다. 그 경력은 아주 미약했지만 차후 끝없이 높은 계단을 밟아 올라갈 수 있는 디딤돌이 되었다. 바로 백화점 문화센터에서 논술 강의를 맡게 된 것이다. 흔히 신입 강사들에게 백화점 문화센터는 아주 매력적인 일터다. 그런 곳에 나는 단박에 올라갔다. 얼마나 신났겠는가. 상상만 해도 그렇게 뿌듯할 수가 없었다. 내 강의실 문에 붙은 '논술반 안경옥 선생님'이라는 문패만 봐도 가슴이 얼마나 두근거렸는지 모른다. 백화점 맨 꼭대기 층에서 강의하는 내 모습 그 자체만으로도 너무 좋아서 혼자 히죽거렸다.

그 이후로도 여러 도서관에서 초·중등 논술 강의를 했다. 뿐만 아니라 초등학교 방과 후 학교에 논술 수업을 나갔고 중학교에서도 해넘이 학습으로 저녁마다 논술을 가르쳤다. 나의 강의 범위는 계속 확대되어 한국정보화진흥원에서 하는 사업으로 인터넷 중독 예방 교육 강사로 활동하게 되있다. 충남 청소년진흥원에서는 자살 예방 교육 강사로 소속되어 학교로 파견을 나갔다.

그렇게 활동하면서 교육청 연수를 받게 된 적이 있었다. 교육청에서는 나의 대학원 시절 담임교수님을 교육연사로 초빙했다. 10년 만에 다시 만나게 된 교수님은 나를 서울로 끌어올려 주셨다. 시골 학교 강사가 아닌 서울과 전국 무대에서 강의할 수 있도록 영역을 넓혀 주신 것이다. 그동안 강의를 다녔던 학교들은 목동 강서고, 서울 명지중, 분당 이매고, 오산 운천고, 포항 이동고, 함안 칠원고, 한겨레 등이었다.

전국의 초·중·고등학교 무대는 또 다른 신세계였다. 나의 강의 주제는 주로 자기주도학습과 진로 지도였다. 캠프방식으로 운영했기 때문에 보통 한 학교에서 8~15시간 풀코스로 강의를 진행했다. 하루나 이틀을 꼬박 서서 강의했기에 몸은 녹초가 되었지만 상당히 보람된 일이었다. 현재는 아산교육지원청에 학습코칭 강사로 등록되어 학교에 파견을 나간다. 나의 다양한 강의 경험과 학습 경험을 교육청에서는 높이 사 주었다. 실제로 각 학교에서 학습 코칭이 필요한 아이들에게 아주 유용하게 쓰이고 있다.

내가 이렇게 장황하게 나의 강사 경력을 풀어 놓는 이유는 강사로서 나의 위치를 돌아보기 위해서다. 지금까지 매우 다양한 기관에서 여러 종류의 강의를 해 보았다. 그런데 시간이 흐르면서 가슴 한쪽에 허전함을 느껴왔다. 내가 진짜 하고 싶은 강의는 따로 있기 때문이다. 나는 학생들이 아니라 성인을 대상으로 강의하고 싶다. 강의 주제 또는 대상에 따라서 나의 강의 방식은 많이 달라질 것이다. 성인 대상 강의를 통해 나의 끼를 훨씬 다양하게 보여줄 수 있을 것이다. 그런 면에서 참 아쉬웠다.

가끔 TV 강연을 시청할 때가 있다. 특히 스타강사 김창욱은 눈을 뗄 수가 없을 만큼 흡입력이 강하다. 제스처, 말투, 표정 3박자의 조합을 이루고 있다. 가끔 하는 코믹 애드리브는 그만의 개성을 돋보이게 한다.

아주 오래전 집안일만 하던 주부 시절에 옆집에 친한 언니가 살고 있었다. 그 언니는 TV 강연을 자주 시청하곤 했다. 특히 주부들이 좋아하는 아침마당을 즐겨보았는데 가끔 유명 강사들이 초빙되어 하나의 주제를 갖고 강의를 했다. 요즘은 안 본 지 오래되어서 어떤지는 모르겠지만 당시는 김창옥 강사가 뜨던 시절이었다.

그 언니는 전화로 수다를 떨 때마다 "오늘은 누구 강의를 들었는데 뭐가 좋더라." 하며 강사들에 대한 관심도를 자주 표현했었다. 김창옥 강사도 그때 알게 되었다. 나는 그의 강의를 보는 순간 빠져 들었다. 어쩜 저렇게 강의를 능청스럽게도 잘할까 하는 생각이 들었다. 정말 침 흘리고 봤을 정도였으니 말이다.

유명강사 김미경 씨도 있다. 같은 여자라 나와 비교하기가 더 수월하다. 김미경 강사의 강의를 듣고 있노라면 '나라면 청중 앞에서 저렇게 할 수 있을까?' 하는 의문을 던지곤 한다. 참 뻔뻔스럽게도 잘 한다. '나였다면 쑥스러워서 저런 포즈는 안 나올 텐데…' 등 여러 생각을 하며 재미에 빠져든다. 김창옥 강사나 김미경 강사가 유명 스타강사가 된 데는 다 이유가 있다. 자신감, 분야에 대한 전문지식, 자신을 온전히 오픈하는 과감함은 필수다.

나는 이런 강사가 되고 싶다. 학생들에게 바른 교육만 시키는 전제된 강의보다는 성인들을 대상으로 나의 숨겨진 모든 끼를 발휘하고 싶다. 솔직히 나의 끼가 어디까지 얼마만큼 존재하는지 모른다. 평소 조용한 성격인 데다 교육자들의 환경 속에서만 살아왔기 때문에 모든 것이 절제되어 있다.

언젠가 강의를 오랫동안 해온 선배 강사가 한 말이 생각난다.

"안 선생은 학생들을 위한 강의 말고 성인 대상 강의를 해야 해. 성인이 딱 맞아. 끼가 많아서 엄청 잘할 거야."

그 말을 들었을 당시에는 아니라고 부인했으나 시간이 흐르면서 무대에서 나의 끼를 제대로 발휘해 보고 싶다는 생각이 자꾸만 고개를 들기 시작했다. 명품강사로 발전하기 위해선 먼저 1인 기업가로 자리매김을 해야 할 것이다. 어딘가에 소속되어 있는 것이 아니라 기업인이 되어 모든 것을 스스로 할 수 있어야 한다. 앞에 언급한 대학원 담임교수님도 학교에 과감히 사표를 던지고 1인 기업가로 활동하신다. 처음엔 이해가 안 되었다. 그 좋은 교수직을 버리고 왜 사업가가 되었을까 의문이 들었지만 지금은 그 이유를 안다. 1인 기업가가 얼마나 자유롭고 홍보되어 빛신직인지 밀이다. 수입도 몇 배로 많다는 것을 안다.

교수님께 월수입이 얼마나 되는지 살짝 여쭤 보았다. 교수님은 망설이지 않고 수천만 원이 된다고 오픈하셨다. 와우! 정말 멋지다. 1시간 강의를 하고 수백만 원씩 받는 능력, 그것이 1인 기업가의 매력이다. 몇 시간 컨설팅을 해 주고 내가 원하는 금액을 받는 것이 바로 1인 기업가의 자유로움이 아닐까 생각한다.

나는 사고를 확장해 내 인생을 적극적으로 변화시키고 방향을 틀 것이다. 움츠러들었던 소극적인 틀에서 한 단계 업그레이드된 적극성을 키워 유쾌하게 살 것이다. 1년 단위로 변하지 않는 의무적인 스케줄 강사가 아닌 스타 명품강사로 서로 강연을 초대하기 위해 줄을 서는 비싼 강연가가 되고 싶다. 내 몸값을 내 맘대로 좌지우지할 수 있는 거물급 명강사이고 싶다. 말 한마디 한마디가 사람들에게 영향력 있는 엑기스만 제공하는 최고의 강연가가 되고 싶다. 그렇게 1인 기업가로 성공하고 싶다.

　　회사든 학교든 기관에 소속되어 의무적으로 하는 강의는 이제 그만하고 싶다. 나는 1인 기업가가 되어 내가 하고 싶은 일만 할 것이다. 또 간절히 원하는 사람들을 찾아 맞춤 컨설팅을 하고 싶다. 1인 기업가로, 인기 명품 강연가로 당당히 성공할 것이다.

자동 수입
파이프라인 완성하기

우리는 가족부양이라는 이름하에 혹은 자아실현을 위해 일터에서 노동력과 시간을 투자해 돈을 번다. 돈을 번다는 것은 자아실현보다는 아마 가족부양 쪽의 비중이 클 것이다. 하기 싫어도 살기 위해서 어쩔 수 없이 해야 하는 경우가 태반일 것이다. 요즘 세상은 돈 벌기가 그렇게 쉽지도 만만치도 않다. 흔히들 "남의 돈 먹기가 그렇게 쉬운 줄 알아?"라는 말을 한다. 아주 획기적이고 좋은 대우의 일자리라고 해도 막상 가 보면 정말 일이 만만치 않다는 것을 깨닫는다. 그럴 때마다 "역시 남의 돈 먹기는 어려워."라며 하소연한다.

15년 동안 강사 일을 해 왔지만 내가 받는 일반적인 강의료는

1시간에 3만 5,000원에서 5만 원이다. 조금 더 대우를 해 주는 곳은 8만 원에서 10만 원까지다. 내가 받은 최고치는 10년 전에 인터넷 중독 예방교육 강의를 하고 시간당 11만 원을 받은 것이었다. 그런데 요즘 방과 후 학교 시급은 더 떨어졌다고 한다. 기본 2만 5,000원이 태반이고 1만 5,000원도 간혹 있다고 한다.

내가 강의를 시작한 초창기에는 무조건 시간당 5만 원이었다. 그런데 요즘은 왜 이렇게 자꾸만 시급이 내려가는지 모르겠다. 방과 후 학교 강사들은 정말 일할 맛이 안 날 것이다. 그 정도로 남의 돈 먹기가 힘들다는 것이다. 그래도 학교 강사들은 작정하면 여러 개의 학교를 풀코스로 뛰면서 돈을 번다고 한다. 하지만 그들에게도 단점이 있다. 개인 여건상 일을 중단하면 수입은 아예 없다는 것이다.

내 주변에는 과외하는 친구들이 몇 있다. 수학 혹은 영어 과외를 하는데 이들은 고등학생 대상이기 때문에 월 수백만 원씩 번다. 그들의 수입을 듣고는 대부분 부러워한다. 그러나 그렇게 부러워할 일은 아니다. 가르치기 위해 보이지 않게 뒤에서 부단히 공부하고 시간을 투자하는 것을 보면 그만한 지적 노동력이 든다는 것을 알 수 있다. 그러나 이들 역시 사정상 과외를 그만두면 수입은 중단된다.

샐러리맨은 어떠한가? 그들도 하루 종일 자신의 지적 노동력을 사용해서 자신의 시간과 맞바꾸어 돈을 번다. 돈을 많이 벌고 적게 벌고는 별개의 문제로 한 회사에 소속되어 있는 시간에는 개인시간도 없다. 그저 모든 시간을 회사에 바치고 돈과 바꾼다. 그러나 이들도 퇴사를 함과 동시에 수입은 끊긴다. 내 남편도 개인사업자로 아침 6시에 출근해서 저녁 8시쯤에 퇴근한다. 유난히 부지런한 성격으로 모든 시간을 돈과 바꾼다. 늘 안쓰럽고 미안하다. 점점 나이는 들어가고 언제까지 일을 할 수 있을까 계산을 해보면서 노후를 걱정하기 시작한다. 일이 힘에 부치면 중단해야 할 시기가 언젠가는 오기 때문이다. 그러면 당연히 수입은 멈춘다.

고향으로 이사 오고부터 친정 오빠와 자주 왕래를 한다. 오빠는 건설 회사를 운영한다. 건축을 하기 때문에 수입 자체가 우리 같은 보통사람과는 차원이 다르다. 건축을 하는 동안에는 수천, 수억 원이 통장으로 입금되고 출금되면서 돈의 흐름이 굉장히 유동적이고 활발하다. 그러다 보니 오빠가 원하는 전원주택도 뚝딱 지어서 살기도 하고 원하는 땅도 바로 사버린다. 오빠의 그런 모습을 보면서 가끔 오빠한테 신세타령 비슷하게 하면서 부러움을 표시하곤 한다.

"오빠는 큰돈을 한 방에 쉽게 버는데 우리는 걱정이다. 푼돈 벌어서 언제 돈을 모으지?"

내가 이렇게 말하는 이유는 '파이프라인 우화'가 자꾸만 떠올라서다. 몇 년 전에 모 고등학교에서 진로강의를 하기 위해 자료를 찾던 중 유튜브에서 '파이프라인 우화'를 보게 되었다. 그 동영상을 보는 순간 나는 뒤통수를 얻어맞은 느낌이었다. 내용은 이러하다.

어느 마을에 파블로와 브루노라는 두 젊은이가 살았다. 어느 날 그 마을의 시장이 하나의 제안을 내놓았는데 산속에 있는 샘에서 물을 길러다가 마을 우물에까지 가져올 일꾼을 찾는다는 것이었다. 대가는 길러온 물 양동이의 양에 비례해서 1달러씩 지불하는 것이었다. 그 일자리에 뽑힌 파블로와 브루노는 하루 종일 양동이로 물을 나르는 일을 했다. 두 친구는 열심히 일을 해서 돈을 많이 벌었지만 몸이 상당히 지쳐갔다. 그래서 파블로는 어떻게 하면 물을 나르는 일을 더 쉽게 할 수 있을까를 고민했고, 양동이로 물을 나르는 대신 파이프라인을 구축해서 샘에서 우물로 바로 물이 흘러들어오도록 하는 아이디어를 생각해냈다.

브루노는 파블로의 생각을 어리석다고 생각하고 계속 기존의 방식대로 양동이로 물을 길어 돈을 벌었다. 나중에는 몸이 상하고 쇠하여 물을 나르지 못하는 상황까지 왔다. 하지만 파블로는 파이프라인을 구축해서 산속 샘물이 파이프라인을 통해 콸콸콸 흘러서 마을의 우물을 가득 채우게 만들었다. 파블로가 잠을 자고 있을 때에도, 음식을 먹고 있을 때에도, 쉬고 있을 때에도 끊임없이 흘러서 우물을 채워 수입은 끝없이 생성되고 있었다.

이 우화에서 브루노가 양동이로 물을 나르는 방식은 시간과 노동을 수입과 맞바꾸는 일, 즉 노동 수입을 의미한다. 돈의 크기는 일하는 시간에 비례하는 것이고 더 많은 시간을 일하면 그만큼 더 많은 수입이 들어온다. 하지만 은퇴, 질병, 불의한 사고로 인해 일을 하지 못하게 되는 순간 수입은 바로 끊기게 된다. 앞에서 나는 직업의 예를 들면서 그 일의 단점은 일을 중단하면 수입이 끊긴다는 당연한 말을 계속 반복했다. 바로 이 우화를 말하고 싶었던 것이다. 파블로는 파이프라인을 구축함으로써 일을 하지 못하는 순간에도 수입이 계속해서 들어오게 되었다. 인세 수입과 같은 것이다.

나는 이 우화를 알게 된 뒤 진지하게 고민하기 시작했다. 내 수입, 남편의 수입을 따져 보기 시작했고 우리가 경제활동을 못하게 되었을 때를 상상해 보았다. 끔찍했다. 모든 수입이 끊기게 되면 우리는 어떻게 살까. 과연 집 한 채 가진 걸로 노후를 편안하게 살 수 있을까? 나에게도 수입 파이프라인이 있다면 경제활동을 하지 않을 때도, 쉬고 있을 때도, 놀고 있을 때도, 잠을 잘 때도 계속 수입이 생성되고 있을 텐데 하는 생각이 들었다. 무엇으로 파이프라인을 구축할까 고민하기 시작했다. 아무리 고민하고 아이디어를 쥐어짜도 뾰족한 방법이 생각나질 않았다.

그러나 지금은 상황이 다르다. 파이프라인을 구축하는 방법을 알았다. 책을 쓰는 것이다. 나는 책을 열심히 쓸 것이다. 내가 쓰는 책마다 세상을 놀라게 할 만큼 출판계에 획을 그을 것이다. 내가 생을 다하는 그날까지, 아니, 후세대까지 인세는 끊임없이 들어올 것이다. 또 열심히 강연을 다닐 것이다. 1인 기업가로 대성공할 것이다. 나의 탄탄한 수입 파이프라인을 강건하게 구축할 것이다. 파이프라인은 끊임없이 왕성하게 가동될 것이다. 절대 멈추지 않을 것이고 녹슬지 않을 것이다.

자동 수입 파이프라인을 구축하기까지 오래 걸리지 않을 것이다. 나는 2018년이 지나기 전 1년 안에 반드시 대형 수입 파이프라인을 구축할 것이다. 그래서 경제적인 자유를 누리고 돈이라는 굴레에 얽매이지 않을 것이다. 내가 베풀고 싶을 때 거침없이 베풀며 살고 싶다. 무엇을 하든 돈을 먼저 생각하지 않게 될 것이다. 자동 수입 파이프라인을 완성해서 원하는 대로, 마음 가는 대로 모든 것에서 자유롭게 살아가고 싶다.

나만의 별장 3채 갖기

요즘은 캠핑시대다. 좀 산다 싶고 놀 줄 안다 싶으면 캠핑을 즐기러 여기저기 여행을 다닌다. 캠핑 도구도 다양하게 갖춰 놓고 사람들에게 은근히 과시한다. "나 이런 것도 있다."라는 식으로 자연스럽게 과시하는 것이다.

예전에는 여행을 갈 때면 텐트를 갖고 가서 거기에서 잠도 자고 음식도 즉석에서 해 먹었다. 흔히 야영한다고 표현했다. 그러나 요즘은 고급지고 세련된 '캠핑'이라는 용어를 사용한다. 캠핑이라고 하면 더 전문적이고 있어 보인다. 내가 가르치는 학생 중에도 월요일이면 꼭 캠핑 갔다 왔다고 자랑하는 아이가 있다.

우리 마을에도 캠핑장이 있다. 주말이면 도시에서 사람들이 몰려온다. 가족 단위, 혹은 회사에서 단체로 캠핑을 온다. 주말 저녁에는 캠핑 온 사람들의 즐거운 웃음소리가 조용한 시골 동네를 가득 채운다. 시골이 삶의 터전인 우리로서는 이런 시골로 캠핑을 오는 사람들을 이해하는 것이 쉽지 않았다. 도대체 이 시골에 뭐가 볼 게 있다고 이곳으로 놀러 오는지 항상 의문이었지만 도시 사람들은 이런 시골을 느끼고 싶은가 생각했다. 여유로워 보이는 시골에서 삼겹살 파티도 하며 마음에 쉼을 얻고 싶은 것 아닐까.

생활에 좀 더 여유가 있는 사람은 아예 캠핑카를 준비한다. 그러면 굳이 밖에 텐트를 치는 수고로움과 땅에서 올라오는 축축함을 맛보지 않아도 된다. 자동차 안에서 뽀송뽀송하게 침대생활을 할 수 있는 것은 물론, 주방도구가 간단하게 설치되어 있어서 여자들에게 편리함을 안겨 준다. 아마 대부분의 사람들은 이런 캠핑을 꿈꿀 것이다.

나의 친한 언니는 가정형편이 상당히 좋다. 유명한 사업체를 갖고 있고 매출이 상당하다. 언니는 대형 버스를 사서 캠핑카로 만들었다. 보통 4~5인 가족이 모여서 움직이니 작은 캠핑카로는 부족함을 느낀 탓이다. 그렇게 1년에 한두 번씩 캠핑카로 가족여행을 다닌다. 캠핑카 안에는 모든 것이 완벽하게 갖춰져 있다. 정말 꿈만 같은 일이다.

언니네는 캠핑카 외에도 강원도 평창에 콘도를 임대해 놓았다.

1년에 열 번 정도 사용할 수 있다고 한다. 가기 전에 전화로 예약만 하면 깨끗한 콘도에서 여행을 즐기고 올 수 있다. 얼마 전에도 친구들과 이 콘도에 예약을 하고 2박 3일 여행을 다녀왔다고 한다. 주변 계곡에서 등산을 하면서 실컷 놀았다고 한다. 집을 떠나 친구들과 하는 여행은 이루 말할 수 없이 즐거운 일이다. 콘도에서 온갖 먹을거리를 풀어 헤치고 배를 두드려 가며 먹는 즐거움은 삶을 누리는 또 다른 방법이다.

나의 친구도 리솜호텔 콘도를 임대했다. 몇 천만 원에 계약하면 1년 동안 5~6번 사용할 수 있단다. 덕분에 우리는 해마다 콘도를 예약하고 여행을 간다. 제천 리솜호텔로, 덕산 호텔로, 안면도 호텔로 심심치 않게 놀러 다닌다. 그러다 보니 스트레스도 풀리고 깨끗하게 휴가를 즐길 수 있어서 너무 좋다.

요즘은 이렇듯 휴가나 여가를 중요하게 여긴다. 그러나 나는 다른 차원에서 콘도를 갖고 싶다. 물론 관리를 맡아 해 주는 콘도가 있어서 휴가를 자유롭게 즐길 수 있다는 건 더할 나위 없이 좋은 일이다. 하지만 임대식 콘도는 내가 원할 때 아무 때나 사용할 수 없다는 단점이 있다. 온전히 내 소유의 콘도가 아니다. 1년에 몇 번만 사용할 수 있는 그런 콘도는 끌리지 않는다.

결혼 이후 아이들을 키우느라 정신없이 바쁜 주부생활에 숨이 턱턱 막힐 때가 있었다. 결혼한 지 딱 10년 만이었던 것 같다. 어느 날 나는 남편한테 조용히 말했다.

"자기야, 내 공간으로 원룸 하나만 얻어 주라."

그때 당시 우리 집 살림살이는 남들이 부르주아라고 말할 정도였으니까 남부럽지 않은 생활수준이었다. 즉, 나만의 공간으로 원룸 하나쯤은 얻어 줄 수 있는 형편이었다.

나는 스물한 살의 어린 나이에 결혼했기 때문에 제대로 놀아 보질 못했다. 아니, 노는 데는 젬병이다. 노는 쪽으로는 끼도 흥도 없다. 노래방도 재미없고 여기저기 돌아다니는 여행에도 별 관심이 없다. 어린 신부에게 선배 주부들은 늘 이렇게 질문했다.

"일찍 결혼한 거 후회되지 않아? 실컷 좀 놀다 결혼하지, 왜 일찍 했어."

나는 다만 일찍 결혼해 혼자만의 시간을 별로 가져 보지 못한 것이 아쉬웠다. 스무 살까지 부모의 품에 있다가 독립도 못해 보고 스물한 살에 바로 남편의 품으로 왔다. 그렇기에 나는 나만을 위한 조용한 공간이 필요했다. 그러나 남편은 반대했다. 그런 공간을 얻어 주기 불안하다는 것이었다.

나는 사는 내내 나만의 공간이 간절했다. 그런 이야기를 하면 친구들은 "그냥 집의 방 하나를 자기 공간으로 꾸며 봐."라고 말했다. 하지만 내 생각은 다르다. 집은 그야말로 생활공간이다. 여자들의 노동력을 끊임없이 요구하는 무보수 일터다. 차 한 잔을 마시다가도 세탁기가 다 돌아갔다는 버저가 울리면 바로 일어나서 빨래를 널어야 한다. 책을 보다가도 발바닥에 뭔가가 거슬리면 바로 일어나서 청소기를 돌려야 한다.

나는 그런 소소한 노동을 끊임없이 요구하는 일터의 공간에서 벗어나고 싶었다. 온전히 나만을 위한 공간이 필요했다. 나만의 공간이 생기면 책도 마음 놓고 읽을 수 있을 것 같고, 차도 우아하게 마실 수 있을 것 같고, 아름다운 전망도 편안한 마음으로 시간 가는 줄 모르고 바라볼 수 있을 것만 같았다. 나는 왜 그렇게 그런 공간이 갖고 싶었을까. 너무나 간절하고 간절했다. 그냥 오로지 나만을 위한 공간, 나를 위해 존재하는 공간이.

간절한 나의 마음이 하늘에 닿았을까. 시골로 전원주택을 지어 이사했고 이사한 지 5년 만에 나만의 공간이 생겼다. 집에서 5분 거리에 나만의 별장이 드디어 생긴 것이다. 별장 하면 TV 드라마에서나 볼 법한 그런 근사한 집을 떠올리겠지만 나의 별장은 아주 소박하다. 중요한 것은 공유공간이 아닌 나만의 공간이라는 것이다.

별장, 콘도… 많은 사람들이 꿈꾸는 공간이다. 생활에 여유가 생기면 별장을 갖고 싶다고 말한다. 그런데 너무 멀게 계획한다. 너무 아득하게 꿈꾼다. 현실화시키려 애쓰지 않는 것 같다. 나는 너무나 간절했다. 절실했다. 사람들과 부대끼면 에너지가 자꾸 빠져나간다. 그럴 때마다 혼자만의 공간으로 숨어 잠시 충전하고 나면 힘이 마구 솟아난다.

나는 어떻게 별장을 갖게 되었을까? 돈이 많은가? 그렇게들 추측한다. 그러나 간절함이 하늘에 닿아 길이 열렸을 뿐이다. 고향 마을엔 마을 소유의 오래된 건물이 있다. 마침 그 건물의 주인을 찾고 있었다. 하지만 대부분의 시골 사람들은 집을 소유하고 있기 때문에 쳐다보지도 않았다. 처음엔 나도 그랬다. 그러나 그것도 잠시, 순간 머릿속이 번뜩였다. '아, 내 공간!' 나는 바로 계약했다. 월세는 단돈 10만 원이다. 최상이다. 나한테 매월 10만 원은 우습게 투자할 수 있는 돈이다. 그보다 더 사치스럽게 쓰기도 하는데 내 공간을 위해 10만 원을 못 쓰랴?

남편한테 허락을 받고 건축하는 오빠의 도움을 받아 바로 리모델링에 들어갔다. 완성된 나만의 콘도, 별장은 최상의 공간으로 탈바꿈했다. 아산에서 알아주는 저수지 근처에 위치해 있기 때문에 전망은 그야말로 하늘이 선물해 준 최고치다. 거실에 앉아 있으면 그냥 넋이 나가 버린다. 영혼이 휴식으로 들어간다. 너무너무 좋다. 탁 트인 전망에 저수지와 산이 들어온다.

별장 마당엔 어마어마하게 큰 정자나무가 있어서 최고의 그늘을 선사해 준다. 차를 타고 지나가는 사람들은 나의 별장을 늘 쳐다보게 된다. 낚시하러 오는 사람들은 항상 나의 별장을 기웃거린다. 낚시하기에도 최상의 자리이기 때문이다. 한번 와 본 사람들은 모두가 그냥 못 지나친다. 부러움에 눈을 못 뗀다.

남편과 나는 한동안 이 별장을 꾸미느라 바빴다. 모든 살림살이도 갖추어 놓았고 별장 입구엔 대문도 근사하게 만들어 놓았다. 남편이 만들어 준 대문은 전문가가 만든 그것을 뺨친다. 남편은 "우리 마누라 이제 소원 풀어서 좋겠네."라며 흐뭇해한다.

나는 블로그를 3개 운영한다. 그중 한 개인 애정 블로그에 나의 별장을 소개했다. 나의 간절한 꿈이 별장 3개를 갖는 것이고 그중 한 개가 이루어졌다면서 어떻게 해서 별장을 갖게 되었는지 별장 사진들과 함께 올렸다. 반응은 엄청나게 뜨거웠다. 블로그 이웃 중에 285명이 하트 공감을 표시해 주었고, 댓글도 100여 개가 올라왔다. 대부분의 사람들이 개인의 콘도, 별장을 갖고 싶어 한다는 것을 확실하게 알게 되었다.

인스타그램도 하고 있다. 7,000여 명이 팔로잉하고 있고 1,000명의 팔로우가 있다. 이곳에도 별장 사진을 업데이트해서 자랑하고 있다. 효감과 관심을 표현하는 사람들의 반응이 참 재미있다. 나는 이렇게 블로그에도 별장 3개를 갖고 싶다고 선포했고 두 번째, 세 번째 별장이 생길 때마다 포스팅하겠다고 약속했다. 나의 이약속은 분명히 이루어질 것이다.

나는 저수지가에 1,000여 평의 국유지 땅을 임대받았다. 마음만 먹으면 이곳에도 컨테이너 하우스로 콘도를 만들 수 있다. 하지만 이젠 진정한 별장 개념으로 집에서 멀리 떨어진 강원도와 지리산에 각각 별장을 지을 것이다. 가끔 바람 쐬러 떠나고 싶을 때 갈 것이다. 몰입해서 글을 써야 할 때 지리산 별장으로 갈 것이다. 휴가가 필요할 때 강원도 별장으로 갈 것이다. 친구들하고 제대로 놀고 싶을 때도 별장으로 떠날 것이다.

집에서 가까운 첫 번째 저수지 별장에는 매일 출근하다시피 한다. 지금 이 글도 나만의 공간, 저수지 풍경이 내다보이는 콘도에서 쓰고 있다. 글을 쓰다가 잠시 고개를 들면 바로 저수지가 보인다. 바로 산이 보인다. 행복하다. 나는 이래서 나만의 공간, 나만의 별장을 그토록 원했다. 곧 두 번째, 세 번째 별장이 생길 때까지 나는 꿈을 놓지 않을 것이다.

산속 '작가의 저택'에서
평화로운 일상 즐기기

나는 6년 전에 전원주택을 지어서 이사했다. 요즘은 전원주택을 지어 귀촌하는 것이 유행이다. 이런 시대의 흐름을 따르고자 귀촌한 것은 아니다. 집을 짓기 10여 년 전부터 시골로 이사 가고 싶은 마음이 굴뚝같았다. 특히 시골에 있는 고향이 그리웠다. 사람들은 흔히들 말한다. 불혹이 되면 자신이 태어난 곳에 대한 그리움이 짙어져서 한 차례씩 앓아눕는다고 말이다.

내가 꼭 그랬다. 어릴 적 고향의 시골 마을이 너무도 그리웠다. 내가 뛰어다니며 놀던 시골길 구석구석, 논둑길, 산속에 있던 어느 나무, 친구의 초가집 등 모든 게 새록새록 그립기만 했다. 그래서 일요일이면 남편을 설득해서 나의 고향으로 바람을 쐬러 갔다.

그 당시 친척들도 모두 고향을 떠나 아무도 그곳에 사는 사람이 없었다. 그래서 다녀올 집도 없이 그냥 무작정 갔다. 차를 주차해 놓고 내가 놀던 시골길을 산책 삼아 거닐다 왔다.

너무나 신기한 것은 나의 고향이 50년 전 모습 그대로 살아 있다는 것이다. 20여 분 자동차를 타고 나가면 모든 것이 싹 바뀌었는데도 그곳은 달라진 게 없었다. 산이 원형으로 병풍 삼아 자리를 잡고 있고 저수지를 끼고 있는 아주 작은 마을이다. 시골길이 워낙 구불구불하다 보니 처음 오는 사람들은 "왜 이렇게 깊숙한 산골 마을로 이사했냐?"라며 염려하곤 한다. 처음 몇 번은 그렇게 느낀다. 그러나 매일 자동차로 오르락내리락하는 나로서는 그 길이 단 5분 거리처럼 가깝게 느껴진다.

시골길을 벗어나면 시내와 아주 가깝다. 사람들은 시내에서 그렇게 가까운 깊은 산속에 마을이 있다는 것을 신기해한다. 현대식 문화기 완전히 배제된 마을이다. 내가 고향을 좋아하는 이유가 바로 이 때문이다. 도시적인 문화가 아예 공존하지 않는 순백의 시골이라는 점 말이다. 우리 마을에서는 요즘도 반딧불이를 볼 수 있다. 그 정도로 밤이면 불빛이 없어 완전 깜깜하고 공기도 좋다는 뜻이다. 하늘을 올려다보면 별들이 어마어마하게 보인다. 진짜로 별들이 쏟아질 것만 같다.

처음 이사 와서 놀라웠던 것은 고라니가 낮이고 밤이고 자유롭게 돌아다닌다는 것이었다. 그것도 바로 내 집 앞에서 말이다. 가족 단위로 산에서 내려와 밭으로 들로 뛰어다니며 노는 모습을 보게 된다. 뿐만 아니라 꿩들도 많다. 겨울이 되면 꿩들이 으레 날아와서 놀다 간다. 추수 찌꺼기를 주워 먹느라 대가족이 날아와서 진을 친다. 그런 것들을 보면 마음이 참 평화로워진다. 요즘 세상에 이런 풍경은 저 강원도 산골 마을에나 가야 볼 수 있는 것이라 생각했었다. 그러나 시내에서 이렇게 가까운 곳에 강원도 산골 마을의 축소판이 존재하고 있는 것이다.

집을 짓고 한동안은 집을 꾸미느라 정신이 없었다. 남편은 너무나 바쁜 터라 기대하지 않고 거의 나 혼자 손수 정원을 꾸몄다. 어린 과일나무 묘목을 사다가 집 울타리를 둘렀고 온갖 종류의 꽃들을 빼곡히 심었다. 겨울을 보내고 나니 꽃들 중에도 야생이 있고 일년생이 있다는 것을 알게 되었다. 일년생은 겨울에 모두 죽어 버린다. 아무리 예쁜 꽃이어도 한 해밖에 보질 못한다. 그 사실을 알게 된 후로는 야생화 위주로 사다 심었다. 너무도 신기하게 봄이 되면 새순이 나오고 꽃이 피었다. 꽃을 키우는 심정이 자식을 보듯 너무 사랑스럽고 애틋했다.

따뜻한 봄이 되면 집 주변의 산에도 자주 오른다. 산에 온갖 나물들이 지천이다. 나물을 뜯다가 예쁜 꽃을 발견하면 캐다가 집 정원에 옮겨 심었다. 조금씩 그렇게 하다 보니 우리 집 정원에는 사계절로 돌아가면서 꽃이 피기 시작했다. 아니, 겨울엔 없다. 그냥 눈꽃이다.

전원주택을 어느 정도 꾸미니 어릴 적 놀이 장소였던 원두막이 절실하게 생각났다. 내가 어릴 때 시골의 참외, 수박 밭에는 원두막을 필수로 지어 놓았었는데 방학 때면 원두막에서 놀기도 하고 낮잠을 자다가 가끔 떨어지곤 했다. 그랬던 것만큼 원두막에 대한 그리움이 내 안에 있었다.

나는 우리 집 정원에 원두막을 꾸며 놓고 싶었다. 남편에게 원두막을 지어 달라고 조르기 시작했다. 그러나 원두막을 짓는 게 그렇게 만만하지 않다는 것을 깨달았다. 결국엔 신랑과 함께 목재소에 갔다가 정자를 짓는 업자한테서 원두막, 즉 정자를 사게 되었다. 보통 정자는 500만 원에서 1,000만 원가량 한다. 다행히 싸게 구입할 수 있게 되어서 바로 나의 정원으로 옮겨 왔다. 환상적이었다.

집에 있는 시간이 어쩌나 좋은지 이루 말할 수가 없다. 정원에서 뛰어노는 강아지, 고양이를 바라보며 흐뭇하게 미소를 짓는다. 굳이 음악이 아니어도 풀벌레 소리를 들어가면서 차를 마셔도 너무나 행복하다. 무념무상으로 정원을 거니는 것도 너무나 행복하다. 그냥 평화롭다. 가슴속이 따뜻하다. 사랑이 샘솟는다. 자연을 아끼게 된다. 사사로운 풀꽃도 사사로운 잡풀도 내겐 너무나 소중하고 예쁘다. 뽑아 버리기도 아까울 정도로 예쁘다.

나는 시골 전원생활을 하면서 잔잔한 행복을 많이 발견한다. 그냥 예쁜 전망만 바라봐도 눈이 행복하다고 호소한다. 봄, 여름, 가을, 겨울 사계절의 변화를 관찰하는 것만으로도 너무나 행복하다. 자연의 색이 이렇게 호화롭고 예쁜지 새삼 느낀다.

한 6년쯤 전원생활을 하다 보니 아쉬움을 참 많이 느끼게 된다. 집이 작다. 터가 작다. '좀 더 여유롭게 지을걸, 좀 더 큰 터를 살걸' 하는 아쉬움이다. 또한 좀 더 깊은 시골이었으면 하는 아쉬움도 느낀다. 마을이다 보니 사람들의 왕래가 종종 있다. 농사짓는 분들이 수시로 이곳저곳을 누비며 다니는 것을 목격한다. 가끔 조용하다가도 밖에서 사람들의 말소리가 들리곤 한다.

나는 사람들이 전혀 왕래하지 않는 곳, 사람의 소리, 인위적인 소리가 전혀 들리지 않는 곳이 좋다. 온전히 자연의 소리만 듣고 싶다. 새소리, 풀벌레 소리, 나무들이 흔들리며 나는 소리, 바람소리, 빗소리 등 이런 소리만 들으며 살고 싶다. 내 공간에서는 온전히 자연의 모습만 보고 싶다. 산, 나무, 꽃, 풀, 고라니, 산새 이런 것들 말이다.

전원생활에 또 아쉬운 것이 생겼다. 점점 집에서의 행복한 시간을 별로 갖지 못한다는 것이다. 아침에 일어남과 동시에 씻고 일하러 나가기 바쁘다. 사회적 활동 영역이 넓어지다 보니 점점 시간이 없어지는 것이다. 아침에 나가서 저녁에 들어온다. 정원은 불을 켜고 밤에나 거닌다. 밤에나 꽃들을 구경한다. 참 아쉽다.

늘 가슴속에 꿈꾸고 있는 것이 있다. 산속 한적한 곳에 작가의 서가를 짓는 것이다. 산속에 1,000여 평의 넓은 땅을 매입해서 100평의 저택을 짓고 싶다. 유명한 작가가 된 내가 그 저택에서 글을 쓰는 것이다. 글을 쓰다가 머리를 식히고 싶으면 정원으로 나와 꽃밭을 둘러본다. 꽃 사이사이에 있는 작은 풀들도 손수 뽑아낸다. 내가 거니는 길마다 고양이가 따라다니며 놀자고 다리를 붙들고 장난을 친다.

한참을 글쓰기에 몰입하다가 또 머리를 식힐 겸 집 텃밭에 심긴 채소들을 둘러본다. 저녁거리로 호박잎을 쪄 먹을 생각에 호박잎을 몇 장 뜯는다. 애호박도 예쁜 놈으로 따서 된장찌개를 끓일 생각이다. 때로 글쓰기에 몰입이 잘되어서 방해받고 싶지 않을 때는 고용된 가족에게 식사를 부탁한다.

급할 것도 바쁠 것도 없다. 내가 원하는 대로 손이 가는 대로 살 것이다. 도시가 아닌 시골에서만 느낄 수 있는 평화로움을 즐기고 싶다. 나는 산속 작가의 저택에서 이렇게 글을 쓰면서 노후를 멋지게 지내고 싶다. 혹 몸은 늙어 갈지라도 글 속에 녹아나는 나의 정신세계는 누구보다도 젊을 것이다. 남들이 상상도 하지 못하는 멋진 글쟁이로서 나는 항상 살아 있을 것이다.

나의 꿈은 지금부터 실현되고 있다. 나는 작가 지망생이다. 열심히 글을 쓰면서 나를 훈련하고 있다. 지금처럼 원치 않는 바쁜 생활을 청산하려고 책을 쓰고 있다. 신입 작가의 길에 들어섰고 나는 끊임없이 발전할 것이다. 그래서 나의 꿈인 산속 작가의 저택에서 평화로운 일상을 즐기며 살 것이다.

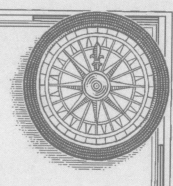

PART 9

대한민국 최고의
실전영업사관학교
설립하기

· 김 성 기 ·

김성기

'한국영업세일즈협회' 대표, 영업 판매왕, 영업 세일즈 코치, 동기부여가, 강연가, 자기
계발 작가

지하철 잡상인을 시작으로 20년간 LG자판기, 삼성에스원, 대명리조트, 이랜드, 한화호텔앤드리조트에
서 영업팀장을 지냈다. 한화 공채 면접관으로 활동했으며, 신입 영업사원과 억대 연봉을 꿈꾸는 영업
인들을 대상으로 교육을 진행하고 있다. 또한 직장인과 영업사원을 대상으로 1:1 컨설팅을 하고 있다.
판매왕의 영업비법을 담은 개인저서를 출간할 예정이다.

E-mail kimsgi1@naver.com   Cafe www.hysa.co.kr
C.P 010-6268-8455

대한민국 최고의
실전영업사관학교 설립하기

"무슨 소리를 하는 거야?"

"알고 하는 얘기야?"

여기저기서 직원들이 수군댔다. 앞의 강사는 모 자동차 판매왕이다. 열심히 사신의 영업 경험을 늘러주고 있는 강사는 1년 365일 가정도 소홀히 하면서 열심히 앞만 보며 뛴 영업사원이다. 그런데 자동차 판매왕의 경험을 듣고 있는 사람들은 리조트 분양 직원들이었다. 자동차와 리조트는 판매 방식과 고객층이 많이 다르다. 자동차는 생활의 필수품인 상품이고 리조트는 자동차 이후에 내 삶을 조금 더 여유롭게 영위하려는 사람들을 위한 상품이다. 그래서 그런지 자동차 판매왕의 경험담이 리조트 분양 직원들에게 들어맞지 않았던 것 같다. 누군가 질문했다.

"그럼 판매왕을 해서 얼마를 벌었나요?"

그 영업사원은 자신 있게 대답했다.

"연봉 1억 원이 넘습니다."

그 순간 리조트 직원들은 한숨을 쉬었다. 물론 연봉 1억 원은 직장인들에게 엄청난 돈이다. 그런데 리조트 분양 직원들에게는 그리 큰돈이 아니다.

'아니, 저렇게 쉬는 날도 없이 가족한테 욕먹으면서까지 일하는데 겨우 1억 원이라니…'

교육에 참여한 리조트 분양 직원들 30명 중 절반 이상이 1억 원 이상의 고액 연봉자들이었고 나머지도 대부분 연봉 7,000만 원 이상을 버는 신입 영업사원들이었다.

나 역시 맨 앞에서 강의를 듣고 있었다. 강사의 열정과 힘을 느껴 보려 애썼다. 그의 열정은 누구보다도 대단했고 목소리는 확신에 차 있었다. 그렇지만 이상하게도 공감되지 않는 내용이 많았다. 이런 점들이 너무나 아쉬웠다. 최소한 청중이 어떤 사람들인지 조사하고, 그들의 직업에 대한 공부도 한 상태에서 자신의 경험을 녹여서 이야기를 해야지, 자동차 판매왕은 아무 준비도 해오지 않고 본인 이야기만 주야장천 하고 가 버렸다. 그날 우리는 너무 아까운 시간이었다고 푸념하며 제자리로 돌아갔다. 사람은 공감을 느끼고 싶어 한다는 것을 새삼 느꼈다.

우리 회사에는 분기에 한 번 정도 판매왕들이 와서 자신의 경험담을 들려준다. 대부분 보험업, 자동차 판매업, 제약업 등에 종사하는 사람들이다. 단 한 번도 리조트 분양업에 종사하는 판매왕이 자신의 경험담을 들려주러 온 적은 없었다. 이상한 일이다. 리조트 분야에서도 나름 성공한 사람들이 많은데 왜 강연을 하러 다니는 사람이 없을까? 그들이 와서 이야기를 하면 많은 공감을 얻을 것이고 실전에서 활용할 수 있는 경험들을 들을 수 있을 텐데…. 그래서 나는 생각했다. 내가 나중에 제대로 된 실전 경험을 들려줘야겠다고. 물론 사내에서 신입사원을 교육하면서 내 경험을 들려주기는 했다.

예전에 비해 요즘은 영업에 대한 인식이 많이 좋아졌으며, 영업은 회사의 꽃이라고 늘 강조되고 있다. 하지만 영업에 도전하는 사람은 많지 않다. 대부분 안정된 사무직을 원한다.

뉴스에서는 연일 청년실업난이 엄청나다고 떠들어 낸다. 2017년 6월 통계청 자료를 보면 청년실업자가 100만 명을 훌쩍 넘어섰다. 그렇지만 아이러니하게도 일손을 구하는 구인 광고는 넘쳐 난다. 특히나 영업사원 모집!

기업들은 영업사원을 구하지 못해서 자사의 상품들을 판매하는 데 고초를 겪고 있다. 영업사원 모집의 문을 항상 열어 놓고 있다. 어쩌면 아픈 현실이고 젊은 청년들의 사고가 너무 경직되어 있는 것은 아닌가 하는 생각이 든다. 혹자는 말한다. 영업은 아무나 하는 게 아니라고! 그런데 고(故) 정주영 회장의 어록을 보면 이런 말이 있다.

"해 보기나 해 봤어?"

사람들은 영업이 어렵다고만 지레짐작한다. 영업도 요령이고 살아가는 데 가장 필수적인 일이며 평생을 먹고살 수 있는 자신감을 주는 일이다.

영업은 무조건 일단 해 보는 게 답이다. 그렇게 해서 시행착오를 겪으면 나만의 답을 찾을 수 있다. 그렇지만 요즘에는 그렇게 시행착오를 견딜 만한 맷집을 가진 사람들이 많지 않다. 그렇기에 실전영업의 전문가들에게 제대로 배우는 것이 자신감과 꿈을 이룰 수 있는 가장 빠른 길이다. 영업이야말로 빠른 시간 안에 부와 명예를 얻을 수 있는 최고의 직업이다.

나는 어릴 때부터 영업을 해 왔다. 물론 인생은 영업의 연속이다. 사람들을 만나고 사귀고 헤어지고 하는 것이 곧 영업이다. 초등학교 2학년 때 처음으로 전단지 아르바이트를 시작했고 막걸리 심부름도 많이 했다. 그리고 대학 학력고사를 치르고 나서부터 본격적으로 아르바이트를 시작했다. 호프집 서빙을 시작으로,

바텐더, 노가다, 스키장, 치킨집, 돈가스집, 소주방 주방장, 방범대원, 주점 운영, 붕어빵 장사, 모자 장사, 지하철 노점상 등 대학생활 내내 한 번도 쉬지 않고 아르바이트를 했다.

가장 기억에 남는 일은 지하철 잡상인을 본 일이었다. 지방에 있던 나는 어느 날 서울에 가서 지하철을 탔다. 그곳에서 가방 하나 들고 들어와서 물건을 파는 사람을 봤다. 그 모습을 보면서 '아, 저거다! 저 일만 해내면 앞으로 어떤 영업도 할 수 있겠다!'라고 생각했다. 정말 괴짜 같은 생각이었다.

대학교 4학년 여름방학에 무작정 가방을 싸서 서울로 올라갔다. 돈도 없고 지낼 곳도 없었지만 마침 친구가 이태원에서 자취를 하고 있어서 신세를 지기로 했다. 나는 지하철을 탔고 거기서 물건 파는 사람을 기다렸다. 그때 잡상인이 두리번거리면서 들어오더니 미니선풍기를 팔았다. 나는 조심히 다가가 나도 해 보고 싶다고 방법을 알려 달라고 했다. 그랬더니 그 잡상인은 나를 이상한 사람 취급했다.

그렇지만 나는 그 잡상인을 끝까지 쫓아갔고, 결국 그는 본인이 갖고 있는 모든 미니선풍기를 30% 할인해서 내게 넘기면서 잘 팔아 보라고, 물건이 떨어지면 연락하라고 했다. 나는 기분이 좋았다. '이 물건을 팔아 보자, 나는 잘할 수 있다'라고 되뇌었다.

그리고 마음속으로 판매 멘트를 만들었다. '이 선풍기는 바람도 세고 여름철 남녀노소 할 것 없이 목에 걸고 다니면서…'라고 속으로 중얼거리면서 멘트를 되새겼다. 그러고는 미니선풍기 박스를 들고 지하철 안에 딱 섰는데, 이럴 수가! 앞이 캄캄했다. 사람들이 모두 나를 보는 것 같아 너무 떨렸다. 나는 바로 내려서 승강장 벤치에 앉았다. 알려 주는 사람 없이 혼자 해 보려니 엄두가 나지 않았다. 분명 쉽게 할 수 있을 거라 장담했는데 만만치가 않았다.

3일 동안 가방을 들고 지하철에 들어갔다 나왔다 하기를 반복했다. 이젠 집에 갈 버스비도 다 떨어졌다. 선풍기를 팔지 못하면 자취방에 걸어서 가야 했다. 이러다가는 안 되겠다 싶어 다시 용기를 내서 지하철에 들어갔고 일단 마구 떠들었다. 무슨 말을 했는지조차 모를 정도로 떨렸다. 물건을 사라고 보여 줬는데 아무도 사지 않았고 내게 관심조차 주지 않았다. 너무 창피했다. 그 순간 나는 어떻게 했을까? 에라, 모르겠다! 무작정 바로 다음 칸으로 가방을 들고 들어갔고 정신없이 또다시 물건에 대해 설명했다. 그러자 사람들이 하나씩 사기 시작했고 내겐 사람들의 행동 하나하나 눈빛 하나하나가 보이기 시작했다. 한 시간 만에 미니선풍기 150개를 다 팔았다!

그 후로 처음 내게 선풍기를 넘겼던 잡상인에게서 세 번 정도 더 물건을 받아서 팔았다. 그랬더니 사무실을 소개시켜 주겠다고 하면서 나를 사무실에 데려갔고 소개비로 5만 원을 사무실 사장한테 받아 갔다. 순간 '어라? 내가 이곳에 팔려온 것인가?' 하는 생각이 스쳤다. 그런데 사무실 대표는 나를 반갑게 맞아 주었다. 그리고 나는 지하철 전 노선에서 가장 물건을 많이 파는 판매왕이 되었다!

나는 새로운 아이템의 상품들이 들어오면 그 상품의 장점과 잘 팔 수 있는 핵심을 적어서 잡상인들에게 나눠 줬다. 그들은 대부분 연세가 있으신 어른들이라 조금의 도움이 필요했고 내게 엄청 고마워했다. 그러면서 나는 여러 가지 판매 자세나 지하철에서 어느 위치에 서서 팔아야 가장 전달력이 좋은지도 알려 주었다.

방학이 끝나고 다시 학교로 돌아온 나는 4학년 2학기에 취업했다. 역시나 영업직이었다. LG 자판기 판매를 시작으로 삼성에스원 세콤, 대명리조트 분양팀장, 한화리조트 영업팀장, 이랜드 영업팀장 등을 맡아 하면서 많은 경험을 했고, 신입사원 교육도 많이 했다. 내가 알고 있는 영업 경험은 토대로 설명해 주면 모두가 잘 공감해 주었다.

그렇게 나는 직장을 다니면서 꿈을 꾸었다. 책을 쓰자! 내 영업 노하우가 담긴 책을 쓰고 멋진 강연가가 되자! 그래서 수많은 교육에 참여했다. 리더십 교육부터 강사 교육까지 앞으로의 내 꿈을 위해서 필요한 부분들을 준비했다. 레크리에이션 지도사, 편경영 지도사, 웃음 치료사 등의 자격증도 모두 땄다.

영업은 내가 노력한 만큼 결실을 얻을 수 있는 진실된 일이다. 그 영업을 하고 싶어도 할 수 없는 많은 사람들에게 자신감과 경험을 전파해 주고 싶다. 대한민국 최고의 실전영업사관학교를 만들어서 이 시대를 살아가는 많은 이들에게 꿈과 희망 그리고 새로운 삶을 가르쳐 주고 싶다.

부모님과 크루즈여행 가기

인생에서 내게 남는 것이 무엇일까? 부모님의 아들로 태어나서 학교를 다니고 성인이 되고 결혼을 하고 또 한 아이의 아빠가 되고….

인생에서 남는 것은 추억이 아닐까 한다. 사랑하는 사람들과 함께 소중한 시간을 보내며 사진첩에 남긴 웃고 울던 추억, 모든 살아가는 인생의 소중한 추억 말이다.

우리 가족은 다섯 식구였다. 아버지, 어머니, 형, 나, 여동생. 물론 지금은 형제들 모두 출가했다. 어릴 적 우린 단칸방에서 다섯 식구가 함께 살았다. 겨울이면 무거운 이불을 머리끝까지 덮어쓰고 입김으로 이불 속에 온기를 불어 넣었다. 내복을 입었지만 한 겨울의 우리 집은 너무나 추웠다. 아침에 일어나면 이불 속에서 나가기가 너무나 싫었다. 이불 밖으로 나가면 꽁꽁 얼어버릴 것만 같았다. 그렇지만 어쩔 수 없이 이불 밖으로 나와야 했고 추운 마당에 나가 세수를 해야 했다. 물론 엄마가 물을 따뜻하게 데워 주셨지만 어릴 때 춘천은 너무나 추웠다. 그때는 모두가 그렇게 사는 줄 알았다. 방 한 칸에 가족이 모두 모여 함께 자고 함께 먹고, 다 그렇게 사는 줄 알았다. 그렇게 사는 것이 가난인 줄 그땐 잘 몰랐다.

초등학교에 들어가면서 좋은 집에 사는 친구들이 많이 있다는 것을 알았다. 이층집, 아파트, 정원이 있는 멋진 집… 그 친구들이 많이 부러웠다. 나는 어릴 때 공부보다는 친구들하고 노는 것이 좋았다. 초등학교 3학년까지 만날 학교에 남아 공부를 하고 한글도 제대로 못 썼던 것 같다. 나는 그것이 창피하지 않았고 그냥 혼나면 된다고 생각했다. 그런데 커 가면서 우리 집이 가난한 것이 창피했다. 친구들을 한 번도 집에 데려온 적이 없었다. 공부방이 있는 것도 아니고 부모님은 일하시느라 바빠서 늘 집에 계시지 않았기 때문이다.

친구들은 웅변학원도 다니고 주산학원도 다니고 피아노학원도 다녔다. 하지만 나는 그냥 동네 친구들과 마구 뛰어놀았다. 친구들하고 뛰어노는 게 제일 재미있었다. 어느 날 친구 집에 갔는데 그 집에 멋진 피아노가 있고 친구가 능숙하게 피아노를 치는게 아닌가? 어찌나 부럽던지 나도 피아노를 배우면 좋겠다고 생각했지만 집에 말할 수는 없었다. 어린 나이였지만 철이 들었었나보다.

초등학교 3학년 6월에 고모 집으로 이사를 하게 되어서 전학을 갔다. 전학 간 첫날 산수시험을 봤는데 나는 빵점을 맞았다. 나야 늘 빵점을 맞았기에 아무렇지도 않았다. 그때 담임선생님께서 이런 말씀을 하셨다.

"어디서 이런 애가 와서 반 평균을 떨어뜨리고 그래!"

아직도 그 기억이 생생하다. 어린 나이였지만 순간 너무나 기분이 나쁘고 화가 나고 창피했다. 나름 골목대장으로서 어깨를 으쓱하고 다녔었는데, 이게 뭐지? 전의 학교에서는 아무도 뭐라 하지 않는데, 놀고 싶으면 놀고 그냥 학교만 다니면 되는 줄 알았는데… 어린 나이였지만 충격이었다. 갑자기 이건 아닌 것 같다는 생각이 들었다. 이렇게 학교에서 무시를 당하면 안 될 것 같았다.

마침 같은 반 친구 중에 공부를 잘하는 친구가 앞집에 살고 있었다. 나는 그 친구에게 공부를 가르쳐 달라고 했다. 그 친구는 나를 정말 열심히 가르쳐 주었다. 지금 생각해 보면 초등학교 3학년이 친구를 가르치는 광경이 왠지 귀엽다는 느낌이다. 나는 이를 악물고 산수 공부를 했고 일주일 뒤에 산수시험에서 100점을 맞았다! 선생님은 의심의 눈초리로 날 흘겨봤지만 그 이후에도 나는 산수는 늘 톱클래스를 유지했다. 그때 나는 이런 생각이 들었다.

'이거 뭐야, 그냥 하면 되잖아. 별거 아니네.'

그때부터 나는 중간 정도만 공부하고 또다시 놀기 시작했다. 대학에 들어갈 때까지 학원이란 곳에는 한 번도 다녀 본 적이 없다. 왜냐하면 학원비가 없었기 때문이었다.

지금 생각해 보면 그때의 담임선생님이 야속하지만 그것을 계기로 성장할 수 있었으니 오히려 고마워해야 할 것 같다. 그리고 그때 공부를 가르쳐 준 친구는 육군사관학교를 나와서 지금 어느 부대의 대대장을 하고 있다는 이야기를 들었다. 그 친구에게 늘 고마움을 갖고 있었는데 자라면서 서로 멀어진 느낌이다. 그리고 고맙다는 말을 한 적이 없었던 것 같다. 지금이라도 말하고 싶다.

"경태야, 엄경태! 고마웠다! 네 덕분에 학교생활을 잘할 수 있었다."

여름이면 우리 가족 5명은 5인용 텐트와 코펠을 챙겨서 가까운 강가에 버스를 타고 캠핑을 갔다. 무거운 텐트는 형과 내가 함께 들고, 아버지는 큰 수박을 들고, 어머니는 이거저것 먹거리를 챙기시고, 여동생은 아버지 손을 잡고 강가에 놀러 가곤 했다.

매년 우리 가족은 춘천 인근에 있는 신남, 신포리, 지암리, 사창리 등지로 캠핑을 갔었다. 그곳에서 바닷가 출신이라 수영을 잘하시는 부모님을 따라 우리 삼남매는 어릴 때부터 생존수영을 배울 수 있었다. 바닷가 생존수영은 파도가 밀려오면 머리를 들어야 하기 때문에 머리를 들고 수영하는 것이었다. 그때 배운 수영 덕에 지금도 깊은 바다에 뛰어들어도 자신 있게 수영할 수 있다.

아버지는 해병대 출신으로 월남전에도 참전하셨고 그때 소지하고 나온 단검을 캠핑 갈 때마다 가지고 오셨다. 그 칼로 물고기를 잡아서 매운탕도 끓여 주시고 수박도 잘라 주셨다. 캠핑을 하러 가면 항상 아버지가 직접 음식을 해 주셨다.

무시무시한 해병대에다 월남전까지 갔다 오셨기에 무서웠을 거라 생각되지만 아버지는 단 한 번도 매를 든 적이 없고 늘 우리에게 자상하셨다. 물로 경상도 분이라 자상했던 건지 무뚝뚝했던 건지는 확실하지 않다. 그렇게 우리 가족은 행복하게 보냈다. 하지만 커 가면서 점점 부모님과 함께 여행하는 횟수가 줄어들고 성인이 되어서는 부모님을 모시고 멋진 여행 한번 다녀오지 못했다.

아버지 환갑 때였다. 백세시대인지라 언제부턴가 환갑잔치는 안 하는 게 사회 통념이 되어 버렸고 아버지 또한 잔치를 안 하는 것이 좋겠다고 말씀하셨다. 그래서 우리 형제들은 100만 원씩 모아서 부모님을 첫 해외여행을 보내 드리기로 했다. 가까운 태국이었지만 첫 해외여행이어서인지 부모님은 너무나 좋아하셨다. 그때 우연히도 일행들이 비슷한 또래여서 아주 재미있게 다녀오셨다고 했다. 그리고 태국여행에서 있었던 일들을 어린아이처럼 신나서 이야기해 주셨다. 코끼리를 타고 정글을 다니신 이야기, 태국의 전통음식들을 먹고, 편안하게 마사지를 받은 일 등등 그때의 추억을 회상하며 이런저런 이야기보따리를 풀어놓으셨다.

가끔 가족이 모이거나 여행 이야기가 나올라 치면 어머니는 태국에 다녀온 이야기를 자주 하셨다. 그런 이야기를 들을 때마나 왠지 짠한 느낌이 들었다. 태어나서 딱 한 번 다녀온 해외여행, 벌써 10년이 넘었다. 자식들은 자주는 아니지만 가끔 해외를 다녀오는데 정작 부모님을 모시고는 한 번도 해외에 다녀온 적이 없었다. 왠지 가슴이 아프다. 벌써 아버지는 일흔이 넘으셨고 어머니 또한 2년 후면 일흔이 되신다.

예전에 국어시간에 중국의 시(《한시외전》 9권)를 배운 기억이 있다.

수욕정이풍부지[樹欲靜而風不止]
자욕양이친부대[子欲養而親不待]
나무는 가만있으려고 하는데 바람이 가만두지 않고
자식이 효도를 하려고 하는데 부모는 기다려 주지 않는다.

나는 항상 이 한시를 가슴에 새겨 두고 친구들하고 이야기할 때도 이 시구를 자주 인용한다. 부모님 살아실 제 섬기길 다하여라….
알면서 우린 실천하지 않고 머릿속으로만 생각하며 살고 있다.

얼마 전에 춘천 부모님 집에 갔다. 어머니께서 정성스럽게 차
려 주신 밥을 먹으면서 역시 어머니가 차려 주신 밥이 최고의 밥
상임을 다시 한 번 깨달았다. 밥을 먹으면서 이런저런 이야기를
했고 어머니께 앞으로 하고 싶은 게 있으신지 여쭤 봤다. 마음속
엔 분명히 뭔가 있으실 텐데 아무것도 없다고 하신다. 그냥 우리
자식들이 다 잘되면 좋겠다고 말씀하신다. 그 말씀이 왠지 더 씁
쓸했다. 그래서 말씀드렸다. 내년에 해외여행을 가자고. 우리 가족
끼리, 옛날처럼 다섯 식구가 해외여행 한번 다녀오자고 말씀드리
자 입가에 살짝 미소를 띠시다가 이내 손사래를 치신다. 그냥 너
희들이나 잘 다녀오라고….

집을 나오면서 나는 자신에게 다짐했다. 2018년에는 반드시
부모님을 모시고 해외여행을 다녀와야겠다고.

예전부터 나에겐 꿈과 목표가 있었다. 책을 쓰고 멋진 강연가
가 되는 것이었다. 직장을 다니면서 틈만 나면 강연을 듣고 책 쓰
기에 관한 책들을 보면서 머릿속에서 항상 책을 쓰자고 외쳤지만
행동으로 옮기지 못했다. 그런데 지금은 이렇게 공저도 쓰고 개인
저서도 쓰고 있다. 내년이면 나는 내가 원하던 내 개인저서로 저

자 강연을 하고 있을 것이고 부모님과 크루즈여행을 하고 있을 것이다. 여러 나라를 돌아보며 크루즈에서 댄스파티도 하고 맛난 것도 많이 먹고 행복한 추억을 하나 더 만들 것이다.

"사랑합니다. 어머니, 아버지!"

어린이들의 꿈을 위한
김서유재단 설립하기

"헤이 맨~! 잘 있었어?"

오늘도 친구들과 점심부터 낮술을 시작한다. 친구 한 명은 강남에서 부동산 일을 하고 있고 다른 한 명은 출판디자인을 한다. 그리고 나는 영업사원이다.

우리 셋은 가끔 낮에 점심을 먹으면서 술 한 잔씩 하곤 한다. 만날 때마다 이런저런 세상 사는 이야기도 하고 여자 이야기도 하고 스포츠 이야기도 한다. 남자들 셋이 모여 술 마시면서 하는 이야기엔 특별한 것이 없다. 서로 깊은 이야기를 나누는 것도 아니고 가벼운 이야기들을 한다. 이 친구들은 각자 자신의 일에 최선을 다하고 열심히 사는 친구들이다. 지방에서 올라와 열심히 노력한 끝에 강남에서 버젓이 자신의 일을 하는 멋진 녀석들이다.

우리는 "인생 뭐 있어! 그냥 즐기자! 내일 어떻게 될지도 모르는데 지금 재미있고 행복하게 놀면 되지 않겠어!"라며 웃고 떠들었다. 그러던 어느 날 조금 기특한 이야기들이 오갔다. "넌 꿈이 뭐냐?", "그럼 넌 뭐냐?" 엉뚱하게 꿈 이야기를 하고 있었다.

우리 셋은 예전에 다단계를 같이 했던 적이 있다. 각자 그곳으로 끌려가(?) 우연히 같은 곳에서 만났다. 그때는 매일 새벽 4시에 일어났고 정말 열심히 공부하고 누구보다도 열정적으로 최선을 다하며 살았다. 항상 다이어리를 갖고 다니며 꿈과 목표를 적어놓고 10년, 5년, 1년 그리고 매일의 계획을 세우며 열심히 살았다.

물론 다단계가 불법이라는 사회 인식 속에 나쁜 것으로 비칠 때라 많이 힘들었지만 나름 최선을 다하며 꿈을 좇아갔다. 지금 생각해도 후회되지는 않는다. 가끔 게을러지고 나태해질 때면 그때 열심히 살았던 생각을 하면서 힘을 낸다. 그때가 군대를 막 제대한 20대 초반이었다. 지금 우리는 대학교도 졸업하고 서울 강남 테헤란로에서 일하고 있는 30대 사회인이다.

예전에 다단계를 할 때는 누군가 꿈이 뭐냐고 물어보면 1초도 안 되어 바로바로 내 꿈을 이야기했는데 지금 물어보면 말문이 막힌다. 왜일까? 사회의 흐름에 나를 맡기고 그냥 그 구성원으로 하루하루를 살아가서 그런 건가? 아니면 내가 생각했던 꿈들이 모두 허망하다고 느껴져서 잊어버린 건가? 그것도 아니면 내 꿈을 이야기하면 남들이 비웃을까 봐 말을 못하는 건가? 언제부턴가 꿈이란 단어조차도 꺼내지 못하고 그냥 하루하루 살아가는 우리들 모습이 왠지 초라해 보인다.

꿈이 뭐냐는 친구의 물음에 나는 조심스럽게 말을 꺼냈다.

"내 꿈은 아이들을 도와주는 재단을 만드는 거야. 열심히 성공해서 그들에게 꿈과 희망을 심어 주는 멋진 어른이 될 거야."

이야기를 듣던 친구가 박수를 쳐 준다.

"오~ 멋져! 좋아, 좋아! 근데 언제 할 거야?"

솔직히 비웃을 줄 알았는데 친구들은 무한 긍정하며 박수를 쳐 주었다. 좋은 친구들이다. 하지만 친구의 물음에 나는 살짝 말문이 막혔다. "그냥 앞으로 10년 내에 해야지."라고 그냥 얼버무렸다.

"에이, 모르겠다. 일단 마시자. 건배!"

그리고 우린 거나하게 술을 마시고 각자 헤어졌다.

며칠 후 우린 또다시 점심을 함께 먹으며 가볍게 한 잔씩 하고 있었다. 여느 때와 같이 별 주제 없이 주저리주저리 낄낄거리며 잔을 부딪치면서 웃어 댔다. 다들 뭐가 그리 좋다고 웃어 댔는지 모르겠다. 술이 어느 정도 들어가고 나는 지난번에 했던 이야기를 다시 꺼냈다.

"우리가 같이 재단을 만들면 어떨까?"

친구들은 천천히 술잔을 내려놓는다.

"뭐라고? 같이 하자고?"

"그래, 같이! 내 꿈이지만 너희들 꿈이 될 수도 있고, 좋은 일이니깐 같이 하면 좋지!"

친구들은 말없이 고개를 끄덕였다. 뭐, 같이 하면 좋지 않을까 생각하는 것 같았다. 물론 내게 구체적인 계획은 없었다. 그렇지만 이렇게 꿈을 공유하고 함께하자고 하니 괜스레 마음이 든든해졌다. 우리들의 꿈인 재단 설립 위주로 이야기가 오갔다.

우린 이런저런 아이디어를 이야기했다. 모두 강원도 춘천에서 학교를 나왔기에 일단 춘천의 초등학생을 대상으로 조금씩 후원하는 방법, 그리고 조금씩 후원을 늘려 나가는 방법 등을 생각해 냈다. 좋은 일을 한다는 생각에 괜스레 우리들 기분이 좋아졌다. 물론 술 한 잔 먹어서 그런지 더욱더 적극적으로 이야기가 오갔다. 친구 한 명이 말했다.

"그럼 일단 재단 이름을 만들면 어때?"

우린 모두 동조했고 재단 이름을 만들기로 합의를 봤다. 그때 내가 조심스럽게 재단 이름을 이야기했다.

"김서유재단 어때?"

"그게 뭐냐? 이름이 이상한데?"

"이건 우리들 성을 따서 만든 거야! 김성기, 서○○, 유○○."

"하하하하!"

친구들은 한바탕 웃으며 그거 좋다고 맞장구를 쳤다. 이름이 조금 어색했지만 훗날 김서유재단이 멋지게 사회에 이바지하고 있다면 우리의 이름들이 회자될 것이기에 흡족해했다.

우린 구체적으로 이야기를 진전시켜 나갔다. 재단이면 기금이 있어야 하니 일단 우리가 100만 원씩, 300만 원으로 기금을 조성해서 시작해 보자고 했다. 모두들 동의했고 그 자리에서 100만 원씩 모았다. 일단 총무는 김서유의 유가 맡았다. 이렇게 우리의 김서유재단이 시작되었다. 그런데 여기까지가 우리의 한계였다.

또다시 각자의 삶으로 돌아가서 일에 파묻힌 것이다. 누구를 도와줄 것인가? 어떻게 찾을 것인가? 매일 고민만 했다. 그러다가 친구 한 명은 재단이 설립되면 청소년상담사가 필요하지 않겠냐면서 갑자기 방통대에 입학지원서를 냈다. 지금 생각해도 정말 재미있는 녀석이다. 물론 지금은 방통대에 다니지 않는다. 우린 정말이지 그냥 막무가내 식으로 일을 진행하고 있었다.

그러다가 각자 한창 일할 나이다 보니 흐지부지해지기 시작했다. 마음의 여유가 아직 부족한 우리가 너무 서두르지 않았나 하는 생각도 들었다. 그래도 가끔씩 아는 지인들을 만나서 김서유재단 이야기를 하면 나중에 자신들도 끼워 달라고 하면서 기금을 보태겠다는 사람들이 꽤 있었다.

시간이 조금 흘러서 우리의 김서유재단은 흐지부지되었고 갹출해 모은 기금은 다시 각자의 통장으로 돌아갔다. 어쩌면 작은 해프닝처럼 끝나 버린 게 아닌가 싶다. 처음에 가볍게 시작하긴

했지만 적극적으로 기금도 출연하고 기반을 만들어 나가려고 했는데 초대 재단 이사장을 맡은 내가 적극적으로 추진하지 못했던 것이 실패의 원인이었다. 그러면서도 내 마음속에서는 김서유재단을 놓을 수가 없었다. 하지만 시간이 지나면서 김서유재단은 조금씩 잊혀 갔다.

지금 나는 다시 꿈을 꾸기 시작한다. 우리의 김서유재단 설립을…. 요즘 꿈과 목표를 다시 재정립하고 인생의 계획을 다시 세우고 있다. 항상 꿈꿔 왔던 나만의 책 쓰기와 강연가로서의 성공을 꿈꾸게 되었다.

"성공해서 책을 쓰는 것이 아니라 책을 써서 성공하라!"

너무나 멋진 말이다. 〈한책협〉의 김태광 대표 코치가 강조하는 말이다. 나는 드디어 인생의 명확한 목표와 계획을 짜기 시작했다. 그 속에 잊혔던 우리들의 꿈인 '김서유재단'이 다시 수면 위로 떠올랐다. 나의 버킷리스트에 '김서유재단'을 채워 넣었다.

내겐 이제 꿈 친구들이 많이 생겼다. 서로의 꿈을 응원해 주고 함께해 주는 친구들과 꿈을 나누며 어린이들의 꿈과 희망을 지원해 주는 '김서유재단', 이 멋진 사업을 시작할 것이다.

꿈과 목표를 깨워 주는
대학교수 되기

여러 강사들이 TV에 나와서 성공과 인생에 대해 강연한다. 자막에 ○○대학 교수 또는 겸임교수라는 직함이 찍혀 있다. 자막을 보면서 나는 생각한다. ○○대학 김성기 교수!

나는 공부를 썩 잘하는 학생은 아니었다. 초등학교 저학년 때까지 받아쓰기는 거의 빵점을 맞았고, 학교 시험성적은 항상 꼴찌였다. 그 당시엔 공부라는 것을 잘 몰랐고 동네 친구들하고 노는 게 더 좋았던 것 같다. 집이 이사를 가면서부터 공부의 중요성을 깨닫고 조금씩 공부를 하기 시작했다.

초등학교 시절엔 육상부에서 멀리뛰기 선수로 활동했다. 키도 크고 점프력도 좋아서 초등학교 5학년 때는 6학년을 제치고 늘 전교에서 1등을 했다. 가끔 지역 대회나 도 대회에 나가기도 했지만 그런 프로들의 세계에서는 번번이 예선 통과도 못하고 돌아왔다.

겨울방학이면 강원대학교에 가서 육상 훈련을 했다. 나는 그 훈련에 한 번도 빠지지 않았다. 운동에 재능이 있어서도 아니고 운동이 좋아서도 아니었다. 훈련을 받으면 맛있는 제과점 빵과 우유를 간식으로 줬기 때문이었다. 나는 그 빵이 먹고 싶어서 열심히 훈련에 참여했었다.

초등학교를 졸업하고 중학교, 고등학교에 진학하면서 별다른 재능을 나타내진 못했다. 다만 친구들 앞에서 노래하고 웃기고 말하는 것을 좋아했다. 그래서 학예부장, 오락부장 같은 MC 역할을 많이 했었다. 소풍을 가면 거의 한 시간 동안 모두가 즐겁게 놀수 있게 사회를 보고 진행을 맡아서 했다. 이러한 것이 나의 재능이자 끼가 아닐까 생각한다.

또한 뒤에서 이야기하는 것보다 앞에서 당당히 발표하고 이야기하는 것을 좋아했다. 그래서 대학교 때도 일반 시험보다 구두시험을 좋아했다. 내 생각을 마음껏 이야기할 수 있었기 때문인지 구두시험에서 늘 A를 받았다.

어느 날 경영학 강의를 듣고 있는데 카리스마 있는 교수님의 강의 내용이 너무나 좋았고 또한 칠판 앞에서 학생들을 가르치는 교수님의 모습이 내겐 너무나 멋있어 보였다. 고등학교 때까지는 선생님이라는 직업을 못 할 직업이라고 누누이 생각했다. 왜냐하면 남중, 남고를 나온 나로서는 이런 골칫덩이 애들을 가르친다면 복장이 터질지도 모른다고 생각했기 때문이다. 그래서 중·고등학교 시절 선생님이란 직업은 내게 와 닿지 않았다.

그런데 대학교수라는 직업은 왠지 멋있고 명예도 있고 사회적으로 굉장히 대접도 받는 직업으로 보였다. 그렇지만 나는 일찌감치 교수라는 직업을 내 장래희망에서 지웠다. 왜냐하면 나는 돈을 벌어야겠다는 생각을 더 많이 갖고 있었기 때문이다. 대학교수는 대학원도 나오고 유학도 가고 박사학위도 따야 하는, 시간과 돈이 엄청나게 소요되는 직업이었다. 그리고 교수가 되려면 수많은 관문을 통과할 배경 등이 필요했는데 내겐 그런 것이 없었다. 나는 매일 아르바이트를 해야 했고 빨리 사회에 나가서 돈을 많이 벌고 싶었다. 그래서 내가 하고 싶은 교수라는 직업은 그냥 마음속에만 담고 있기로 했다.

대학교를 졸업하고 사회생활을 하면서도 교수라는 직업이 문득문득 생각났다. 그래서 대학원 진학도 알아보고 공부도 다시 시작할까 생각했는데 역시나 돈도 없고 그럴 만한 여건이 되지 않았다.

내 위로 형이 한 명 있다. 형은 어릴 때부터 공부도 잘하고 운동도 잘하고 서울로 대학을 갈 수 있는 실력이었지만 등록금이

싼 지방 국립대를 선택했다. 그 당시 가장 유망한 학과에 들어가서 열심히 공부하고 석사, 박사학위까지 모두 취득했다. 한 가지 아쉬운 것이 있다면 유학 한 번 다녀오지 못한 것이었다. 나름 실력도 있고 해서 학교에서 시간강사를 병행하면서 연구를 하고 있었다. 그렇지만 시간이 지나도 강사에서 교수로 올라가는 것은 너무나 힘들어 보였다. 교수가 되기 위해서는 실력 말고 보이지 않는 무언가가 필요했다. 그 당시 우리 집은 그 무언가를 충족시키기엔 상황이 좋지 않았다.

형은 가끔 제자들의 편지를 보여 주면서 자랑도 했었는데 결국 교수가 되지 못하고 취업전선에 뛰어들게 되었다. 멀리서 이런 상황을 지켜보며 나는 가슴이 많이 아팠다. 그러면서 교수라는 지위는 아무나 접근할 수 있는 위치가 아니라는 것을 재차 깨달았다.

직장생활을 하면서 신입사원 교육도 하고 강사 교육도 받으면서 나는 새로운 사실을 알게 되었다. 한 분야에서 최고가 되거나 전문성을 인정받으면 대학교수가 될 수 있다는 것을. 평생 공부를 해서 교수가 될 수도 있지만 사회생활을 하면서 나름대로의 커리어가 생겨 교수가 될 수 있는 길들이 많아진 것이다.

그때부터 나는 다시 교수를 꿈꾸기 시작했다. 교수가 되기 위해서 나의 강점을 어떻게 가져갈 것인가? 고민을 해 보니 나는 나름대로 영업세계에서 이름을 알리고 있었고 나의 영업 경험들을 필요로 하는 사람들이 많다는 것을 알게 되었다. 그래서 영향력 있는 최고의 강연가가 되면, 교수가 될 수도 있겠구나 하는 생각까지 하게 되었다. 나는 우리나라 대표 강사들을 찾아봤고 유명한 강사들은 대부분 교수라는 직함을 버젓이 약력에 올리고 있었다.

"그래, 바로 이거야. 나도 교수가 될 수 있겠구나!"

우리나라를 대표하는 유명한 강사가 되려면 무엇을 해야 할까 고민하기 시작했다. 물론 강연도 잘해야겠지만 그것을 뒷받침하는 것이 바로 나만의 저서, 즉 책이라는 생각이 들었다. 책을 쓰면 나만의 전문성을 세상에 알릴 수도 있고 나의 경험과 생각을 단시간에 보여 줄 수 있겠다고 판단했다. 그래서 2012년《책 쓰기의 모든 것》이라는 책을 사서 열심히 봤다. 책에는 책을 쓰는 요령과 많은 정보들이 들어 있었다. 그런데 내겐 열심히 일해야 하는 직장과 가족이 있었고 나는 한창 일해야 할 나이였다. 일단 직장에서 승진은 하고 여유가 있을 때 책을 써야겠다고 생각하고 나의 꿈을 또다시 미뤘다.

책 쓰는 일은 잠시 미뤄 놨지만 강연가의 꿈은 계속 준비하고 있었다. 레크리에이션 지도사, 편경영 지도사, 웃음 치료사 등 강연가가 되는 데 필요한 자격들을 조금씩 취득하고 준비했다. 회사에서는 신입사원 교육을 열심히 했고 직원들 대신 PT를 직접 해서 성과를 올리기도 했다. 내가 PT를 하면 계약을 한 번도 경쟁사에 빼앗긴 적이 없었다.

한번은 이런 일이 있었다. 내 팀원이 계약 관련해서 공개 PT를 해야 하는 상황이었다. 그때 경쟁사가 내가 전에 다니던 직장이라는 이야기를 듣고 내가 직접 하겠다고 했다. 그 직원은 너무나 좋아했다. 나는 계약을 따야 하는 업체를 연구하기 시작했다. 어떤 것을 어필하고 어떤 부분을 강조할 것인지 면밀히 분석해서 PT를 준비했다.

PT 당일 강당에 가 보니 경쟁사에서 먼저 와 있었다. 그때 경쟁사 직원이 날 보더니 "김 팀장님. 오랜만입니다. 직접 PT 하러 오셨어요?"라고 조금 걱정하는 듯 내게 물어 봤다. 왜냐하면 나는 전에 있던 직장에서도 영업 상위클래스였고 직원들 사이에선 나름 유명했었기 때문이다. 그런데 상황을 보니 작년에 경쟁사와 계약하기로 되어 있었는데 예산 때문에 이번으로 미뤄진 것이고 들러리가 필요해서 경쟁사인 우리 회사를 PT에 참석시킨 것이었다. PT를 시작하기 전에 이 이야기를 듣고 나는 더 오기가 생겼다. 물론 경쟁사 팀장은 편안하게 계약을 기다리는 듯했다. 경쟁사가 먼저 PT를 했고 다음 차례는 우리였다.

PT장에 들어갔더니 회사 관계자 7명 정도가 앉아 있었는데 내게 그다지 집중하지 않고 딴청을 피우는 것 같았다. 순간 나는 '여기서 상품 설명은 의미가 없겠구나. 나의 플랜B를 설명해야겠다'라고 생각했다. 플랜B는 단순한 상품 설명이 아닌, 앞으로 두 회사가 함께 상생해 나가자는 내용으로 준비해 두었었다.

그 회사는 '한국문화재○○재단'이었다. 나는 그 재단에 우리나라 문화재의 지킴이 역할을 함께하는 우리 회사와 함께 가자고 설명하고 사회적 가치와 공헌에 대해 강조했다. 관심이 없어 보였던 관계자들이 갑자기 질문을 하기 시작했다. 상품 관련 질문이 아니었다. 문화재에 대한 우리 회사의 생각을 알고 싶어 했던 것 같다. 나는 이미 전날 한국문화재○○재단이 하는 일과 가치를 모두 공부했기 때문에 술술 설명을 했고 그 PT가 끝난 후 한국문화재○○재단은 결국 우리 회사와 계약을 체결했다! 지금 생각해 봐도 정말 아슬아슬한 긴장감이 가득한 날이었다.

지금 나는 책을 쓰고 있고 강연가로서 그리고 젊은이들에게 꿈과 희망을 주는 교수로서 활동하고자 노력하고 있다. 이 노력이 5년 내에 빛을 볼 수 있을 거라 확신한다.

〈세바시〉 출연하기

〈세상을 바꾸는 시간 15분(이하 세바시)〉! 너무나 멋진 제목이다. 세상을 바꾸는 데 15분이라는 시간이면 충분하다는 뜻의 제목 〈세바시〉.

내가 〈세바시〉라는 프로그램을 유튜브를 통해서 처음 봤을 때 강연자는 김창옥 교수였다. 그때의 강연 제목은 "그래, 여기까지 잘 왔다"였다. 그 강연을 너무나 재미있게 웃으며 듣다가 마지막에 눈물을 주르륵 흘렸다. 그 힘듦 속에서 사람들 앞에 서서 웃고 웃겨야 하는 자신의 속내를 자신의 마음속 울림으로 극복했다는 강연자의 이야기가 내게 큰 공감을 주었다.

나는 언제부터가 나 자신을 들키고 싶지 않아서인지 항상 웃으려고 애썼고 누군가 힘드냐고 물어보면 늘 "힘들지 않다.", "즐 겁다.", "너무 행복하다."라고 말하곤 했다. 항상 그렇게 말하니 내 뇌도 세뇌가 되어 힘든 것을 인지하지 못하고 무뎌지는 듯했다.

'나는 무조건 긍정적이어야 해, 나는 무조건 약점을 보이면 안 돼, 나는 무조건 웃어야 해…'

내 머릿속은 항상 이러한 생각들이 지배하고 있었다.

10년 전쯤의 일이었다. 열심히 직장생활을 하고 있었고 영업직 원으로 연봉 1억 원을 넘게 벌고 있었다. 일도 잘되고, 모든 것이 순조로웠다. 그런데 이상하게도 머리카락이 점점 빠지기 시작했 다. 병원에 가서 물어보니 스트레스성 원형 탈모증이라고 했다. 나 는 조금 의아했다. '나는 스트레스가 별로 없는데?' 어쨌든 치료 를 받고 한 달 만에 잘 고쳤다. 그런데 이후에도 주기적으로 원형 탈모증이 생기는 게 아닌가?

그래서 나는 양방보다 한방으로 가 봐야겠다고 생각해서 나 름 유명하다는 대치동의 한의원을 갔다. 젊은 한의사가 있었고 한 의원에 첨단 기계들이 많이 있었다. 괜히 신뢰가 더 생겼다. 한의 원에 있는 기계들은 적외선 찜질기나 전기자극기 그리고 침들이 전부인 줄 알았는데 그곳은 조금 색달랐다.

문진표를 작성하고 한의사와 대화를 했다. 최근에 힘든 일이 있었는지, 회사생활이 힘든지 등등 내게 스트레스가 많은지에 대해서 물어봤다. 그래서 나는 이렇게 대답했다.

"전 원래 스트레스를 잘 받지 않아요!"

그러자 한의사는 몇 가지 장비로 나를 검사했다. 그러곤 내게 심각한 표정으로 말했다.

"대단하시네요! 지금껏 어떻게 버티셨죠?"

이건 무슨 뜽딴지같은 소린가? 큰 병이라도 있다는 건가? 나는 매일 아침 6시면 헬스장에 가서 열심히 운동하고, 아침도 잘 챙겨 먹고, 좋은 생각만 하고, 정기적으로 검사도 잘 받아 늘 최상의 컨디션을 유지하려고 노력하는 사람인데 무슨 소리를 하는 걸까?

"선생님, 뭐라고요? 제가 어디가 안 좋은 건가요?"

한의사는 검사 차트를 보면서 내게 설명해 주기 시작했다. 신체리듬에서 이상한 점이 발견되었다는 것이다. 뇌파는 지극히 정상인데 신체리듬이 엉망으로 깨져 있다는 것이었다. 그게 무슨 소린가? 나는 이해할 수가 없어서 선생님에게 자세한 설명을 부탁드렸다. 한의사는 이런 이야기를 해 주었다.

"선생님, 선생님은 지극히 긍정적이고 매사를 긍정적으로 생각하시기 때문에 뇌에서는 힘들고 스트레스를 받아도 늘 좋다고 착각하고 있습니다. 그런데 몸은 그렇지 않습니다. 아무리 뇌에서 기분 좋다, 아프지 않다, 나는 스트레스가 없다고 명령해도 몸은 조금씩 이상반응을 보이고 힘들어합니다. 그래서 몸에서 이상 자극들이 생기고, 원형 탈모도 생기고, 피곤하고 그런 겁니다."

이 말을 듣고 순간 눈물이 핑 돌았다. 지금껏 감추고 살아 왔던 나 자신을 들킨 것 같은 기분이었다. 어릴 때부터 가진 것도 없고 가난했던 내 삶을 들키고 싶지 않아 센 척하고 일부러 더 당당하게 보이려고 애쓰면서 살았는데 내 몸이 이제 조금 지쳤나 보다.

한의사는 크게 걱정할 것은 아니라고 말했다. 그냥 조금 쉬면서 스스로 쳐 놓은 장벽을 조금 풀어 주면 된다고, 너무 억압하면서 살지 않으면 뇌와 몸이 조화롭게 잘 어울릴 거라고 말했다.

나는 한의사의 처방을 받고 6개월 동안 '마음 놓아 주기'를 실천했다. 힘들면 힘들다고 하고, 아프면 아프다고 하고, 울고 싶을 땐 울고. 물론 다른 사람들에게 말한 것은 아니지만 나 자신에게 그렇게 말해 주고 나 자신을 다독였다.

"힘들었구나? 아팠구나? 너무 센 척하지 마! 힘들면 울어!"

그렇게 나 자신을 다독여 주고 사랑해 주면서 6개월을 보내니 가슴속에 응어리졌던 것이 모두 치유된 느낌이었다. 그 이후 주기적으로 생겼던 원형 탈모도 없어지고 전보다 더 얼굴이 밝아졌다. 그때 얻은 깨달음이 가끔은 '나를 바라보고 나를 안아 주고 나를 사랑해 주자'였다.

어릴 때는 〈성공시대〉, 〈글로벌 성공시대〉 같은 프로그램을 보면서 내가 성공해서 꼭 저 프로그램에 나가야겠다고 다짐하곤 했다. 프로그램 이름은 다르지만 이 시대를 살아가는 성공자들을 조명하는 프로그램은 계속해서 생겨났고 그러면서 여러 가지 강연 프로그램들 또한 많이 생겨났다.

강연의 주제들은 대부분 자신만의 경험들에서 따왔고, 그래서 그런지 강사들의 말들이 더 강력하게 전해지는 것 같았다. 진심은 통하고 진심을 들었을 때 사람들은 공감하고 반응한다. 누구에게 들은 이야기가 아닌 자신만의 경험들, 그 소중한 이야기를 청중은 좋아하고 그것이 진심인지 아닌지도 단번에 알아본다.

요즘 읽는 책 중에 브렌든 버처드가 쓴 《메신저가 되라》라는 책이 있다. 지금은 절판이 되어서 어렵게 구한 책이다. 거기에 이런 내용이 있다.

"왜 다른 사람들을 위한 삶, 즉 다른 사람의 인생을 변화시킬 수 있는 삶을 살지 않는가? 지금 그렇게 살지 않을 이유가 어디에 있는가? 당신에게는 당신만의 인생 경험과 그 과정에서 얻은 지식이 있다. 그리고 그것을 토대로 다른 사람을 도울 수 있다. 이는 당신이 스스로 충분히 만족스러운 삶을 살았노라 답할 수 있는 하나의 방법이다. 나에게 당연한 것이 다른 사람에게는 소중한 정보가 될 수 있다. 남도 돕고 돈도 번다면, 그야말로 행복한 인생이 아닌가!"

브렌든 버처드는 자신만의 경험으로 많은 사람들에게 꿈과 희망을 전해 주는 메신저로 살고 있다. 특별한 경험도 아니지만 누군가에게는 가슴속 등불을 켜 주는 한마디가 될 수도 있다.

나 역시 20년 가까이 영업전선에서 고군분투하면서 겪은, 다른 사람들이 경험하지 못한 나만의 특별한 경험들이 많이 있다. 그리고 그 경험을 슬기롭게 헤쳐 나온 스토리들이 무궁무진하다.

사람들은 무심코 세월을 보낸다. 그리고 자신만의 엄청난 경험들을 잊고 살아간다. 왜냐하면 그것이 본인에게는 당연한 것이고 시간이 흐르면서 잊혔기 때문이다.

요즘 사람들은 많이 아프다. 의학의 발달로 몸은 건강한데 정신과 마음의 상처를 많이 받고 있다. 그렇다고 그것을 병으로 느끼는 사람도 없고 또한 병원에서 제대로 고쳐 줄 수도 없다. 그래서 사람들은 각종 강연과 힐링 프로그램에 많이 참여한다.

내가 〈세바시〉 출연을 버킷리스트에 담은 것은 다른 사람에게 나의 경험과 열정을 부여 주면서 작은 보탬이 되고 싶은 이유도 있지만, 어쩌면 스스로 나를 치유하고, 나를 돌아보고, 나를 사랑하기 위함이 더 큰 이유일 것이다.

보물지도 10

초판 1쇄 인쇄 2017년 11월 3일
초판 1쇄 발행 2017년 11월 10일

지 은 이   **이철우 이채명 안차숙 지승재 허로민**
          안재범 이순희 안경옥 김성기
펴 낸 이   **권동희**
펴 낸 곳   **시너지북**
기   획   **김태광**
책임편집   **김진주**
디 자 인   **이혜원**
마 케 팅   **허동욱**

출판등록   **제312-2012-000040호**
주   소   **경기도 성남시 분당구 수내동 16-5 오너스타워 407호**
전   화   **070-4024-7286**
이 메 일   **no1_winningbooks@naver.com**
홈페이지   **www.wbooks.co.kr**

ⓒ시너지북(저자와 맺은 특약에 따라 검인을 생략합니다)
ISBN 979-11-88610-10-5 (03190)

이 도서의 국립중앙도서관 출판도서목록(CIP)은 서지정보유통지원시스템
홈페이지(http://seoji.nl.go.kr)와 국가자료공동목록시스템(http://www.nl.go.
kr/kolisnet)에서 이용하실 수 있습니다.(CIP제어번호: CIP2017027378)

시너지북은 독자 여러분의 책에 관한 아이디어와 원고 투고를 설레는
마음으로 기다리고 있습니다. 책으로 엮기를 원하는 아이디어가 있으신 분은
이메일 no1_winningbooks@naver.com으로 간단한 개요와 취지, 연락처
등을 보내주세요. 망설이지 말고 문을 두드리세요. 꿈이 이루어집니다.

시너지북은 위닝북스의 브랜드입니다.

※ 책값은 뒤표지에 있습니다.
※ 잘못 만들어진 책은 구입하신 서점에서 교환해 드립니다.